저자는 우리가 받은 구원의 풍성한 가르침이 삶과 유리되지 않은 부요하면서도 정제된 언어로 설명될 수 있다는 것을 잘 보여준다. 독자들은 이 책을 통해 성경이 얼마나 친절하고 삶이 녹아 있는 언어들로 구원의 교리를 설명해주는지를 그리고 우리가 받은 구원이 얼마나 입체적이고 큰 은혜인지를 더 깊고 더 넓게 알게 될 것이다.
김형익 _벧샬롬교회 담임목사, 『우리가 하나님을 오해했다』 저자

구원을 설명하는 신약성경의 그림 언어들을 모두 끌어모아 심층적으로 분석하고 입체적으로 조망해 놓은 역작이다. 성부 하나님께서 성자 예수 그리스도를 통하여 이루신 구원의 은총을 성령께서 우리에게 어떻게 섬세하고 구체적으로 적용하시는가를 명쾌하게 풀어주고 있다. 그러므로 삼위 하나님께서 베푸신 구원의 은총에 대한 바른 지식을 획득하는 일에 있어 이 책은 탁월한 안내서가 되리라 확신한다. 이 책을 읽다보면 삼위 하나님께서 베푸신 구원의 은총과 그것의 더없는 부요함으로 인해 감사하게 될 것이다. 이에 기꺼이 이 책을 추천하여 독자들에게 일독을 권한다.
이동영 _서울성경신학대학원대학교 조직신학 교수, 『신학레시피』 저자

단언컨대, 현 시대 교회의 가장 중요한 과제는 교회 밖 사람들에게 구원을 전하는 것이 아니다. 교회 안 사람들이 구원을 아는 것이다. 내 손에 든 구원이라는 티켓이 단순히 '미래에' 내게 효력을 발휘하는 천국 입장권 정도가 아니라, '지금' 내 인생을 혁신적으로 변화시키는 능력이라는 것을 안다면 교회가 어떻게 변화되겠는가? 쿨리진은 성경에 뿌리 박히고, 삶의 언어로 체화된 구원설명서를 통해, 우리가 알고 있는 구원의 의미가 얼마나 풍성하고 광대한지를 보여준다. 당신이 나와 같다면, 당신도 이 책을 읽고 "나는 구원을 가졌으니 모든 것을 가졌다!"라고 고백할 수 있을 것이다.
이정규 _시광교회 담임목사, 『회개를 사랑할 수 있을까?』 저자

쿨리진의 구원에 관한 책은 철저하게 성경적이며 균형이 잡혔고 이 주제에 대한 매우 실천적인 연구다. 믿음을 처음 접하는 사람에겐 입문서로, 기존 기독교 신자에겐 강력한 되새김의 기회로 뜨겁게 이 책을 추천한다.
더글라스 무 _일리노이, 휘튼 칼리지 성경학부 웨스너 학장, 성경번역위원회 위원장

모든 성경 학도가 주님과 동행하는 출발점에서 이 책을 읽는다면 얼마나 좋을까 싶다. 열세 가지의 거대한 신학적 진리를 모든 독자가 이해하기 쉽고 즐길 수 있는 언어로 풀어놓았다. 하나님의 구원이라는 값진 다이아몬드에서 뿜어져 나오는 진리의 빛이 단면마다 영롱하게 빛난다. 쿨리진은 내가 무척 좋아하는 성경 강해자다. 오십 년 전 내가 하나님의 위대한 구원의 메시지를 선포하기 시작했을 때 이 책이 있었더라면 하는 아쉬움이 들 정도다. 나로선 이 책에 추천사를 쓰게 된 것이 영광이다.
존 브룸 _남아공 피쉬 호크 유나이티드 에반젤리컬 펠로우십 교회 담임목사

값진 다이아몬드가 마루 아래 감춰져 있는 걸 모르는 집주인처럼 대부분의 신자들은 그들이 그리스도 안에서 상속받은 유업의 광대함이나 결과에 대한 의식이 별로 없다. 이 책에서 쿨리진은 솜씨 좋게 보화를 꺼내놓으며 풍성한 성경적 구원 개념의 눈부신 단면들을 제시한다. 이 책이 인생을 뒤바꾸는 영적 여정으로 당신을 인도할 터이니 영감을 얻고 강건해질 준비를 단단히 하길 바란다!
스티브 리처드슨 _파이오니아 미국 대표

쿨리진의 책은 핵심 기독교 교리에 대한 탁월한 입문서다. 쿨리진은 기독교 구원론의 심층부를 보여주는 일을 하고 있다. 『구원의 언어』는 철저하게 성경적이며 읽기 쉽고 지극히 실제적이며 개인적인 책이다. '구원받는 것'의 의미를 명료하게 이해하고자 하는 모든 그리스도인의 필독서다.
소스텐 프릴 _아프리카 나미비아 복음주의신학대학 교수

조나단 에드워즈는 이런 말을 했다. "우리가 획득할 수 있는 모든 지식 가운데 하나님에 대한 지식과 우리 자신에 대한 지식이 가장 중요하다." 쿨리진은 그의 최근작『구원의 언어』에서 이 두 가지 형태의 소중한 지식을 제시한다. 그는 구원받는 것의 의미를 제시하고 신중하게 성경 언어와 개념을 채굴하며 우리가 그리스도 안에서 소유한 보고(寶庫)를 파악하고 복음이란 다면적 다이아몬드를 우리 주변 사람들과 공유할 능력을 갖추게 한다. 이는 목회자, 교사, 소그룹, 학생, 그리고 삼위일체 하나님이 우리를 위해 행하신 모든 일에 대한 더 깊고도 흡족한 이해를 갈구하는 모든 그리스도인을 위한 이상적인 책이다.
스탠 거스리 _〈크리스채너티 투데이〉 총괄 편집장

내가 구원에 대한 심도 깊은 이해를 원하는 모든 이에게 쿨리진의 책을 추천하는 이유는 네 가지다. 첫째, 이 책은 다년간 목회를 하고 학생들을 가르친 경험의 산물이다. 둘째, 이 책은 수정처럼 명료하고 그리스도 중심적이다. 셋째, 이 책은 중생, 칭의, 양자됨, 구속, 시민권, 참여 같은 교리의 다양한 면모를 고찰함으로써 구원의 풍성함을 이끌어낸다. 넷째, 이 책은 실천적이다. 구원의 각각의 면모를 논한 후 쿨리진은 실제적인 적용점을 소개하고 각장 말미에 심도 깊은 토론용 질문을 제시한다. 신학자, 목회자, 기독교 사역자, 대학생, 신학교 교수, 그외 관심 있는 사람들이 이 책에서 유익을 얻을 것이다. 그것은 이 책이 기독교 신학에서 구원이 의미하는 바에 대한 보다 명료한 이해를 제공하기 때문인데, 기독교 사역에서 변증이나 전도의 도구로도 사용할 수 있다.
다니엘 시만고 _남아공 성경연구소 소장 및 남아공 케이프타운 컬크베이 커뮤니티 교회 장로

교회의 고귀한 부르심은 하나님, 특히 하나님의 은혜의 비할 데 없는 영광을 목도하고 기념하는 것이다. 애석하게도 우리 시대의 많은 교회가 하나님을 드높이지도, 영혼을 구원하지도 못하는 다른 영광, 더 못한 영광에 시선이 분산되어 있다. 이 책에서 쿨리진은 우리의 고개가 바른 방향으로 향하게 한다. 즉, 삼위일체 하나님이 삶의 모든 영역에서 죄의 장악력과 파괴력으로부터 우리를 어떻게 구원하셨는지 보여줌으로써 위를 바라보게 한다. 이 책에 담긴 구원의 보고에 관한 하나님의 언어를 읽을 때 당신은 성경 안으로 떠밀려 들어가고 지식이 깊어지며 예배에 불이 지펴질 것이다!
마크 리드 _노스 캐롤라이나 윈스턴–살렘, 로즈먼트침례교회 목사

쿨리진이 우리 구원의 부요함을 설명하고자 택한 수는 불완전수 13이지만, 하나님이 그리스도 안에서 우리를 위해 행하신 일에 대한 성경의 다면적 묘사를 잊어버린 복음주의자들에게 완벽한 책을 집필했다. 그리고 (종종 논의되는 칭의와 구속부터 종종 방치되는 열매맺음과 참여까지) 모든 열세 개의 단면은 완벽하게 세공된 다이아몬드처럼 영광스런 하나님의 눈부심을 반영한다. 이 그리스도 중심의, 성경으로 충만한, 신학적으로 깊이 있는 연구는 모든 독자를 부요하게 할 것이다!
더글라스 션 오도넬 _호주 퀸즈랜드 신학대학 성경학/실천신학과 교수

성숙한 그리스도인도 그들이 그리스도 안에서 누리는 구원의 의미심장함과 함의에 관해선 이해가 빈약한 경향이 있다. 쿨리진은 신약 기자들이 복음을 제시하기 위해 사용한 여러 메타포를 검토함으로써 능숙하게 이 구원의 풍성함과 포괄성을 펼쳐 보인다. 그는 책의 각 장에서 초신자도 복합적인 개념을 이해할 수 있도록 현대적 비유를 사용해 (곤경과 해법에 관한) 복음의 이야기를 재서술한다. 하나님의 자녀의 삶에서 끊임없이 복음을 묵상하는 것만큼 중요한 것이 없는데, 『구원의 언어』는 이를 용이하게 하는 이상적인 책이다. 책장을 넘기다보면 마음에 감사와 예배가 절로 차오를 것이다.
제임스 비언즈 _케냐 마차코스 스코트크리스천대학 신학대 교수 겸 학장

이 책에서 쿨리진은 구원에 대한 다양하고 풍성한 성경 용어를 탐구함으로써 구원에 대한 복음주의적 이해의 폭을 넓혔다. 이 책은 구원과 관련된 열세 개 성경 단어의 용례를 전문영역을 통해 탐구함으로써 기막힌 통찰을 제시한다. 쿨리진은 이 모든 용어가 구원에 대한 종합적 이해에 필요하며 각 단면은 다른 면에 비추어 고려해야 한다고 주장한다. 『구원의 언어』는 풍성하고 다면적인 관점을 통해 성경적 구원에 대한 호기심 부족과 안일함에 도전한다. 이 책은 명료하고 유려한 문체로 쓰였으며 나미비아와 남아공 선교사로서의 경험 덕분에 그 생생함이 배가되었다.
마크 피터스 _일리노이 팔로스 하이츠, 트리니티 크리스천대학 어문학부 학장

이 친근하고도 계몽적인 책은 오래된 신자나 어린 신자나 똑같이 마음을 뜨겁게 하고 상상력을 사로잡을 것이다. 쿨리진은 성경의 중심 진리에 대한 통찰을 실제적인 땅의 언어로 제시하며 독자가 하나님을 위하여 더 열정적이고 진실한 삶을 살도록 도전한다.
폴 칼든 _캘리포니아 샌 후안 카피스트라노, 변증론연구센터(CFAR) 소장

이 책은 정확히 쿨리진이 묘사하는 그대로 구원이란 값진 보석에 대한 다면적 고찰이다. 각각의 특징을 성경적이고 이해하기 쉬운 언어로 묘사한 이 대단한 강해는 독자가 그리스도 안에 있는 부요함의 가치를 실감하고 그리스도의 구원 사역에 대한 더 깊은 믿음을 갖게 할 것이다. 각 장 끝부분의 질문들은 학생들의 토론이나 가정 예배에 특히 유익할 것이다.
랜덜 J. 그룬다이크 _인디애나 업랜드, 테일러대학 캠퍼스 목회자

제임스 I. 패커에게 그리스도인이 향후 반세기를 준비하기 위해 공부해야 할 신학적 화두를 추천해 달라고 했을 때 그의 목록 맨 위에 있던 것이 중생, 곧 구원받는 것의 의미였다. 『구원의 언어』에서 쿨리진은 우리를 구원에 대한 열세 개의 성경적 그림 속으로 인도한다. 쿨리진은 구원이 다이아몬드처럼 다면적이며, 각각의 그림이 보석이 가진 아름다움의 각각 다른 면을 묘사한다고 주장한다. 쿨리진이 선교사, 목사, 성경대학 교사로서 자신의 경험을 펴보일 때 우리는 성경이 어떻게 구원을 묘사하는가에 대한 포괄적인 초상을 목격하게 된다. 나는 이 책이 심지어 교회 내에서도 만연한 하나님의 구원 활동의 본질에 관한 대중적인 혼돈을 치유하는 데 도움이 되리라 믿는다. 아울러 이 책이 "이같이 큰 구원"을 잉태하고 해산하신 하나님을 예배하는 길로 독자를 인도하길 소망한다.
브래들리 트라우트 _남아공 레이크사이드 마운틴뷰교회 목사

쿨리진은 바위처럼 견고한 신학자이자 설명의 달인이다. 『구원의 언어』에서 그는 신학에 뚜렷한 색깔을 덧입혀 약동하게 만든다. 구원에 관한 이 유익한 연구서를 목회자와 성도 모두에게 진심으로 추천한다. 목회자는 더 나은 설교를 할 것이고 성도들은 구원에 대해 더 잘 이해하게 될 것이다. 우리 모두 하나님이 그리스도 안에서 우리를 위해 행하신 바를 더 잘 헤아리게 되길 소망한다. 이 책은 의문의 여지 없이 우리의 교회를 위한 중요한 저서다.
케네스 카 _일리노이 바타비아, 크라이스트 더 킹 교회 담임목사

이 책은 모든 진지한 그리스도인을 위한 기독교 문헌 시장의 빈 구멍을 채운다. 사실 나는 이 책을 모든 성경 학도의 필독서로 지정해야 한다고 믿는다. 하나님이 선사하시는 구원에 대한 깊이 있는 지식을 갈구하는 모든 그리스도인은 이 책을 읽어야 한다. 하나님은 쿨리진에게 깊은 영적 진리를 단순하고 쉽게, 누구나 이해할 수 있게 설명하는 은사를 허락하셨다. 쿨리진이 아주 개인적인 방식으로 글을 쓴 탓에 읽는 재미가 있어 이 책을 내려놓기 어려울 정도다. 만일 당신의 기분을 좋게 하는 데 초점을 둔 책을 찾고 있다면 다른 책을 찾아보라. 그러나 도전이 되고 성장에 유익한 책을 찾고 있다면 제대로 찾은 것이다!
시드 이비 _남아공 케이프타운, 빌리어스드롭 커뮤니티 교회 목사

쿨리진은 성경 기자들이 끌어온 세속적 맥락을 알아야만 제대로 이해할 수 있는 구원에 대한 신학 용어를 독자에게 설명함으로써 자신의 목표를 이뤘다. 그의 글쓰기 스타일은 아주 친근하고 논리적이며 독자가 다음 장으로 넘어가고 싶게끔 만든다. 이 책은 기독교 지도자들이 스스로 읽고 성도에게 권하는 풍성한 자료가 될 것이다.
브라이언 메다글리아 _일리노이, 휘튼대학 기독교 아웃리치 사무소 소장

뿌리가 흙으로 깊이 파고들수록 참나무는 더 크고 단단해진다. 여기 피상적인 수준 이상을 모색하는 신자들을 위한 넓고도 깊은 책이 있다. 저자는 영광스러운 교리와 설득력 있는 적용점으로 가득한 각 장에서 구원의 다이아몬드를 모든 각도에서 탐구한다. 노련한 선교사로서 자신의 경험에서 끌어온 강력한 예화들은 하나님이 예수님 안에서 행하신 일의 경이로움을 예배하게 한다. 이 책은 정치적으로는 올바르나 종종 십자가의 메시지를 지나치게 단순화하는 문화 속에서 영혼에 부는 신선한 바람과 같다. 적용을 위한 질문과 예배와 복음 증거를 위한 박스글은 소모임과 주일학교 공과에 매우 유익한 도구가 될 것이다. 이 책을 읽고 교회 서가에 비치하고 누군가에게 선물하라!
롤랜드 에스키나지 _벨기에 인터내셔널 브루셀 침례교회 목사

쿨리진은 하나님의 아들, 예수 그리스도를 통한 구속 사역을 지나치게 단순하게 이해하는 점을 비판하는데, 이는 우리가 새겨들어야 할 말이다. 성경의 구원론은 우리가 생각하는 것보다 훨씬 더 세미한 뉘앙스를 가지고 있다. 쿨리진은 중요한 구원 교리에 대한 건강한 이해와 균형 잡힌 실천을 위한 견고한 토대를 우리에게 제공한다. 신학교 교수, 자동차 정비공, 전업주부, 헤지펀드 매니저, 요리사 등을 포함한 모든 그리스도인이 그리스도의 구원 사역에 대한 선명한 이해를 가지고 있어야 한다. 이 책은 예수님이 우리를 본향으로 데리러 오실 때까지 당신의 여정에 도움이 될 것이다.
조프 데니스 _켄터키 루스빌, 서던침례신학교 경영전략 부총장

구원의 언어

'구원 받음'의 언어적 풍요로움을 찾아서

구원의 언어

빅터 쿨리진 지음 | 손현선 옮김

구원의 언어

초판 1쇄 발행 2020년 9월 10일
초판 2쇄 발행 2022년 5월 10일

지은이 빅터 쿨리진
옮긴이 손현선
펴낸이 신은철
펴낸곳 좋은씨앗
출판등록 제4-385호(1999. 12. 21)
주소 서울시 서초구 바우뫼로 156(MJ 빌딩), 402호
주문전화 (02)2057-3041 주문팩스 / (02)2057-3042
이메일 good-seed21@daum.net
페이스북 facebook.com/goodseedbook

ISBN 978-89-5874-341-5 03230

The Language of Salvation: Discovering the Riches of What It Means to Be Saved
by Victor Kuligin

Originally published in English under the title *The Language of Salvation*
© 2015 by Victor Kuligin
First edition by Weaver Book Company.
published bu the permission of Lexham Press,
1313 Commercial St., Bellingham, WA 98225, USA
All rights reserved.

This Korean translation copyright ©2020 Goodseed Publishing, Seoul, Korea

이 한국어판의 저작권은 Lexham Press와 독점 계약한 좋은씨앗에 있습니다. 신저작권법에 의하여 한국 내에서 보호를 받는 저작물이므로 무단전재 및 복제를 금합니다.

지칠 줄 모르는 예수님의 제자가 어떤 모습인지 나에게 가르쳐주시고

오십여 년을 목회자이자 순회 전도자로 섬기셨던

나의 할아버지, 필립 R. 리칼지 목사에게 이 책을 바칩니다.

서문 …………………………………………………… 12
들어가는 글 ………………………………………… 16
감사의 글 …………………………………………… 27

1장 생물학의 언어: 중생
　사망에서 생명으로 ……………………………… 29

2장 법정의 언어: 칭의
　유죄에서 무죄로 ………………………………… 53

3장 가족의 언어: 입양
　거절에서 용납으로 ……………………………… 83

4장 시장의 언어: 구속
　속박에서 해방으로 ……………………………… 109

5장 정치의 언어: 시민권
　사탄 왕국에서 하나님 왕국으로 ……………… 141

6장 성전의 언어: 속죄
　보복에서 화해로 ………………………………… 167

7장 외교의 언어: 화목
　적대적 관계에서 우호적 관계로 ……………… 197

차 · 례 ·

8장 천문학의 언어: 조명
　어둠에서 빛으로 ································· **221**

9장 산업의 언어: 성화
　불순함에서 순전함으로 ························· **245**

10장 농업의 언어: 열매 맺음
　열매 없는 삶에서 열매 맺는 삶으로 ············ **273**

11장 과학의 언어: 변화
　결함에서 영화로 ································· **303**

12장 공동체의 언어: 참여
　분리에서 연합으로 ······························· **335**

13장 군대의 언어: 구원
　패배에서 승리로 ································· **363**

14장 타협할 수 없는 항목들 ······················ **389**

참고 문헌 ·· **402**
성경 색인 ·· **403**

서문

부자가 되고 싶지 않은 사람이 있을까? 로또가 세계 여러 지역에서 인기를 끌고 있다. 거액의 연봉을 받는 운동선수들이 영웅으로 추앙받고 있다. 교계에선 하나님께 건강과 부를 구하는 번영 신앙이 TV 방송의 대세를 이루고 있다. 십 년 넘게 방영된 〈누가 백만장자가 되고 싶은가?〉라는 이름의 퀴즈쇼는 전 세계적인 인기를 끌었다. 정답은 누구나이다!

빅터 쿨리진은 이 책의 독자가 부를 얻기를 원한다. 다만 달러나 유로나 랜드(쿨리진이 사는 남아공의 화폐) 형태의 부가 아닐 뿐이다. 쿨리진은 당신이 하나님께서 자기를 찾는 이들에게 부어주시는 자원을 발굴하길 원한다.

이 책에는 '절박함'이 있다. 쿨리진은 온 세상 사람들이 저마다 무언가를 갈구하고 있음을 안다. 여기에는 일상에서 하나님을 더 발견하지 못해 종종 답답해 하는 그리스도인도 포함된다. 그러나 이 책은

14장에서 이렇게 경고한다.

> 무수한 그리스도인이 정작 성경책은 먼지가 쌓이도록 책장에 꽂아둔 채 주님의 말씀을 듣고자 여기저기 쫓아다닌다. 도처에 파리하게 영양실조에 걸린 그리스도인이 너무 많은 이유는 하나님의 '말씀'을 제대로 먹지 않기 때문이다.

이 책의 목표는 시럽처럼 달콤한 사상과 거짓 약속으로 독자들을 흥분시키려는 데 있지 않으며, 그들을 먹이고 인도할 여호와의 말씀과 연결시키는 데 있다.

이 책에는 '전지구적 경험'이 있다. 서구와 미국 출신인 저자는 한 세대 동안 아프리카 남부의 다양한 지역에서 거주한 경험이 있다. 덕분에 폭넓은 시야에서 다양한 각도로 기독교의 가르침(또는 그 왜곡)을 조망할 식견을 갖추고 있다. 단지 보호받는 울타리 안에서뿐 아니라 세상 곳곳에서, 성경이 무엇을 말하는지, 그리고 독자가 그 말씀을 어떻게 이해하고 살아내야 할지를 참신하게 설명한다.

이 책에는 '균형'이 있다. 제목이 나타내듯이 책의 주제는 단 하나, 구원이다. 저자는 이 단순하고 명료한 성경의 핵심 사안이 열세 개의 단면을 갖춘 보석임을 보여준다. 저자는 성경의 풍성하고 정교한 요소들을 끓여 이유식처럼 만들기를 거부한다. 여기서 그가 내놓는 것은 풀코스 정찬이다.

농구에서 수비팀이 풀코트 프레스(전면 압박 공세)라는 전술을 쓰는 경우가 있다. 즉, 선수들이 구장의 한쪽 코트에서만이 아니라 공이 가는 곳마다 수비하는 것이다. 성경에서 하나님은 인간의 혼돈, 오류, 연약함, 그리고…'죄'(쿨리진은 이 단어에 사람들이 원하는 것보다 더 많은 관심을 기울여야 함을 안다)에 맞서 풀코트 프레스를 구사하신다. 십여 가지의 명명백백한 방식으로 하나님은 타락하고 길을 잃고 오류에 빠진, 한마디로 교회 안팎에 있는 당신과 나 같은 사람들을 구조하신다. 그리고 하나님의 풀코트 메시지는 그분이 망가진 세상을 다시 복구하고 싶어하신다는 것이다. 하나님은 방황하는 세상을 창조주이자 소망의 최고봉인 자신에게로 돌려놓고 싶어하신다.

이를 성경은 이렇게 표현한다. "곧 하나님께서 그리스도 안에 계시사 세상을 자기와 화목하게 하시며 그들의 죄를 그들에게 돌리지 아니하시고"(고후 5:19). 더욱이 동일한 본문에서 하나님은 "화목하게 하는 말씀을"(이 책의 7장을 참조하라!) 예수님을 따르는 자들인 "우리에게 부탁하셨느니라"고 한다. 독자는 여기서 자신의 길을 돌이켜 삶을 변화시키고 세상을 변화시키는 하나님의 길에 오르라는 풍성하고 힘있는 호소와 마주하게 될 것이다.

이 책에는 '교류'가 있다. 저자는 교회 안의 사람들과 교회 밖의 일반 사람들, 가톨릭의 가르침과 동방 정교회의 견해, 힌두교의 신앙과 다른 여러 분야에서 비롯된 사상 및 신념들과 교류한다. 이 책은 이론서가 아니라 사람들의 삶을 결정하고 최종 운명에 영향을 미치는 (앞의 '절박함'에 관한 언급을 참조하라) 실제적인 믿음에 관해 말한다.

이 책에는 '해석'이 있다. 저자는 독창적이면서도 설득력 있는 프레젠테이션을 선보였다. 그런데 이 발상의 출처는 스스로 계발한 이론이나 상상 혹은 어떤 비밀스런 환상이 아니라 하나님의 책인 성경이다. 성경은 경외심으로 접근할 때 역사하는 힘이 크다. 이 책의 강점은 여러 성경 본문을 인용하고 그에 대한 깊은 묵상을 풀어놓았다는 데 있다.

당신이 평생 성경을 읽었다 해도 이 책으로 인해 신선한 각도에서 많은 것을 새롭게 발견할 공산이 크다. 혹여 당신이 성경의 가장자리만 야금야금 먹어왔다면, 이 책은 더 크고 깊게 성경을 베어물도록 인도할 것이다. 스스로 초신자라고 여길지라도 이 책은 당신의 시야를 활짝 열어젖혀 성부, 성자, 성령 하나님을 인식하게 해줄 것이다.

지혜이신 하나님은 이렇게 말씀하신다. "부귀가 내게 있고 장구한 재물과 공의도 그러하니라"(잠 8:18). 『구원의 언어』는 독자에게 주식 시장이 쓸어가지 못하고 세월에 빛바래지 않을, 심지어 사망의 위협도 넘어서는 부요함을 열어줄 것이다. 여기에 풍성함과 생명으로 인도하는 언어와 빛이 있다.

로버트 W. 야브로

(코브넌트신학대학 신약학 교수)

들어가는 글

다른 이로써는 구원을 받을 수 없나니 천하 사람 중에 구원을 받을 만한 다른 이름을 우리에게 주신 일이 없음이라 하였더라(행 4:12).

오늘날 기독교에는 '구원받는 것'의 의미를 오해하는 데서 생긴 안타까운 혼돈이 있다. "예수님이 내 죄를 위해 죽으셨다" 또는 "예수님께 내 마음에 들어와 주시라고 기도했다" 등과 같은 흔한 구호나 상투적 표현 속엔 불확실성이 도사리고 있다. "예수님이 내 죄를 위해 죽으셨다"가 실제로 무슨 뜻인지 물으면 대다수 그리스도인의 말문이 막히는 것을 보며 나는 놀라움을 금치 못한다.

"예수님이 당신을 무엇으로부터 구원하셨는가?"란 단순한 질문을 살펴보자. 대다수는 "나의 죄로부터"라고 대답하겠지만 이 대답에는 신학적 정확성이 결여되어 있다. 죄가 당신 자신과 분리되어 뒤에서 당신을 추격해 오는 건 아니지 않은가? 통상 우리가 구원받았다고 할 땐 우리를 해코지하려는 목적을 가진 어떤 '것' 또는 어떤 '존재'로부터 구원받았음을 의미한다. 우리의 구원에 대한 이해가 이렇게 명확하지 않기에 혼돈이 난무하는 것이다. 만일 우리가 위의 질문에 대한 답을 제대로 알지 못한다면 어떻게 진정으로 복음을 이해한다고 말할 수 있을까?

구원에 대한 우리의 오해는 그 다면성을 보지 못하는 데서 비롯된다. 우리는 마치 구원이 죄책(guilt)을 없애고 영생을 얻는 데 국한된 것처럼 일차원적으로 구원을 조망한다. 그러나 구원의 언어는 많은 그리스도인들이 인식하는 것보다 훨씬 다채롭다. 나는 이 책이 이 핵심적인 사안에 빛을 비추길 소망한다.

이 간극 앞에서 대체로 우리의 모습은 두 가지로 나타난다. 첫째는 회중에 속한 일반인을 가르칠 때 이런 주제를 아예 외면하는 것이다. 둘째는 이 주제를 이해하기 쉽도록 전문 용어의 의미를 희석시키는 것이다. 첫 번째 오류는 변명의 여지가 없지만 두 번째 역시 맹점이 있다. 바로 기독교 교리의 전통적인 용어를 무시하고 희석된 언어로 대체함으로써 일반인이 신학의 풍성한 보고에 접근하는 것을 막아버리는 것이다. 이로써 '신학계'는 교계의 99퍼센트가 기피하는 가운데 용감무쌍한 자들만 활동하는 무대가 되었다.

언어는 사람을 하나 되게 하는 놀라운 기능을 하지만, 때론 사람과 사람의 상호작용과 관계에 거대한 벽을 세우기도 한다. 목회자와 교수들이 교회의 성도에겐 어린아이의 말을 떠먹이면서 자기들끼리는 신학적 전문 용어를 사용한다면, 무의식적으로 양 집단 간에 벽을 세우는 것이다.

가령 피치, 볼링, 이닝, 위킷과 같은 크리켓 용어에 대해 이야기하는 이들을 만난다고 치자. 당신은 꿀 먹은 벙어리가 되어 대체 무슨 말을 하는 건가 궁금해 하며 뒤로 물러나 있을 것이다. 미국인이라면 어떤 단어는 친숙한 야구 용어인데 어떤 건 생소한 용어라 더욱 혼돈스러울 것이다. 하지만 당신이 크리켓이란 스포츠와 친숙하다면 금세 대화에 낄 것이다. 생소한 어휘는 지적 교류와 배움에 장벽이 된다. 수술실 안으로 고개를 들이밀고 의사와 간호사들이 하는 말을 들어보라. 대다수 환자들이 알아듣지 못하는 용어를 사용할 것이다. 오직 '엘리트'만이 그 말을 이해하고 나머지 사람들은 수술실 밖에서 멍하니 서 있을 것이다.[1]

선교사로 해외에 살았던 경험 덕분에 나는 이 점을 더 확실하게 알게 되었다. 이해할 수 없는 외국어로 대화할 땐 꿔다놓은 보릿자루처럼 있어야 했다. 그때마다 내가 완전히 소외된 아웃사이더이며 보잘 것없고 무식하다는 느낌이 들었다. 많은 성도가 기독교 교리에 대해서도 이와 똑같은 느낌을 가진다.

---

1. 이 문제를 더욱 가중시키는 또다른 요인은 교리적 대화를 기피하는 포스트모던 경향인데 이는 더욱 인기를 끌고 있다. 기독교계에서 새롭게 부상하는 이 부류의 신념은 교리와 신학이 우리를 소외하고 격리시키므로 우리는 그저 서로 사랑하고 분열적 사안에 휘말리지 말아야 한다는 것이다. 이런 태도는 기독교 구원에 관한 어떠한 건실한 논의도 저해하며 그리스도의 몸에 속한 사람들이 변화된 성도의 삶을 사는 것을 더욱 어렵게 만든다.

혼란을 가중시키는 것은 신학자들이 비록 내용은 성경적일지라도 성경 기자들이 거의 사용하지 않는 어휘를 선호한다는 점이다. 중생(regeneration)과 조명(illuminaton)이 그런 개념들인데, 비록 견실한 성경의 가르침을 압축적으로 담고 있긴 하지만 성경에선 이 단어들이 구원을 설명하는 주된 용어로 사용되지 않는다. 신학자들이 성경에 나오지 않는 언어를 사용할 때 많은 그리스도인은 어리둥절해 한다.

아울러 헬라어로는 의미가 풍성하나 영어로 번역되는 과정에서 의미가 거의 실종된 단어들도 있다. 대표적인 예가 화목 제물(propitiation)이다. 이는 구원 교리를 설명하는 데 대단히 훌륭한 신학 용어이긴 하나 일상 영어에선 거의 쓰이지 않는다.

나의 접근법은 두 가지 오류를 다 피하는 것이다. 나는 구원이라는 주제를 다루겠지만 복잡한 신학 용어를 회피하지 않을 것이다. 오히려 성경적 소재의 산실인 세속 세계의 렌즈를 통해 용어들을 조망함으로써 이해를 도모할 것이다.

성경 기자들이 기독교 교리를 전하고자 사용한 언어는 평범한 언어였다. 더러는 '속죄'(atonement)나 '화목 제물'처럼 유대교와 히브리 성경에서 아이디어를 가져다 가공한 경우도 있었다. 하지만 다른 경우, 시장통이나 장사치의 언어를 가져다 새 의미를 부여했다.

책을 쓰게 된 계기

이 책의 아이디어는 아프리카 남서부 나미비아의 수도, 빈트후크 근교에서 내가 매주 인도했던 성경공부 모임에서 비롯되었다. 우리는 1년 넘게 바울이 로마인에게 보낸 편지인 로마서를 공부했다. 로마서 3장을 공부할 때 나는 바울이 얼마나 다양한 방식으로 구원을 설명했는지에 자못 충격을 받았다. 23-25절을 살펴보자.

> 모든 사람이 죄를 범하였으매 하나님의 영광에 이르지 못하더니 그리스도 예수 안에 있는 속량(redemption, 구속)으로 말미암아 하나님의 은혜로 값 없이 의롭다 하심(justification)을 얻은 자 되었느니라 이 예수를 하나님이 그의 피로써 믿음으로 말미암는 화목 제물로 세우셨으니.[2]

바울은 기독교 구원을 설명하기 위해 의롭다 하심(칭의), 속량(구속), 화목 제물이란 용어를 동원했다. 칭의는 법조계의 언어인 데 반해 속량은 로마 시장에서 유래한 것이며 화목 제물은 강력한 구약적 함의를 가지고 있다. 각각은 구원받는 것의 의미를 설명하는 데 나름

---

[2] ESV 성경은 'propitiation'을 사용한 몇 안 되는 현대 성경이다. 대부분은 '속죄'(atonement)로 번역했다.

의 가치가 있다. 나는 기독교의 구원에 관해 이야기하기 위해 열세 개의 유효하지만 각기 다른 방식을 최종 선정했다.

나는 종종 불신자에게 나누거나 기독교 신앙의 회의론자나 비판론자들의 공격에 맞서 옹호하는 관점에서 어떻게 기독교 교리를 설명할지 고민한다. 이제껏 복음주의자들은 구원의 다른 유효한 모델들을 배제하고 한 가지 방식의 설명에만 집중해 왔다. 하지만 특정 상황에선 다른 방식의 설명이 더 잘 통하는 법이다.

가령 복음주의자들은 '칭의'란 단어로 이해되는 죄사함의 패러다임에 초점을 맞추는 경향이 있다. 칭의가 구원받는 것의 의미를 성경적으로 묘사하고 있지만, 성경에서 유독 그 그림만을 제시하는 것은 아니다. 마약 중독자나 음란물의 노예가 된 사람에게 복음을 전할 땐 (값을 치러 포로의 자유를 사는) 속량(구속)이 더 적합할 수 있다. 분명 성경은 죄에 얽매인 사람을 풀어주는 것으로도 구원을 묘사한다. 그러므로 우리는 처음부터 오직 죄책과 죄사함에 관해서만 이야기할 필요는 없다.

성경에서 구원을 다면적으로 묘사하고 있음을 인정하는 것이 아주 중요하다. 때로 우리 복음주의자들은 구원받는 것의 의미를 설명할 때 다소 일차원적인 경향이 있다. 줄곧 장미꽃만 이야기하기보다는 정원의 다른 꽃들에 대해서도 이야기할 수 있어야 하지 않을까?

구원을 이해하고 선포할 때는 정황을 잘 고려해야 한다. 하나의 그릇에 다 담을 수 있다고 주장하기보다는 각 개인이 처한 구체적인 정황에 따라 접근하고 그들의 세세한 어려움에 비추어 복음을 전해야 한다. 복음 전도가 중요하기에 나는 불신자에게 '복음을 증거'할 때 각각의 구원 모델이 갖고 있는 유용성을 각 장 박스글에 실었다.

역사적 차이

구원의 이해에 관해선 숱한 논쟁이 있었다. 어느 교파는 어떤 한 부분을 과하게 강조한 나머지 다른 부분들을 도외시하기도 했다. 가령 개신교는 (우리의 죄가 사함받고 우리가 하나님 앞에서 무죄하다고 선언되는) 구원의 법적 측면에 집중하는 경향을 보였고, 동방 정교회 신자들은 우리가 하나님을 실제로 닮아가는 구원을 강조했다. 개신교의 구원은 법정적이며 신자의 외부에서 일어나는 것인데 비해 정교회의 구원은 보다 참여적이며 내면적이다.

어느 한 가지 구원 모델을 강조하는 것은 문화와 시대의 영향 탓도 있다. 초기 그리스도인들은 사탄의 손아귀에 빠진 죄인의 몸값을 치르는 구원을 강조한 반면, 중세 신학자들은 (마치 봉건 영주가 그러듯이) 훼손된 하나님의 명예를 만족시키는 것에 중심을 두었다.

각각 나름의 성경적 논점을 담고 있는 여러 구원론의 유효성을 인정해야 우리는 구원을 제대로 이해할 수 있다. 이 점을 입증하는 것이 내 목표다. 나는 기독교의 구원론이 우리가 논할 열세 개의 모델 '전부'를 포괄한다고 확신한다. 그중 성경 기자들이 다른 용어에 비해 더 자주 사용한 용어는 있지만, 성경의 기술에서 아예 배제된 개념은 없다. 또한 간혹 의미가 중첩된 부분도 있겠지만 각각 독자적으로 다룰 만큼 차별성은 충분하다.

일부 학자들은 구원을 소위 '구원의 서정'(order of salvation)이라 부르는 연속된 사건(예: 칭의 다음에 양자됨이 일어난다)으로 본다. 그러나 구원은 연결된 사슬이라기보다는 많은 단면을 가진 다이아몬드, 즉 각각의 면이 그 자체로 보석의 아름다움을 표현하는 다이아몬드로 보는 것이 더 적절할 것이다. 양자됨(adoption)은 단지 칭의의 후속 사건이 아니라 '그 자체로' 구원이다. 구속(속량, redemption)은 죄사함(forgiveness of sin)이 더 나은 표현이어서 기피해야 할 열등한 설명이 아니라 '그 자체로' 성경적 구원에 대한 올바르고 명쾌한 설명이다. 구원받는다는 건 무슨 의미일까? 그것은 분명 당신의 죄가 사함받았음을 뜻하지만 이와 마찬가지로 당신이 하나님의 가족 안으로 입양되었고 새 왕국의 시민이 되었음(citizenship)을 뜻한다. 이 모든 것은 그저 다른 각도에서 '동일한' 구원을 설명한다.

마지막으로 이 용어들을 배치한 순서에는 별다른 의미가 없다. 다만 내가 중생을 선두에 배치한 이유는 중생이 다른 모든 것을 이해하기 위한 기초이기 때문이다.

핵심 재료

자동차에 관해 설명한다고 해보자. 비행기와 대조해 설명한다면 자동차는 공중이 아닌 지상에서 이동한다는 점을 말할 것이다. 혹은 자전거와 대비해 설명한다면 바퀴가 두 개가 아닌 네 개라고 말할 것이다. 각각의 정의는 모두 자동차에 대한 바른 설명이지만 전체 그림을 제시하진 않는다.

그럼 이제 자동차(automobile)라는 이름에서부터 시작해 보자. 자동차는 스스로의 동력으로(auto) 움직인다(mobile). 운전대, 타이어 네 개, 좌석, 수동 변속기 등 다양한 구성 요소를 나열할 수 있지만, 자동차의 본질을 제대로 짚으려면 반드시 내연 기관을 언급해야 한다. 다른 부품도 중요하지만 자동차의 본질은 여기에 있기 때문이다. 아울러 내연 기관은 연료 없인 작동할 수 없다.

구원도 마찬가지다. 죄에 관해 이야기하지 않는 분석은 내부 연소 기관을 움직이는 연료를 빠트린 것과 같다. 죄는 이 책에서 다루는 모든 범주의 논의에 있어 결정적이다. 가령 우리에게 화목(reconciliation)이 필요한 이유는 우리의 죄로 인해 우리가 하나님과 대적하게 되었기 때문이다. 칭의는 죄책(guilt of sin)을 제거하며, 조명(illumination)이 필요한 이유는 죄악 된 인간의 사고가 어두워졌기 때문이다.

기독교의 구원을 설명할 때 죄에 대한 언급을 배제하는 그 어떤 시도도 구원받는 것의 의미를 합당하게 묘사한다고 할 수 없다. 우리는 죄의 문제를 공들여 설명해야 한다. 그렇지 않으면 성경적인 구원을 정확하게 설명했다고 말할 수 없다.

각 장에선 특정 구원 모델에 관한 올바른 이해에서 비롯되는 실천적 적용점을 제시했다. 아울러 핵심 용어 목록과 함께 보다 명료한 이해를 돕기 위한 토론용 질문도 수록했다. 복음 증거를 위한 안내글과 더불어 특정 관점에서 바라본 구원관이 예배에 어떤 의미를 가지는지 강조하는 박스글도 있다.

마지막으로 방법론에 관해 한마디 덧붙이고자 한다. 하나님과 그분의 구원 계획에 관해 이야기할 때 오직 하나님께서 친히 말씀으로 계시하신 내용만 올바른 이야기라고 나는 확신한다. 이 책에서 내가 쓴 것 중 성경과 일치하지 않거나 성경에서 출처를 찾을 수 없는 내용은 내 개인적 소견에 불과하다. 그리고 영원한 결과가 걸린 문제에 있어 나의 개인적 소견은 거의 무가치하다고 보아도 된다.

성경 속에서 우리는 하나님의 '자기 계시'를 발견한다. 하나님이 자신의 계획에 관해 말씀하시는 바를 외면하는 것은 어리석은 태도다. 그렇기에 각 장은 성경에 푹 젖어 있다. 그럼에도 나는 본문이 매끄럽게 읽히도록 대부분의 성경 인용을 각주 처리했다. 〈참고 문헌〉에 각주에 밝힌 대부분의 저작을 소개했기에 특정 작품을 처음 인용할 때에도 축약된 형태로 소개했다. 〈참고 문헌〉에 기재하지 않은 저작의 경우 전체 정보를 제공했다. 출판에 관한 세부 사항이나 기타 정보는 〈참고 문헌〉을 참조하기 바란다. 책 말미의 〈성경 색인〉에 이 책에서 인용한 모든 성경 구절을 정리해 놓았다.

이 책이 성경이 증언하는 구원의 신학적 의미를 보다 명확히 이해하고자 하는 이들에게 변증이나 복음 전도의 도구로 사용되며, 때론 그들이 그리스도와 동행하는 데 도움이 되길 소망한다. 독자들이 각 장을 읽고 난 후에는, 왜 신학자들이 구원의 체계를 설명하기 위해 해당 특정 용어를 사용했는지 명확하게 이해할 수 있을 것이다.

감사의 글

80년대 후반 휘튼 대학원에서 나의 교수였던 시절부터 알아온 밥 야브로에게 초고를 꼼꼼하게 읽고 유려한 추천사를 써주신 것에 감사드린다.

각 장에 대해 건설적 비평을 제공하고 내가 놓친 부분을 지적해 주고 처음보다 훨씬 나은 책이 되도록 도와준 나의 십년지기, 웨인 하르부지우크에게 감사한다.

동료 작가인 스탠 거스리는 수년간 이 프로젝트에 격려를 아끼지 않았고 작업에 매진하도록 독려했다.

나와 함께 이 책에 대한 비전을 품고, 특히 복음 증거와 예배에 대한 초점과 관련해 몇 가지 창의적인 제안을 해준 짐 위버에게 감사한다. 이 책을 출판하도록 허락해 준 것에도 깊은 감사를 표한다.

소스텐 프릴과 브래들리 트라우트를 비롯한 몇몇 친구들과 동료들이 초고를 읽고 격려해 주었으며 바로잡을 내용들을 알려주었다.

〈그레이스 앤 트루스 커뮤니케이션즈〉의 폴 브린커호프가 최종 편집을 맡아 책이 본질적으로 개선되었다. 그와 이 프로젝트로 교류하는 일이 내겐 즐거움이었다. 또한 최종 원고를 교정하면서 상세한 부분까지 신경써 준 로버트 루드키에게 감사하고 싶다.

　마지막으로 이 프로젝트를 완성할 시간과 공간을 마련해 준 아내 레이첼과 자녀들에게 감사를 전한다.

1
생물학의 언어
사망에서 생명으로

중생
Regeneration

> 그런즉 누구든지 그리스도 안에 있으면 **새로운 피조물**(new creation)이라 이전 것은 지나갔으니 보라 새 것이 되었도다.
> 고린도후서 5:17

성경에서 자주 사용되진 않지만 성경의 가르침을 정리한 중요 키워드가 되는 신학 용어들이 있다. '중생'(regeneration)이 그중 하나다. 내가 이 책을 중생에서 출발하는 것을 의아하게 여길 독자들도 있을 것이다. 좀더 자주 사용되는 성경 용어로 구원에 관한 논의를 시작하는 게 현명하지 않을까?

헬라어 팔린게네시아(palingenesia)(팔린은 '다시', 게네시아는 '낳다')는 '새로운 탄생' 또는 '존재로의 회귀'를 뜻한다.[1] 성경 기자들이 영적 재

---

1. Kittel, *Theological Dictionary of the New Testament*, 1:686-89. 출판에 관한 전체 정보와 기타 세부사항은 이 책 뒷부분의 〈참고 문헌〉을 참고하라.

탄생을 말하고자 헬라어 게네시아를 도입하기 전부터 게네시아는 일상 헬라어에서 '태어난 날(생일)'을 가리키는 말로 사용되었다.

팔린게네시아는 신약에서 중생을 나타내는 말로 두 번 등장한다(마 19:28, 딛 3:5). 그런데 마태복음에선 "세상이 새롭게 된다"는 문장에서 사용되므로 정확히 개인 구원의 의미로 사용된 것은 딱 한 번이다. 그럼에도 팔린게네시아는 기독교의 구원론을 다룰 때 사용할 만한 적절한 단어다. 중생이란 단어가 여러 성경 개념을 아우르는 포괄적인 의미를 가지기 때문이다. 중생이란 단어엔 새 피조물(new creation), 재탄생(rebirth), 거듭남(born again) 같은 개념이 모두 들어 있으며, 회개(repentance)와 회심(conversion)도 중생이란 맥락에서만 제대로 이해할 수 있다.

당신은 영적으로 죽었거나 살았거나 둘 중 하나다. 중생한 사람은 사망에서 생명으로 옮겨진 자다. 이것이 기독교의 구원을 설명하는 가장 기본적인 개념이다.

거듭남에 대한 오해

중생의 본질을 다루는 핵심 구절은 예수님이 니고데모와 나눈 대화에서 찾을 수 있다.

> 예수께서 대답하여 이르시되 진실로 진실로 네게 이르노니 사람이 거

듭나지 아니하면 하나님의 나라를 볼 수 없느니라 니고데모가 이르되 사람이 늙으면 어떻게 날 수 있사옵나이까 두 번째 모태에 들어갔다 가 날 수 있사옵나이까 예수께서 대답하시되 진실로 진실로 네게 이 르노니 사람이 물과 성령으로 나지 아니하면 하나님의 나라에 들어갈 수 없느니라 육으로 난 것은 육이요 영으로 난 것은 영이니 내가 네게 거듭나야 하겠다 하는 말을 놀랍게 여기지 말라(요 3:3-7).

니고데모는 예수님의 말씀을 오해했고 육체적 범주로만 그 생각이 제한되어 있었다. 오늘날에도 거듭남에 대해 오해하고 있는 그리스도인들이 존재한다. 게다가 나는 '거듭남'(born again)이란 용어를 너무 어설픈 방식으로 남발한 나머지 그 표현이 힘을 잃은 것은 아닌지 우려스럽다.

일례로 종교 여론 조사 전문가인 조지 바나가 내린 '거듭난 그리스도인'(Born again Christians)에 대한 정의를 들어 보자. "거듭난 그리스도인이란 예수 그리스도에게 인격적으로 헌신했다고 말할 뿐 아니라 그 헌신이 현재 그들의 삶에서 중요한 비중을 차지하는 사람이자 죄를 고백하고 예수 그리스도를 구세주로 영접했기에 죽으면 천국에 갈 것을 믿는다고 밝힌 사람들로 정의된다. 응답자들은 자신이 '거듭

난 자'인지 여부를 밝힐 필요는 없다."²

하지만 이 폭넓은 정의에는 뭔가 미흡한 구석이 있다.³ 나는 거듭남에 대한 이해를 이런 수준으로까지 희석시키면 이 집단에 속한 사람에 대한 측정이 별 의미가 없지 않을까 우려스럽다. 이 정의에 의거해 자신이 거듭났다고 믿고 있는 자들은 정작 예수님이 요구하시는 바가 지나치게 엄격하다고 느낄 것이며 자기기만에 빠져 스스로 진정한 중생자 무리에 속했다고 착각할 수 있다.⁴

내가 14년간 선교사와 신학 교수로 섬겼던 아프리카의 나미비아에서는 기이한 현상이 있었다. 거듭남을 은사주의나 오순절파 색채를 띤 특정 집단이나 교파와 결부시키는 것이었다. 그 지역 주류 교단 출신 그리스도인에게 거듭났냐고 물어볼 때 종종 돌아온 반응은 완전히 충격을 받거나 대놓고 비웃는 것이었다. "제가요? 거듭났냐고요? 그럴 리가 없죠!"

또 성경을 공부하고 싶어 우리 신학교를 찾은 한 여성에게 '신구약 개론' 강의를 들어보라고 권한 적이 있다. 그녀가 그리스도인인 어머

---

2. George Barna, "Survey Explores Who Qualifies as an Evangelical," The Barna Group, accessed July 23, 2014, https://www.barna.org/barna-update/article/13-culture/111-survey-explores-who-qualifies-as-an-evangelical.
3. 복음주의자에 대한 바나의 정의는 "(위에서 설명한) 거듭남의 잣대와 이에 더하여 일곱 가지 다른 조건을 충족하는 자"(같은 곳)로 훨씬 더 구체적이다.
4. 나는 이 주제를 다음 책에서 깊이 다룬 바 있다. Victor Kuligin, *Ten Things I Wish Jesus Never Said*(Wheaton, Il: Crossway, 2006). 『누가 예수 믿으면 잘 산다고 했는가-그리스도인이 알아야 할 불편한 진실』(넥서스).

니와 형제들에게 이 계획을 전하자 그들은 경악을 금치 못했다. 그들은 "설마 그 '거듭난 자들'처럼 되려는 건 아니겠지?"라고 물었다. 하나님의 말씀을 더 알고자 하는 단순한 바람이 이런 반발을 불러온 것이다. 전 세계의 복음주의자들이 거듭남이 의미하는 바에 대해 이런 식으로 비슷한 오해를 하고 있는 것은 아닌지 우려스럽다. 그 오해의 뿌리는 또 다른 기독교의 개념인 '죄'와 그 여파에 대한 몰이해에서 찾을 수 있다.

영적 암

모든 사람이 병에 걸렸다. 이 병은 영적 사망을 초래하기에 모든 사람에게 중생이 필요하다. 만일 이런 병이 존재하지 않았다면 중생이나 재탄생이나 거듭남에 관해 이야기할 필요가 없었을 것이다.

90년대 초 조지 부시와 빌 클린턴의 대선 선거전에서 클린턴이 속한 민주당에서 부시가 핵심을 제대로 꿰뚫지 못했다고 꼬집은 문구가 있었다. "바보야, 문제는 경제라고." 신학적으로 말하자면 죄의 문제를 고려하지 않는 어떤 구원 체계에 대해서도 같은 말을 할 수 있을 것이다. "바보야, 문제는 죄라고."

죄에 관한 논의를 기피하는 그리스도인을 드물지 않게 발견한다. 그들에게는 긍정적이고자 하는 욕구가 있다. '긍정의 힘'을 역설하는 설교자들은 누군가의 자존감을 무너트리거나 스스로 비루하다는 생각이 들게 할 모든 이야기를 적극적으로 걸러낸다. 그러나 기차가 다가오는 줄도 모르고 철로에 서 있는 남자에게 그의 여린 자아를 상하게 하지 않으려 기차의 존재를 외면한 채 긍정적인 것에만 집중하라고 말하는 건 무익하다. 결국 기차가 오면 그의 자아는 파국 그 이상을 맞이할 것이다.

왜 이렇게 많은 사람이 죄라는 주제를 피하고 싶어할까? 그 이유는 인류의 곤고함에 대한 올바른 성경적 인식이 우리에게 영적으로 용납할 만한 구석이 '하나도 없다'는 인식을 초래하기 때문이다. 이 관점은 인류를 보다 고결한 존재로 보기 원하는 사람들에겐 혐오스러운 그림이다.

로마서 3:10-18에서 바울은 죄와 죄가 인류에 미친 영향을 평가하며 아래와 같은 평결을 내린다.

> 의인은 없나니 하나도 없으며
> 깨닫는 자도 없고 하나님을 찾는 자도 없고
> 다 치우쳐 함께 무익하게 되고
> 선을 행하는 자는 없나니 하나도 없도다
> 그들의 목구멍은 열린 무덤이요
> 그 혀로는 속임을 일삼으며
> 그 입술에는 독사의 독이 있고
> 그 입에는 저주와 악독이 가득하고

그 발은 피 흘리는 데 빠른지라

파멸과 고생이 그 길에 있어

평강의 길을 알지 못하였고

그들의 눈앞에 하나님을 두려워함이 없느니라 함과 같으니라.

놀랍게도 바울의 이 글은 대부분 시편을 인용한 것이다. 시편은 들으면 기분이 좋아지고 의기소침할 때 용기를 북돋아준다는 이유로 그리스도인들이 가장 좋아하는 구약의 책이다. 바울은 그런 구약 시편의 인용구들을 꿰어 포괄적인 논점을 제시하는데, 이는 이 서신서 첫 장에서 포문을 연 논증의 최고봉을 이룬다.

그 논증은 단도직입적이다. 인류에게 내재한 사악함으로 말미암아 죄인들은 창조 세계에서 발견되는 하나님의 실존이라는 진리를 억누른다. 우리는 다른 사람의 죄는 판단하면서도 자신의 결함은 외면하는 위선적 성향을 가지고 있다. 죄의 권세 아래 있는 인류는 진리를 알면서도 회개치 않고 악에서 돌이키지 않으려 한다. 예수님도 의견을 같이하신다.

그 정죄는 이것이니 곧 빛이 세상에 왔으되 사람들이 자기 행위가 악하므로 빛보다 어둠을 더 사랑한 것이니라 악을 행하는 자마다 빛을 미워하여 빛으로 오지 아니하나니 이는 그 행위가 드러날까 함이요 (요 3:19-20).

로마서에서 바울은 이 논증의 연장선상에서 유대인은 모세의 율법에 불순종하고 이방인은 그들 자신의 양심을 거슬렀다고 말한다. 어떤 잣대로 재든 결론은 동일하다. 모든 사람이 '죄와 죄의 권세' 아래 있다. 이 문제는 보편적이며 누구도 여기서 예외가 될 수 없다.

위의 로마서 본문에서 우리는 죄가 일으킨 치명적 여파를 본다. 죄는 죄인이 의와 선을 행할 능력을 파괴해 버렸다. 죄인의 인격과 행실, 둘 다 부패했다. 하나님으로부터 등을 돌리자 "그 발은 피흘리는 데 빨라"졌다. 여호와에 대한 경외심이 부재한 결과 그들은 "무익한" 피조물이 되었다.

그러나 제아무리 성경을 많이 읽었다 해도 이렇게까지 우리가 악질임을 순순히 인정할 사람은 드물 것이다. 자기 의(self-righteousness)는 온 인류의 공통 질환이다. 우리 모두가 악에 가득찬 죄인이란 고발장을 읽을 때 우리의 자연스런 반응은 바울이 (우리 아닌) 누군가 딴 사람 얘기를 하고 있다고 여기는 것이다.

우리는 바울이 로마서 1장에 기록한 만행 목록이 우리 삶 가운데도 있다는 사실을 애써 외면하려 한다. 한 번도 살인을 저지르지 않았으니 마음속 미움 정도야 간과하는 것이 타당하다고 생각한다. 한 번도 절도를 하지 않았으니 탐욕으로 이끌리는 마음의 동기는 없는 척해도 괜찮다고 생각한다. 우리는 대놓고 비방은 하지 않지만 몰래 험담은 자주 한다. 우리는 앞에서 거들먹거리지는 않지만 마음속엔 교만을 품고 산다. 우리는 타인의 죄에 집중하고 자신의 죄를 외면하는

데 능수능란하다. 진짜 지저분한 죄는 '저들'이 저지른 죄다. 우리는 불의에 값을 매긴 다음 우리 죄에는 특별 할인가를 적용한다. 중생하지 않은 죄인의 영혼이 사망의 권능 아래에서 자기기만에 빠지는 것은 너무도 당연한 수순 아닐까?

우리의 교만은 인류의 전적 부패에 대한 인식이 있을 때만 그 근원까지 파괴된다. 사악한 죄인이 하나님의 창조 세계에 확연하게 드러나는 진리를 억누르는 것도 이 때문이다(롬 1:18-20). 영적 질병은 아름답지 않다. 하나님은 우리의 이런 문제점을 아프지 않게 돌려말하기보단 직설적으로 처리하신다. 우리는 뼛속까지 부패했고 우리를 치유할 방법은 새 출발밖에 없다. 우리에게 달린 썩어가는 수족을 절단하는 수준으론 해결이 불가능하다. 몸뚱아리 전체가 죄라는 암으로 뒤덮여 있다. 육신을 통째로 폐기해야만 새 육신이 세워질 것이다.

오늘날 인본주의 정신은 애석하게도 우리의 교회 안에 만연하다. 바로 그 때문에 '자아 존중'과 '자기 의존'이란 세속 개념이 너무도 수월하게 기독교 안으로 침투했다. 아담과 하와가 하나님의 말씀을 자기 구미에 맞게 비틀려는 욕구를 가졌던 것처럼 오늘날에도 죄악 된 인간은 동일한 욕구를 가지고 있다. 인류에겐 스스로 회복하고 되살아날 능력이 있다는 암시를 풍기는 '내면의 불꽃' 같은 문구가 교계에서 들려온다. 특정 기독교 교파에선 '신발끈을 동여매고 스스로 일어나라'는 식의 논리를 역설한다. 인류는 영적으로 사망 상태임에도 우리는 그런 말을 일절 하지 않는다. 선악과가 우리를 죽이기보단 오히려 진정한 삶을 살게 한 것처럼 말한다. 뱀은 오늘날에도 여전히 동일한 거짓말을 속삭인다. "우리는 영적 사망자가 아니고, 정말 더 열심히 노력하면 하나님도 우리의 노력을 인정해 주신다"는 것이다.

어린 시절 나는 중생이 회심 '후'에 일어난다고 생각했다. 내가 나의 죄를 회개하고 회심하고 나면 거듭남이 가능하다고 이해했다. 하지만 이미 '죽은' 사람이 먼저 회개하고 하나님께로 돌이킨 다음 중생을 누린다는 생각은 잘못이었다. 정말 대단한 착각이었다.

구원은 협업이 아니다

거의 모든 종교가 인간 노력에 기반해 있다. 가령 이슬람교에서 한 사람의 구원은 이슬람 신앙의 토대인 '5대 기둥'에 달려 있다.[5]

1. 신앙 고백(칼리마): 알라 외에 다른 신은 없으며 무함마드가 그의 선지자다.
2. 하루 다섯 번 드리는 기도.
3. 라마단이란 거룩한 달에 하는 금식.
4. 자선과 구제.

---

[5] 일부 무슬림은 여기에 여섯 번째 기둥으로 지하드, 곧 이슬람 신앙을 거부하는 불신자에 대항하는 거룩한 전쟁을 추가한다.

5. 가능하다면 일생에 한 번 메카로 떠나는 성지순례(핫즈).

독실한 무슬림은 이 기둥들을 신실하게 따르는 자에게 영생을 얻을 소망이 있다고 믿는다. 이 체계에서의 구원은 여러 면에서 상당히 단순하다. 인간이 신앙 고백을 하고 몇 가지 선행을 지속하면 되는 것이다.

로마 가톨릭 역시 미묘한 차이가 있긴 해도 이와 유사하게 인간 공로에 대한 의존을 역설한다. 가톨릭 구원 체계는 다섯 단계로 요약할 수 있다.

1. 구원은 하나님처럼 의로워지는 것이다. 대전제는 당신이 의롭지 않은 한 하나님이 당신을 받아들이실 수 없다는 것이다.
2. 의는 하나님이 허락하시는 공로의 행위를 통해 획득할 수 있다.
3. 각 개인은 이 공로가 그들의 구원에 기여하길 바란다.
4. 그리스도는 이 공로를 획득하셨고, 사제는 성례(sacrament)를 통해 그리스도의 공로에 다가갈 수 있다.
5. 개인은 그 성례에 참여함으로써 더 의롭게 되고 그 의를 증진할 선행을 실천할 수 있다.

가톨릭의 구원에는 '하나님은 스스로 돕는 자를 돕는다'는 식의 상호 노력의 접근 방식이 있다. 하나님은 성례를 통해 자비로운 역할을 담당하시고, 한편으로 죄인은 자신의 선행으로 그 과정에 조력한다. 이 경우 종국에 사람들은 스스로의 구원에 기여했다고 주장할 게 뻔하다.

세계의 모든 종교는 영적으로 죽은 자들이 자신의 노력으로 스스로를 구원하려는 행위가 포함된다. 자칭 복음주의자 중에도 자신들의 선행으로 구원받는다고 믿는 이들이 더러 있다. 내가 이 사실을 절감하게 된 것은 수년 전 나미비아 빈트후크의 한 복음주의 교회 성경 공부 모임을 인도하던 때였다. 약 스물다섯 명의 청년들이 그 자리에 있었다. 나는 "죽고 나면 천국에 갈 거라고 믿는 이유가 무엇입니까?"란 단순한 질문을 던졌다. 저마다 자신이 행한 선행과 자신이 피한 악행을 이야기했다. 단 한 사람만이 예수님을 믿는 믿음에 대해, 그리고 다른 방법으로는 자신이 천국에 갈 수 없음에 대해 이야기했다. 그런데 하나같이 복음적인 그리스도인이라고 자처하는 사람들이었다.

예배, 그리고 중생의 언어

어떤 신자들은 자신이 기도를 하고 성경을 읽고 십일조를 드리면 하나님은 마땅히 자신의 소원을 들어주셔야 한다는 원칙에 따라 행동한다. 많은 그리스도인들이 예배 역시 이런 식으로 접근한다. 일요일 오전마다 두 시간씩 바쳤으니 신의 보상을 받아 마땅하다고 여기는 것이다. 그러나 우리가 죽은 자이며 하나님이 이미 가지신 것 외에 어떤 것도 우리가 하나님께 드릴 수 없음을 인식하면 – "누가 먼저 내게 주고 나로 하여금 갚게 하겠느냐 온 천하에 있는 것이 다 내 것이니라"(욥 41:11, 아울러 롬 11:35 참조) – 예배를 드릴 때에도 우리는 하나님으로부터 받아야 하는 존재임을 깨닫게 될 것이다.

예수님은 (하나님이 택하신 백성 유대인조차 이해하지 못하는) 경이로운 진리를 선포하셨다. 즉 구원은 인간의 노력으로는 결코 얻을 수 없다는 것이다. 구원은 육신의 능력을 초월하는 것이어서 오직 은혜로만 가능하기 때문이다. 인간이 자신의 노력으로 구원을 얻으려면 반드시 공로가 있어야 하는데, 그것은 획득한 구원이다. 하지만 우리가 다음 '칭의' 장에서 보겠지만, 그럴 가능성은 존재하지 않는다.

죽은 육신

우리는 온전하거나 건강한 인간이 의로운 행위를 통해 스스로를 구원하려고 시도하는 것을 다루는 게 아니다. 불신자로서 우리는 우리의 "허물과 죄로 죽었던" 자들(엡 2:1)이다. 만일 우리가 영적으로 살아 있었다면 중생하거나 거듭날 필요가 없고 예수님의 말씀은 터무니없는 주장이 되었을 것이다. 이미 살아 있는데 구태여 왜 거듭나야 하겠는가? '출생-살아 있음-거듭남'의 공식은 어불성설이다. 그러나 '출생-사망-거듭남'은 말이 된다. 이미 죽은 존재만이 '다시' 태어날 수 있다.

영적으로 사망했다는 것은 하나님의 부르심에 긍정적으로 반응할 수 없음을 암시한다. 어떤 사람이 신령한 선택을 하려면 "[하나님의] 영으로 태어나야" 한다. 바울은 이를 로마서 8:7-8에서 이렇게 표현했다.

> 육신의 생각은 하나님과 원수가 되나니 이는 하나님의 법에 굴복하지 아니할 뿐 아니라 할 수도 없음이라 육신에 있는 자들은 하나님을 기쁘시게 할 수 없느니라.

중생을 경험하지 못한 인류에겐 하나님의 뜻을 행하는 데 대한 무능력과 활발한 적개심이 둘 다 존재한다. 죽은 자는 하나님이 기뻐하실 어떤 일도 할 수 없다. 죽은 자는 (하나님이 결코 기뻐하지 않으실) 악이나 이와 유사한 일을 행할 능력만 있을 뿐이다. 바울은 디도에게 보낸 편지에서 비슷한 이야기를 전하며 불신자들은 "선한 일을 하기에는 적합하지 않은 사람들"(딛 1:16, 현대인의성경)이라고 했다.

로마서 8장에서 바울은 두 부류의 사람들을 묘사한다. 하나님의 영에 의해 생명을 받은 사람들과 여전히 죄 가운데 죽어 있는 사람들이다. 제3의 부류는 없다. 사람은 죽었든지 거듭났든지, 육신의 생각에 사로잡혔든지 성령에 사로잡혔든지, 둘 중 하나다. 바울은 일곱 절에 걸쳐 "육신"(flesh)이란 단어를 열 번이나 사용하고(3-9절) 12-13절에서 세 번 더 사용한다. 바울이 "육신을 따라" 사는 사람들에 대해 말하는 내용을 보면, 그의 가르침과 예수님이 니고데모에게 주신 가르침 간에 밀접한 연관성이 있음을 확인할 수 있다. 죄 있는 육신(sinful flesh, 롬 8:3)은 계속 죄 있는 육신만 낳을 뿐 결코 하나님을 기쁘시게 할 수 없다. 오직 성령의 능력으로(롬 15:19) 행한 일만이 하나님을 기쁘시게 할 수 있다.

그러므로 구원은 결코 인간의 노력으로 되지 않는다. 구원은 백 퍼센트 하나님의 역사이어야만 한다. 단 일 퍼센트라도 인류가 협업해야 한다는 생각은 성경적 구원에 대한 올바른 개념이 아니다. 죽은 자들이 어떻게든 참여할 수 있다는 논리가 되기 때문이다.

모든 것은 아담에서 시작되었다

문제는 에덴 동산에 있던 우리의 첫 부모로부터 시작되었다. 아담과 하와는 하나님의 뜻에 반항했고 온 인류에게 영과 육의 전적인 사망을 가져다주었다. 물론 창세기에서 보여주듯이 중간중간에 아벨, 노아, 에녹 같은 신실한 사례들이 있었지만 아담의 범죄 이후로 인류는 꾸준히 악순환의 하향곡선을 그렸다. 모든 인간은 죄의 흔적을 지니고 있고 이를 신학적으로 "원죄"(original sin) 또는 "물려받은 죄"(유전된, 전가된 죄, inherited sin)라고 칭한다.

종종 아담의 죄를 우리의 죄로 간주하는 것은 온당치 못하다는 반론이 제기된다. 개인의 권리를 침해하는 어떤 발상도 거북스러워하는 '1인 1표' 정서의 민주주의 사회에선 유독 그렇다. '나는 동산에 있지 않았어. 내겐 그 과일 조각을 먹을지 안 먹을지 스스로 결정할 기회가 없었어. 이게 어떻게 공평하지?' 바울은 로마서 5:12-21의 두 아담 분석을 통해 이 논점을 다룬다.

> 그러므로 한 사람으로 말미암아 죄가 세상에 들어오고 죄로 말미암아 사망이 들어왔나니 이와 같이 모든 사람이 죄를 지었으므로 사망이 모든 사람에게 이르렀느니라(12절).

이 구절에 대한 흔한 오독은 이것이다. '아담이 죄를 지었고 그의 죄와 더불어 사망이 임했다. 이젠 사망이 모든 사람에게 퍼졌는데, 이는 모든 사람이 죄를 짓기 때문이다.' 이는 잘못된 이해다. 바울은 우리가 죄를 짓기 때문에 죽는다 말하는 게 아니다. '아담'이 죄를 지었기 때문에 우리가 죽었다 말하고 있다. 헬라어로 "모든 사람이 죄를 지었으므로"의 시제는 과거에 완료된 행위이지 현재 진행형 행위가 아니다. 그렇다면 이 맥락에서 아담은 단순히 인류를 대표하는 게 아니라 아담이 '곧' 인류다. 안타깝지만 솔직한 현실은 죄를 금지하는 법이 제정되기도 전에 아담이 저지른 죄로 말미암아 온 인류가 징벌을 당하고 있다는 것이다. 아담의 타락이 온 인류의 사망을 초래했다. 유일한 치료제는 새 생명, 중생, 거듭남이다.

아담이 누군가를 죽였거나, 성폭행했거나 아니면 통상 '중범죄'로

분류하는 다른 죄를 저지른 게 아니었다. 오히려 (죄의 핵심으로 간주되는) 단순 불순종이었다. 그는 금지된 과일을 베어 먹었다. 우리 중 많은 이들은 이를 경범죄라고 생각할 것이다. 그런데 이 하나의 죄로도 아담은 하나님으로부터 분리되고 동산에서 쫓겨나고 영육의 사망을 당하기에 이르렀다. 아담의 상황과 비교할 때 무수한 죄를 범한 우리가 그보다 도덕적 우위에 있다고 주장하긴 어려울 것이다. 사실 우리는 배가 터질 때까지 자발적으로 선악과를 먹어왔다.

병을 제대로 진단해야 적절한 치료제를 처방할 수 있다. 만일 인류의 질환이 팔이 긁힌 정도라면 밴드를 붙이고 얼마간 기다리면 될 것이다. 그러나 총상으로 머리가 터졌다면 보다 극단적인 조치가 필요하다. 인류의 죄가 정확히 이런 경우에 해당한다. 그러므로 하나님 자신이 인간이 되시는 것 같은 극적인 치유책이 요구된 것이다.

성령 하나님의 주권적 의지

요한복음 3장을 다시 보면 거듭남이 성령의 역사임을 알게 된다.

> 바람이 임의로 불매 네가 그 소리는 들어도 어디서 와서 어디로 가는지 알지 못하나니 성령으로 난 사람도 다 그러하니라(요 3:8).

일부 현대 성경은 '거듭난다'는 표현을 '위에서 태어난다'(born from

above)로 번역할 수 있다고 강조한다.⁶ 육신이 죽어 있기에 중생은 육신과 별개로 위로부터 말미암아야 한다. 이는 성령의 주권적 활동을 요한다. 바로 이러한 이유로 예수님은 "살리는 것은 영이니 육은 무익하니라"고 말씀하셨던 것이다(요 6:63).

예수님은 요즘 시대가 종종 놓치는 하나님의 영에 관한 영원한 진리를 선포하고 계신다. 성령의 활동은 주권적이다. 필멸(必滅)할 인간의 변덕에 좌지우지되는 '무언가'가 아니다. 오히려 성령의 속성은 죄인의 마음속에 임하는 성령의 일방적 활동에서 발견된다.

복음 증거, 그리고 중생의 언어

죽은 자들에게 생명을 전달할 수 있는 자는 그 안에 참 생명을 가지고 계신 예수 그리스도께 그 생명을 부여받은 자들뿐이다. 복음, 그리고 성령의 거듭나게 하시는 사역 없이는 그 누구도 영적으로 살아날 수 없다. 더 많은 그리스도인들이 이 점을 바르게 인식한다면, 아마도 복음을 전하는 일에 우리는 더욱 진지해질 것이다.

---

6. 예수님이 '거듭남'이라는 단어를 사용하신 유일한 분은 아니었다. 베드로는 베드로전서 서두에서 "거듭난" 신자들에 관해 이야기한다(1:3, KJV는 "begotten"으로 번역함. 베드로는 이 용어를 1:23에서 다시 사용한다.) 야고보는 하나님의 뜻을 따라 신자들을 "낳으셨느니라"(brought forth)고 표현한다(1:18, 헬라어로는 문자 그대로 '출생케 하다'[given birth]이다).

성령의 주권적 의지를 제대로 이해할 때 복음 증거를 대하는 우리의 견해에 극적인 변화가 일어날 것이다. 어떤 그리스도인은 그들에게 사람을 회심시킬 책임이 있다는 그릇된 믿음을 가지고 성령이 아닌 인간이 주도하는 회심을 이끄는 방법을 강조한다.

가령 복음 전도자 찰스 피니(1792-1875)는 미국의 부흥을 기획하고 이를 마케팅 사업으로 포장했다. 피니는 부흥을 '완성'할 '새로운 조치들'을 도입했다. 그는 이러한 수법을 통해 부흥에 대한 사람들의 거부감이 무너지고 사람들이 죄를 깨닫게 될 것이라 생각했다. 피니의 구상에 따라 부흥 운동가들은 설득의 달인이 되었다.

오늘날 '구도자 중심'의 교회들도 거의 동일한 접근을 한다. 그들은 복음을 사람들의 구미에 맞게 매력적으로 만들 방법을 모색한다. 이는 하나님의 말씀을 설교할 때 역사하시는 성령의 주권적 활동을 오해했음을 드러낸다. 그들은 거부감을 조장한다고 여겨지는 성경 메시지를 삭제하거나 '예배'의 중심을 말씀에서 오락으로 바꾸려 한다. 이런 활동은 성령이 가능케 하는 회심이 아니라 인간이 주도하는 회심에 대한 믿음을 드러낸다.

예수님이 가르치셨듯이 성령은 자신이 원하는 대로 부는 바람과 같다. 중생은 영적으로 죽은 죄인에게 임하는 성령의 철저한 주권적 행위다.

중생은 무언가 새로운 것을 암시한다

'중생'과 '거듭남'이란 용어는 전후 상태가 극적으로 달라짐을 암시한다. 첫 번째 출생은 인간에게 뭔가 대단히 잘못된 부분이 있음을 드러냈고 오직 두 번째 출생만이 그 문제를 해결할 수 있다. 마찬가지로 "새로운 피조물"(new creation, 고후 5:17)이란 표현은 옛것이 전적으로 폐기되고 새 프로젝트가 시작했음을 암시한다. 『은혜에 관한 비유들』의 저자, 로버트 F. 카폰은 이를 이렇게 표현했다.

> 그러므로 하나님은 우리를 용서하실 때 우리의 연약함을 헤아리신다거나 우리의 잘못을 정상 참작하겠다고 말씀하지 않으신다. 하나님은 우리의 죽은 생명 전체를 폐기하고 종식시키며 새 생명으로 우리를 일으켜 세우신다.[7]

회심이란 것 자체가 창조 행위이며, 더 정확하게 말하면 '재창조' 행위다. 바울은 중생한 죄인들 안에 일어나는 변화를 창조의 언어를 사용해 표현했다. "어두운 데에 빛이 비치라 말씀하셨던 그 하나님께서 예수 그리스도의 얼굴에 있는 하나님의 영광을 아는 빛을 우리 마음에 비추셨느니라"(고후 4:6).

---

7. Capon, *Parables of Grace*, 9. 『은혜에 관한 비유들』(새순출판사).

두 가지 진리가 놀라운 병행 대비를 이룬다. "태초에" 하나님이 창조하신 것처럼 우리는 다시 재창조되어야만 한다. 창세기에서 "혼돈하고 공허"한 땅을 다루셨듯이 하나님은 우리의 공허한 삶을 가지고 우리를 다시 지으셔야 한다. 태초에 하나님이 "빛이 있으라" 말씀하셨던 것처럼 하나님이 우리 마음에 빛을 비추셔야만 한다. 중생은 태초의 천지창조와 다를 바 없는, 전적으로 하나님이 주도하시는 창조 행위다.

예수님이 니고데모에게 하신 말씀과 일맥상통하게 바울은 이 새로운 창조 행위가 하나님의 영으로부터 임한다고 썼다.

> 우리를 구원하시되 우리가 행한 바 의로운 행위로 말미암지 아니하고 오직 그의 긍휼하심을 따라 중생의 씻음과 성령의 새롭게 하심으로 하셨나니(딛 3:5).

거듭남. 새롭게 함(renewal). 중생. 이 용어들은 예수님을 믿는 자들에게 성령이 주권적 의지로 행하시는 일, 즉 그들을 새 피조물로 만드시는 역사를 묘사한다.

스스로에게 정직하라

18세기 영국의 위대한 복음 전도자, 조지 휫필드는 "회중이 이토록 죽어 있는 이유는 죽은 자가 그들에게 설교하기 때문"이라고 했다. 육신은 육신을 낳을 뿐이다. 그러나 자신이 죽어 있음을 인정하는 사람들은 생명의 기회를 얻을 수 있다.

스스로 속이지 말라. 오직 내 안에 하나님을 기쁘시게 할 만한 것이 없다고 고백하는 사람만이, 즉 자신의 영적 곤고함을 인식하고 예수님 발치에서 자비를 구걸하는 사람만이 구원받을 수 있다.

기독교 구원에 관한 모든 이야기는 여기서 시작해야 한다. 구원은 근본적으로 삶과 죽음에 관한 것이기 때문이다. 영적으로 죽은 사람은 자신을 구원할 수도, 구원에 기여할 수도 없다. 중생은 성령이 죄인을 살리시고 새 생명을 부여하시는 주권적 행위다. 이 중생을 통해 타락한 인류에 구원이 임한다. 질병보다 강력한 치료를 해야만 환자가 낫는다. 질병이 사망이라면 치료책은 생명이어야 한다.

죄인은 중생이 필요하다. 하나님의 성령으로 말미암은 새 생명이 아닌 다른 모든 것은 그저 단순한 시체일 뿐이다. 관에 안치된 죽은 자에게 아무리 화장을 한들, 아무리 블러셔를 많이 발라 뺨을 발그레한 장미빛으로 만든다고 한들, 그는 여전히 죽은 자일 뿐이다.[8]

'구원받는다는 것'은 무슨 의미일까? 그것은 생기를 불어넣으시는

---

8. 1924년 사망한 소비에트 공산주의의 창시자, 블라디미르 레닌의 시신이 모스크바 붉은 광장의 화강암과 대리석으로 만든 묘에 전시되어 있다. 레닌의 시신은 일정한 온도와 습도가 유지되는 유리관에 밀봉되어 여전히 살아 있는 듯한 외관을 유지하고 있다. 매주 조심스레 피부를 검사하고 약한 표백제로 세균이나 곰팡이 반점을 제거했다. 특수 필터를 통과한 조명은 레닌의 피부에 건강한 빛이 감돌게 한다. 그래도 그는 여전히 죽어 있다.

성령의 권능으로 하나님이 인간을 공허한 죄의 삶에서 예수님을 믿는 삶으로 돌이키시는 것이다. 그것은 우리에겐 새롭게 창조하시는 하나님의 일하심을 경험하는 것이다. 그것은 사망에서 생명으로 옮겨지는 것이다.

> 예수를 죽은 자 가운데서 살리신 이의 영이 너희 안에 거하시면 그리스도 예수를 죽은 자 가운데서 살리신 이가 너희 안에 거하시는 그의 영으로 말미암아 너희 죽을 몸도 살리시리라(롬 8:11).

생물학의 언어로 표현된 구원의 핵심 용어

#중생 #새롭게 함 #거듭남 #새로운 피조물 #다시 태어남 #재탄생 #재창조 #원죄 #물려받은 죄

그룹 토의 질문

1. 만일 거듭나지 못한 사람이 영적으로 죽은 것이라면, 기독교를 제외하고 전 세계의 허다한 종교에 관해 우리는 어떤 결론을 내릴 수 있을까? 그 종교들이 사람을 살리고 영적으로 각성을 일으킬 수 있을까? 그 종교들이 성경의 가르침과 일맥상통할까? 만일 그렇다면 어떻게 그러한지, 그렇지 않다면 왜 그렇지 않은지 설명해 보자.
2. 그리스도와 성령과는 별개로, 기본적으로 자신이 좋은 사람이며 하나님이 기뻐하시는 사람이라고 믿는가? 이 질문에 대한 당신의 대답은 하나님과의 관계에 어떤 영향을 미치고 있는가?
3. 당신은 둘 중 어느 쪽을 믿는가? (a) 그리스도가 없다면 사람은 영적으로 죽은 상태에 있다. (b) 그리스도와 별개로 사람은 본질적으로 선하고 예수님을 몰라도 영적으로 하나님을 기쁘시게 할 수 있다. 당신의 그러한 믿음은 선교와 복음 전도에 대한 견해에 어떤 영향을 미치는가?
4. 자신이 거듭났다고 생각하는가? 만일 그렇다면 그 사실을 입증할 어떤 증거를 불신자에게 제시하겠는가?

2
법정의 언어
유죄에서 무죄로

칭의
Justification

> 그러므로 사람이
> **의롭다 하심**(justified)을 얻는 것은
> 율법의 행위에 있지 않고
> 믿음으로 되는 줄 우리가 인정하노라.
> 로마서 3:28

엄한 왕이 있었다. 그의 말이 곧 법이며 그가 내린 명은 절대 복종으로 지켜져야 했다. 왕은 주 3회 재판을 주재했다. 어느 날 아침 한 나이든 여인이 절도죄로 왕 앞에 끌려 왔다. 왕은 절도범은 오른손을 절단하는 형벌로 다스린다는 칙령을 내린 바 있다. 왕 앞에 끌려온 여인의 죄목이 공표되자 옥좌에 앉았던 왕은 절망감에 사로잡혔다.

"사실인가? 이 죄를 저질렀는가?" 왕이 여인에게 물었다.

"예, 맞습니다, 전하." 그녀가 대답했다.

왕은 머뭇거리다가 몸을 앞으로 기울이며 물었다.

"어머니, 어떻게 나한테 이러실 수 있습니까?" 그녀는 묵묵부답이었다.

온 법정이 지켜보고 있었다. 만일 왕이 어머니를 풀어준다면 통치의 도덕적 기반이 무너질 것이다. 그러나 어머니에게 끔찍한 형벌을 내리는 것은 왕으로서 감당하지 못할 일이었다. 이 딜레마로부터 벗어날 길은 없을까?

왕이 일어나 어의를 벗더니 어머니에게로 다가갔다. 어머니의 눈을 응시한 다음 왕은 형장으로 뚜벅뚜벅 걸어갔다. "내가 어머니를 대신해 벌을 받겠다." 왕은 이렇게 선포한 뒤 오른손을 집행대 위에 올려놓았다.

어쩌면 개신교에서 구원을 소개할 때 가장 일반적으로 사용하는 모델은 이런 예화에서 보듯이 ("예수님이 나의 죄를 위해 돌아가셨다" 또는 "예수님이 나의 죄로부터 나를 구원하셨다"와 같은) 칭의(justification)의 언어일 것이다. 그러나 사람들은 그리스도인이 죄에 과도하게 집착한다고 못마땅하게 여긴다. 불신자들은 우리가 죄 사함이 필요한 (그리고 처벌받아 마땅한) 죄인이라는 복음적 확신을 불쾌하게 여긴다. 관용을 중시하는 사회에서 (죄를 부각시키는) 기독교적 가치는 억압적이며 시대에 역행하는 것으로 보기 때문이다.

적지 않은 기독교 지도자들이 그와 같은 세상 압력에 굴복해 '죄'라는 주제를 다루는 거의 모든 이야기에 입을 닫아버렸다. 죄를 지적하는 것이 사역에 긍정적이지 않다는 것이다. 교회는 개방적이고 환영하는 분위기여야 하는데, 목사들이 불의와 하나님의 심판에 대해 설교하면 사람들이 등을 돌린다는 것이다.

그러나 죄에 대해 말하지 않고서 복음을 나누었다고 할 순 없다. 우리는 정확히 말해 죄의 결과(effects of sin)로부터 구원받았다. 이번 장에서 우리는 성경에 나오는 '칭의'란 언어를 살펴볼 것이다. 기독교적 구원의 맥락에서 칭의를 어떻게 이해해야 하는지, 그리고 거룩하고 공의로운 하나님이 어떻게 죄인들에게 죗값을 치르지 않고도 의롭다 칭함받도록 허락하셨는지 살펴볼 것이다.

외부에서 온 의

일반적인 헬라어 용례에서 '칭의'는 법정 전문 용어였다. 여기엔 법정 심문 절차와 하나님의 무죄 선고 등이 포함되었다.

우리가 앞장에서 보았듯이 로마 가톨릭 교회에서는 개인과 하나님의 협업을 통해 임하는 의를 주장한다. 신자는 전 생애에 걸쳐 천국 입성에 충분한 의를 얻기 위해 의를 함양해 나간다.

우리는 이러한 의에 대한 견해를 '주입된(infused) 의'라고 부른다. 이러한 견해를 가진 자들은 의의 씨앗이 죄인의 '내면에 심기운' 다음에는 죄인이 노력해 그 씨가 자라게 한다고 주장한다. 주입된 의는 바른 행실을 독려하는 유익이 있는 듯하다. 사람들이 자신의 미래가 자신의 선행에 좌우된다고 이해하기 때문이다.

그런데 이 견해에는 맹점이 있다. 바로 개인의 입장에서 교만을 낳을 소지가 있다는 것이다. "나는 영생을 차지할 만큼 충분한 공로를 쌓았고 년 그러지 않았어." 이러한 영적 교만이 움틀 수 있다.

더욱이 이 견해는 두려움을 야기할 소지가 있다. "죽을 때가 다 되어서야 내가 너무 적게 행했음을 깨달으면 어떡할까?" 16세기 가톨릭 수도사이자 신부였던 마르틴 루터는 이 두려움이 어떻게 한 사람의 신앙을 피폐하게 만들 수 있는지 잘 알았다. 인간의 노력에 기반한 구원은 자신의 죄를 진실하고 정직하게 대면하는 자들에겐 불안과 초조를 낳는다. 오직 스스로 의롭다 여기는 자만이 노력에 의한 구원을 장려하는 체계에서 위안을 얻는다. 알다시피 예수님이 유독 심하게 꾸짖으신 자들은 스스로 의롭다 여기는 자들이었다.

'내면'에서 비롯된 의는 또한 이기심을 조장한다. 감사한 마음에서가 아닌 개인의 유익을 위해 선행을 한다. 궁극적인 초점을 다른 사람들이 아닌 나 자신에게 맞추게 된다.

가톨릭의 구원론은 한쪽 면에선 옳다. 우리가 하나님과 영원한 시간을 보내려면 의로워야 한다. 사실 우리는 완벽하게 의로워야 한다. 한 톨의 오점이 있어도 아담과 하와가 동산에서 쫓겨났듯이 하나님의 존전에서 쫓겨날 것이기 때문이다. 그러나 이 의는 죄악 된 인간으로부터 비롯될 수 없다. 불완전한 죄인에게 완전한 의를 달성하라는 기대를 걸면 그는 번번이 실패할 것이다.

주입된 의에 대한 대안으로 '전가된(imputed) 의'가 있다. 상거래와 회계 언어에서 유래한 용어 '전가'轉嫁는 신용을 쌓지 못한 누군가의 계좌에 그가 벌지 않은 금액을 입금하는 것이다. 이것이 의에 대한 복음적 관점이다. 그리고 이 관점에 대한 성경적 근거는 방대하다. 이 관점에 의하면 죄인에게는 의가 주어져야 한다. 이를 두고 마르틴 루터는 "외부에서 온(alien) 의"라고 했다. 이 의는 타고나는 것이 아니라 외부로부터 임한다.

바울은 로마서 4장에서 칭의를 논할 때 아브라함을 예로 든다. 바울은 창세기 15:6을 인용하며 아브라함이 하나님 앞에서 의롭다 함을 받은 건 율법을 준수하거나 선행을 해서가 아니라 믿음 때문이었다고 고찰한다. "아브라함이 하나님을 믿으매 그것이 그에게 의로 여겨진 바 되었느니라"(롬 4:3). 로마서 4장 후반부에서 바울이 동일한 창세기 이야기를 다시 거론하는 대목에서 KJV 역은 '전가' 개념을 사용한다.

> 그러므로 그것이 그에게 의로 여겨졌느니라(imputed, 전가되었느니라) 그에게 의로 여겨졌다(전가되었다) 기록된 것은 아브라함만 위한 것이 아니요 의로 여기심을 받을(전가됨을 받을) 우리도 위함이니 곧 예수 우리 주를 죽은 자 가운데서 살리신 이를 믿는 자니라 예수는 우리가 범죄한 것 때문에 내줌이 되고 또한 우리를 의롭다 하시기 위하여 살아나셨느니라(롬 4:22-25).[1]

---

[1] KJV 역에서 "it was imputed to him for righteousness"라고 번역된 구절이 개정개역에선 "그것이 그에게 의로 여겨졌느니라"고 번역되었다. KJV 역에서 사용된 전가 개념을 강조하기 위해 괄호 안에 "전가되었다"는 표현을 밝혀두었다. -편집자

바울이 아브라함의 믿음을 (예수님을 믿는) 모든 신자에게로 확대 적용한 것을 주목하라. 이는 우리 스스로는 어떠한 의도 소유할 수 없고 하나님만이 의를 전가하신다는, 칭의에 대한 기독교적 이해를 드러낸다.

하나님이 불공평하신가?

종종 그리스도인들은 다음과 같은 질문을 던진다. "어떻게 하나님은 예수님에 관해 한 번도 들어보지 못한 사람을 지옥으로 보내실 수 있는가?" 지난 20년간 이 주제에 관해 눈이 휘둥그레질 정도로 엄청난 분량의 책이 집필되었다. 이 질문은 전통적으로 예수님에 대한 믿음만이 천국으로 가는 유일한 길이라고 믿어온 복음주의자들에게 유독 곤혹스럽다. 하나님의 아들을 믿을 기회가 전혀 없던 사람들을 영원히 저주하시는 하나님이 정말 불공평한 분인 것 같기 때문이다.

믿기 힘들겠지만 성경은 한 번도 이 사안을 다루지 않았다. 성경 어디에도 이 사안을 드러내놓고 다루는 구절이 없으며 혹자는 암묵적으로도 이 사안을 다루지 않았다고 주장한다. 성경이 이 중대한 질문에 함구하는 것이 기이하다고 여기는 이들이 많다. 그러나 어쩌면 우리가 묻는 질문을 성경에서 다루지 않은 것은 더 큰 딜레마가 존재하기 때문일지 모른다. 그 딜레마는 바로 이것이다. "어떻게 거룩하고 공의로우신 하나님이 죄인이 천국에 들어가는 것을 허락하실 수 있을까?"

사람들은 무죄인 사람을 감옥에 보내는 부패하고 무능한 재판관에게서 불의를 본다. 그러나 유죄인 사람을 (그 혐의가 사실임을 알면서도) 풀어주는 재판관 역시 똑같이 그 속에 불의가 있다고 본다.

만일 의롭고 거룩하신 하나님이 주권적으로 다스리시는 창조 세계에서 변명의 여지 없는 죄인이 된다는 사실이 무엇을 의미하는지 이해한다면, 우리는 그 하나님이 죄인을 지옥으로 보내실 때 분노하지 않을 것이다. 진짜 우리를 충격에 빠트릴 일은 대관절 어떻게 천국에 가는 사람이 있을 수 있는가 하는 것이다. 앞서의 질문은 하나님과 그분의 공의에 관해 그릇된 견해를 가지고 있기에 비롯되는 잘못된 의구심인 것이다.

무수한 사람들이 스스로 천국에 갈 자격이 있다고 믿는다. 그들은 거들먹거리며 진주 문을 통과해 '자신의' 요구 사양에 맞게 설계된 저택을 차지하려 한다. 그러나 우리에게 진짜 필요한 것은 건강한 분량의 겸손함이다. 천국은 결코 거기에 들어갈 자격이 없지만 자비로운 하나님의 은혜로 입장을 허락받은 사람들로 채워질 것이다.

일단 사람들이 천국에 갈 자격이 있다고 생각하기 시작하면 사람들을 지옥으로 보내시는 하나님이 불공평하다는 고발이 튀어나올 수밖에 없다. 우리는 교만하게 재판석과 피고석을 뒤바꾼다. C. S. 루이스는 어떻게 이 역할 역전이 일어날 수 있는지에 관해 다음과 같이 고찰했다. "옛날 사람들은 하나님을 (또는 신들을) 대할 때 피고인이 재판장을 대하듯 했다. 현대인에겐 그 역할이 역전되었다. 현대인이 재판관이고 하나님이 피고석에 있는 것이다."[2]

결과적으로 우리는 부지중에 죄와 그 결과에 대한 성경의 가르침을 거부한다. 로마서 3장은 "다 죄 아래 있"으며(9절) 천국에 갈 자격이 있는 자는 아무도 없다고 명명백백하게 가르친다. 성경에는 '고귀한 이교도' 또는 저 멀리 정글에 사는 죄없는 사람 같은 개념은 아예 존재하지 않는다. 바로 그렇기에 우리가 던지는 질문을 성경에서 찾을 수 없는 것이다. 비록 그 질문이 흥미로운 신학적 논쟁거리가 될진 몰라도 성경의 호기심거리가 되기엔 함량미달인 것이다.

분노에 차서 하나님께 공의를 요구하는 사람은 자신이 무엇을 요구하는지 깨달아야 한다. 만일 죄인이 응당한 처우를 받는다면 모두가 영원한 저주에 처하는 것이 마땅하다. 어떻게 하나님이 누군가를 지옥에 보내실 수 있는가 하고 물어선 안 된다. 오히려 이렇게 물어야 한다. "어떻게 하나님은 나같이 부패하고 참담한 죄인이 영원한 낙원에 들어가는 것을 허락하실 수 있는가?"

바울은 하나님의 의에 관해 논하며 이 문제를 다룬다. 거기에는 수수께끼 같은 진술이 등장한다.

이는 하나님께서 길이 참으시는 중에 전에 지은 죄를 간과하심으로

---

2. Lewis, *God in the Dock*, 244. 『피고석의 하나님』(홍성사).

> 자기의 의로우심을 나타내려 하심이니 곧 이 때에 자기의 의로우심을 나타내사 자기도 의로우시며 또한 예수 믿는 자를 의롭다 하려 하심이라(롬 3:25-26).

히브리인의 사고에서 하나님이 죄인의 악행을 간과하시는 것은 불공평한 일 같았다. 어떻게 유죄인 사람을 무죄라고 선고하는 데서 하나님의 공의가 유지되고 나타날 수 있을까?

바울은 뒤에 "경건하지 아니한 자를 의롭다 하시는"(롬 4:5) 하나님이라는 파격적인 진술을 덧붙인다. 이것은 우리를 영원히 저주하는 것을 제외하고 하나님께 남겨진 유일한 대안이다. (온 인류가 불의하기에) 의로운 사람을 의롭다고 하는 것은 하나님께 가능한 선택이 아니었다. 악한 자를 정죄하거나 무죄 방면하는 것, 선택지는 둘 중 하나밖에 없었다.

이 논점을 입증하기 위해 바울은 구약의 중요한 두 인물, 아브라함과 다윗을 거론한다. 살인자에다 간음한 자로 알려진 다윗이든, 일부 유대 전승에서 하나님의 율법을 완벽하게 순종했다고 알려진 이스라엘의 조상 아브라함이든, 칭의는 오직 믿음을 통한 은혜로만 된다. 왜 그런가? "모든 사람이 죄를 범하였으매 하나님의 영광에 이르지 못하"였기 때문이다(롬 3:23). 죄를 수십 번 지었든지, 수만 번 지었든지 당신은 오직 은혜로만 구원받을 수 있다.

복음 증거, 그리고 칭의의 언어

바울은 죄인들이 자신의 불의로 하나님이 계시하신 진리를 막는다고 말한다(롬 1:18). 이것이 의미하는 바는 우리 모두 마음속 깊은 곳에선 우리가 하나님 앞에 죄인임을 자각하고 있다는 것이다. 일부 그리스도인은 복음을 전하러 가서 사람들의 죄를 지적하는 접근 방식을 싫어하지만, 만일 우리가 불신자 앞에서 죄에 대해 함구한다면 그들에게서 어떻게 회개를 기대하겠는가?

복음주의자들은 은혜로 구원받는다고 말해 놓고선 돌아서서 하나님이 공의로 죄인들을, 특히 예수님에 대해 들어본 적 없는 자들까지 정죄하시는 것은 불공평하다고 말한다. 이는 은혜에 관한 근본적인 무지를 드러내는 것이다. 은혜가 진실로 은혜이려면 그것은 과분해야 한다. 받을 만한 것일 때 은혜는 더 이상 은혜가 아니라 노력으로 얻어내는 무언가, 즉 공로가 된다.

은혜에서 은혜로

우리집에 침입한 일란성 삼둥이인 강도 세 명을 내가 붙잡았다고 해 보자. 셋 다 경찰에 넘겨야 마땅하지만 예를 들어 설명하기 위해 나는 세 사람을 각각 다르게 대우하기로 한다. 명심하라. 일란성 삼둥이이므로 내가 그들을 대하는 방식은 그들 서로 간의 차이와는 무관하다.

나는 첫 번째 남자를 경찰에 넘긴다. 그는 체포되어야 마땅한 죄를 지었다. 그런데 두 번째 남자에게는 우리집 마당에서 40시간 노동을 하면 풀어주겠다고 약속한다. 세 번째 남자는 즉각 풀어준다. 셋 중 누가 은혜를 받았을까?

흥미롭게도 두 번째와 세 번째 남자 모두 은혜를 받았다. 하지만 각각 다른 종류의 은혜를 받았다. 두 번째 남자에겐 가톨릭식 은혜가 베풀어졌다. 그의 경우 '은혜'는 형량을 노동으로 대신할 기회로 주어졌다. 어떤 의미에서 그는 훗날 자신이 자신이 져야 할 형량을 갚았노라고, 자신의 공로로 자유를 얻었노라고 말할 수 있을 것이다.

세 번째 남자에겐 성경적 은혜가 베풀어졌다. 그는 자유를 획득하기 위해 아무 일도 한 게 없고, 유죄임에도 불구하고 자유의 몸이 되었다. 그의 자유는 자격 없이 받은 선물이다.

혹자는 한 사람은 값없이 풀어주고 다른 사람은 즉각 처벌을 당하게 하는 식으로 차별 대우하는 것은 불공평하다는 이의를 제기할 것이다. 그러나 여기에 불공평은 없다. 오직 공의와 은혜만 있을 뿐이다. 셋 다 심판받아 마땅하다. 첫 번째 사람은 그가 마땅히 받아야 할 것을 받았다. 마지막 사람은 그가 마땅히 받아야 할 것(공의)을 받지

않고 오히려 받을 자격이 없는 것(은혜)을 받았다.³

이것이 복음이다. 우리는 다 죄를 지었고 하나님의 공의에 미치지 못하며 정죄를 받아 마땅하다. "죄의 삯은 사망"이다(롬 6:23). 그런데 23절 후반부는 예수 그리스도를 통한 영생, 즉 하나님의 선물(은사)에 관해 이야기한다. 우리는 죽음이 마땅하지만 생명을 받았다.

우리는 누구라도 하나님의 구원을 받는 것에 놀라 어쩔 줄 몰라야 한다. 우리가 복음주의자로서 구원은 은혜로 얻는다고 선포하면서, 돌아서선 구원을 공로로 얻는 것인 양 해서야 되겠는가? 우리는 구원 받는 것은 고사하고 속량의 메시지를 들을 자격조차 없었다. 우리 죄가 얼마나 참담한지, 우리의 반역이 하나님의 거룩함에 얼마나 모독적인지 확실히 이해한다면, 우리는 왜 하나님이 이 사람이나 저 사람을 구원하지 않으시는지 궁금해 하는 일을 멈출 것이다. 오히려 우리는 이렇게 고백할 것이다. "나의 하나님, 나의 하나님, 어찌하여 우리 모두를 버리지 아니하셨나이까?"

나는 그리스도인으로부터 '영원한 보증'(eternal security) 또는 구원의 확신에 관한 질문을 종종 받는다. 그들은 자신의 구원을 위협할 만한 어떤 일을 저질렀다며 전전긍긍한다. 사실 그리스도인이란 허울을 쓴 율법주의자들은 구원을 상실할까 두려워 허다한 불면의 밤을

---

3. 예수님은 이와 동일한 진리를 포도원 일꾼 비유에서 가르치신다(마 20:1-16). 포도원 주인이 일꾼들에게 정해진 것보다 많은 임금을 주는 것은 순전히 주인 뜻이다. 주인이 은혜 베푸는 것에 누구도 이의를 제기할 권한이 없다.

지샌다. 그들은 하나님이 자신들을 구원하신 이유가 자신들이 기본적으로 선한 사람이기 때문이라는 암묵적인 믿음을 가지고 있다. 그러다 이 전제에 의문이 들게 할 죄에 빠지면 자신들의 구원을 의심하기 시작한다.

최근에 한 친구가 내게 이런 말을 했다. "때로는 내가 충분히 선한 사람이 아니고, 충분히 노력하지 않아서 어느 시점엔가 보이지 않는 선을 넘어버리고 영원히 잃어버린 자가 될까 걱정이 돼." 나의 답변은 상당히 직설적이었다. "당연히 넌 충분히 선하지 않아! 그게 바로 은혜의 복음의 본질이야. 우리는 끊임없이 넘어지지만 하나님은 결코 자신의 약속을 지키는 데 실패하지 않으셔." 하나님의 사랑을 공로로 얻을 수도, 못 얻을 수도 있다고 생각하는 순간 설령 그리스도와 50년을 동행했을지라도, 우리가 은혜를 기본적으로 오해하고 있음이 드러난다.

죄에 관한 성경의 가르침을 바르게 이해할 때만, 즉 단 하나의 죄로도 영원한 정죄를 받아 마땅함을 이해할 때만 은혜에 관한 성경적 가르침을, 즉 우리 죄에도 불구하고 하나님이 자격 없는 우리에게 선을 베푸셨음을 이해할 수 있다. 이런 개념들 중 하나라도 오해하면 결국 복음을 오해하고 말 것이다.

하나님의 은혜와 공의 사이에서 균형 잡기

우리는 모두 부패(corruption), 특히 법적 맥락에서의 부패에 익숙하다. 똑같은 범죄를 저질렀는데 한 사람은 유죄로 판결하고 다른 한 사람은 친인척이라고 풀어주는 판사는 불의한 재판관이란 꼬리표를 달아 마땅하다. 혈연주의와 연고주의는 전체 사법 체계의 근간을 훼손한다. 죄인이 범죄에 대한 대가를 치르지 않고 자유를 얻도록 풀어주는 판사가 어떻게 공의롭다 할 수 있겠는가?

이번 장 서두에서 다룬, 어머니의 죄를 재판했던 왕 이야기를 떠올려보라. 그 왕이 왕권의 공의를 유지하기 위해선 기본적으로 두 가지 선택 사항이 있었다. 첫째, 저지른 범죄와 관련된 법이 정하는 대로 어머니에게 형벌을 선고하는 것이다. 둘째, 다른 누군가가 범죄의 대가를 대신 치르게 하는 것이다. 만일 왕이 지나가는 사람 아무나 붙잡아 대신 형벌을 받게 한다면, 설령 그가 범죄자일지라도 불의한 처사가 될 것이다. 그러나 왕은 세 번째 방안을 생각해 냈다. 스스로 벌을 감당함으로써 (죄를 범한 어머니를 향한) 은혜와 (법으로 정한 형벌을 충족하는) 공의 둘 다 아름답게 드러낸 것이다. 왕이 법정의 공의를 유지하기 위해 자신의 손을 절단한 사실을 아는 한 왕의 의로움에 이의를 제기할 자는 없을 것이다.

마찬가지로 하나님이 우리의 죄를 간과하고 그걸로 끝나셨다면 우리는 하나님이 거룩하고 의롭다고 여길 수 없었을 것이다. 더욱이 하나님이 우리 죄로 말미암아 다른 누군가를 징벌하셨다면 이 역시 동일하게 불의한 처사가 될 것이다. 재판관이 범죄를 저지른 사람을 발견한 후 그 범법 행위에 대한 형벌을 지나가는 행인에게 가하는 것은 전혀 의로운 처사가 아니다.

죄를 죄로 다루면서도 하나님의 공의를 보존하는 세 번째 방도가 있다. 바로 하나님 '자신'이 형을 감당하시는 것이다. 이것이야말로 참된 은혜다! 하나님은 우리의 죄를 단순히 옆으로 제쳐놓으시거나 죄의 무게를 고스란히 우리의 어깨에 얹지도 않으신다. 거룩한 하나님이 타락한 인류로부터 죄책을 제거하시면서도 여전히 의로우실 수 있는 방법인 것이다.

율법과 선행은 어떻게 되는가?

에덴 이후 하나님이 인류를 다루시는 방식은 늘 은혜였다. 구약의 신자들은 율법으로 구원받았던 반면 신약의 신자들은 은혜로 구원받는다는 생각의 오류를 피해야 한다. 이 오류의 근간에는 이스라엘 민족과 오늘날 교회 간에 근본적 차이가 있다는 전제가 깔려 있다. 마치 하나님에겐 서로 구별되는 두 백성이 있는 것처럼 말이다. 많은 복음주의자의 사고에는 '율법에서 은혜로'가 깊이 새겨져 있어 그들은 부지중에 율법을 구원의 통로로 간주한다.

사도 바울은 이 관념을 강력하게 거부한다. 히브리 성경과 친숙했던 로마와 갈라디아의 신자들에게 쓴 편지에서 바울은 율법이 죄인을 의롭게 할 수 없음에 관해 날카로운 일침을 가한다. 율법은 구원을 위한 기회를 제공하는 게 아니라 부정적 결과를 낳는다. 율법은 우리 내면에 타고난 죄의 욕구를 일깨운다. 우리가 그 죄를 의식하여 실제로 더 많은 죄를 짓게 한다. 바울은 우리가 율법 아래 있는 한, 죄가 우리의 주인이라고 주장한다.[4]

그래서 바울은 "율법의 저주"(갈 3:10-13)에 관해 이야기한 것이다. 아래의 갈라디아서 본문을 살펴보자.

> 사람이 의롭게 되는 것은 율법의 행위로 말미암음이 아니요 오직 예수 그리스도를 믿음으로 말미암는 줄 알므로(갈 2:16).

> 만일 의롭게 되는 것이 율법으로 말미암으면 그리스도께서 헛되이 죽으셨느니라(2:21).

> 만일 능히 살게 하는 율법을 주셨더라면 의가 반드시 율법으로 말미암았으리라 그러나 성경이 모든 것을 죄 아래에 가두었으니 이는 예수 그리스도를 믿음으로 말미암는 약속을 믿는 자들에게 주려 함이라(3:21-22).

---

4. 롬 3:20, 5:20, 6:14.

만일 율법이 죽이는 것이라면 어떻게 바울은 율법이 선한 것이라고 결론지을 수 있었을까?(롬 7:12) 율법의 핵심 목적이 말 그대로 죽이는 것이었기 때문이다. 율법의 목적은 우리가 그리스도의 은혜가 필요한 존재임을 드러내는 것에 있었다. "이같이 율법이 우리를 그리스도께로 인도하는 초등교사가 되어 우리로 하여금 믿음으로 말미암아 의롭다 함을 얻게 하려 함이라"(갈 3:24).

노력으로 구원을 얻을 방편을 모색하거나 선행을 토대로 천국에 들어갈 수 있다고 암시하는 그리스도인은 율법의 저주 아래 있던 상태로 돌아가는 것이다. 율법의 요구 조건이 완전함이라면, 누구든 자신의 의를 통해 하나님 앞에 의롭다 칭함받을 수 있다는 생각을 몰아내는 데는 단 하나의 죄만으로도 충분하다. 이러한 이유로 히브리서 기자는 "율법은 아무것도 온전하게 못할지라"(7:19)고 말한다.

구약의 가르침도 다르지 않다. 구원은 늘 믿음으로 말미암은 것이지 결코 행위로 된 적이 없다. 바울은 로마서에서 이 논점을 입증하고자 히브리 성경의 주요한 세 부분에서 사례를 가져온다. 4장의 아브라함의 생애에 관한 예화는 모세오경(율법서)에서 가져온 것이다. 같은 4장의 다윗의 예는 지혜 문학(보통 '시가서' 또는 '성문서'로 통칭한다)에서, 하박국 인용구(롬 1:17)는 선지서에서 가져온 것이다. 그렇기에 바울은 "율법과 선지자들에게 증거를 받은"(롬 3:21) 의가 계시되었다고 말할 수 있었던 것이다.

바울은 율법이 죄인을 의롭게 못한다고 말했지만 그럼에도 여전히 율법이 선한 것이라고 결론 내릴 수 있었다.5 율법은 본래 의도된 대로 내면의 죄를 밖으로 끄집어내는 역할을 한다. 율법은 한 번도 죄인을 의롭게 하려고 주어진 적이 없다. 만일 율법이 그럴 수 있었다면, 예수님은 십자가에서 죽으실 이유가 없었다.

마지막으로 바울은 하나님이 한분이시란 점은 구원도 하나임을 암시한다고 고찰한다(롬 3:30). 하나님이 한 분이시기에 중재자도 한 분이고 길도 하나다. 모든 인류가 동일한 병을 앓고 있기에 치료법도 동일해야 한다. 각 사람에게 각각 다른 수단을 통해 임하는 구원은 바울의 일원론에선 앞뒤가 맞지 않는다.

법적 거래

'칭의'(justification)와 '의'(righteousness)를 가리키는 성경 단어는 헬라어로 같은 어근인 '디크'(dik)에서 유래한 것으로 서로 밀접하게 연관되어 있다. 그러나 영어 번역에서 '칭의'와 '의'는 그 연관성이 드러나지 않아서 서로 무관하다고 생각한다. 죄인들이 하나님과 영원한 교제를 누리기 위해선 의롭게(righteous) 되어야 한다. 그러려면 죄 사함(forgiveness of sins)을 받아야 하는데, 이 죄사함이 우리가 칭의를 말

---

5. 율법의 선함은 하나님을 기쁘시게 할 방법을 제시하고 하나님의 성품과 본질을 계시한다는 점에서도 발견된다. 그러나 이는 이번 장의 논점이 아니다.

할 때 가장 일반적으로 설명하는 방식인 것이다.

하나님은 타락한 인류에게 의로워지기 위한 요구조건들을 부과하셨다. 하지만 인간의 능력으로 그것을 충족시키기엔 불가능했다. 이 때문에 우리는 자비를 구하는 지경으로 내몰릴 수밖에 없었다. 우리는 황폐하고 스스로를 구원할 수 없는 처지에 놓였다. 그런데 하나님은 우리를 이런 비참한 상태에 버려두지 않으셨다. 하나님은 아들을 우리에게 보내셔서 "율법 아래에 나게 하[셨다]"(갈 4:4). 그 예수님이 우리가 결코 할 수 없었던 무언가를 행하셨다. 예수님은 율법이 요구하는 의의 조건을 흠잡을 데 없이 준수하셨다. 예수님은 시험을 받으실 때 항상 아버지의 뜻을 따르셨다. 완벽하게 죄 없는 삶을 사심으로 예수님은 당신과 내가 이룰 수 없었던 의로움을 지켜내셨다.

예수님이 산상수훈에서 "내가 율법이나 예언자들의 말을 폐하러 온 줄로 생각하지 말아라. 폐하러 온 것이 아니라, 완성하러 왔다"(마 5:17, 새번역)고 말씀하셨을 때 뜻하신 바가 이것이다. 예수님은 단지 율법을 완성하러 오신 게 아니라 스스로 율법의 완성이셨다. 엠마오 도상에서 예수님이 제자들에게 알려주셨던 것처럼 율법의 모든 것이 예수님을 예견하고 있었다. "이에 모세와 모든 선지자의 글로 시작하여 모든 성경에 쓴 바 자기에 관한 것을 자세히 설명하시니라"(눅 24:27) 이것은 단연코 지상 최고의 '구약학 개론' 강의였을 것이다!

하나님의 의로운 율법은 타락한 인류 위를 맴돌고 있었다. 그러나 우리의 죄 때문에 우리가 율법에 다다르기는커녕, 율법은 그저 우리를 난도질할 수밖에 없었다. 율법은 악인을 의롭다 할 수 없었고 단지 악인을 정죄할 뿐이었다.

> 또 범죄와 육체의 무할례로 죽었던 너희를 하나님이 그와 함께 살리시고 우리의 모든 죄를 사하시고 우리를 거스르고 불리하게 하는 법조문으로 쓴 증서를 지우시고 제하여 버리사 십자가에 못 박으시고 (골 2:13-14).

법적으로 유죄인 우리에게 그리스도의 완전한 의가 전가되었다. 이런 의미에서 우리는 단순히 용서받은 것뿐 아니라, 그와 더불어 의롭게 되었다. 한때 빚으로 가득하던 우리의 계좌는 완전히 지불되고 청산되었다. 불의한 자들이 예수 그리스도의 완전한 의를 받음으로써, 소위 '의의 거래'(transaction of righteousness)가 성사되었다. 이는 결코 율법을 통해선 일어날 수 없었다. 이 율법에 의해 우리는 정죄당했기 때문이다. 이 거래는 오로지 예수님이 우리를 위해 행하신 바를 믿을 때만 일어난다. 사실 이것은 성경에서 예언된 메시아의 사역이었다.

> 나의 의로운 종이 자기 지식으로
> 많은 사람을 의롭게 하며
> 또 그들의 죄악을 친히 담당하리로다(사 53:11).

이 거래를 통해서도 하나님의 의로우신 성품은 지켜진다. 하나님이 우리의 불의로 말미암은 형벌을 친히 치르셨기 때문이다. 우리가 받아 마땅한 형벌을 하나님이자 인간이신 예수님이 짊어지셨다.

그렇기에 바울은 "율법에 의한 낡은 방법"과 "성령의 새로운 방법"(롬 7:6, 현대인의성경)을 대조할 수 있었던 것이다. 여기서 우리는 어떻게 중생과 칭의가 연결되는지 본다. 이 의의 거래는 하나님의 성령에 의해 발효된다(effected). 죽이는 조문이 제거되었기에 신자들은 새 생명을 경험한다. 신자들은 더이상 우리를 의롭게 할 수 없는 외적 율법에 매이지 않고, 생명을 가져다주시는 하나님의 영의 내주하심을 누린다.

법정에서

그 외 구원의 사법적 언어는 '중재자'(intercessor)와 '고발자'(accuser) 용어에서도 발견된다. 사탄은 하나님의 자녀를 공격하는 대적으로 그려진다.

> 근신하라 깨어라 너희 대적 마귀가 우는 사자 같이 두루 다니며 삼킬 자를 찾나니(벧전 5:8).

헬라어에서 '대적'(adversary)이란 단어는 법정 소송의 반대편을 지목하는 일반 용어였고 예수님도 산상수훈에서 이런 식으로 이 단어를 사용하신다.⁶ 그러나 베드로는 이 단어를 그리스도인의 주적인 사탄을 칭하는 데 사용한다.

'마귀'(devil)라는 단어는 헬라어에서 '고발자' 또는 '비방자'(slanderer)를 뜻하므로 이 구절은 문자 그대로 "너희 대적, 고발자"라 말하고 있다.⁷ 이 단어는 신약에서 사탄을 칭하는 말로 서른네 번 사용되었다. '고발자'로 번역되는 또 다른 헬라어는 계시록 12:10에서 사탄을 가리키는 말로 쓰인다.

> 그때 나는 하늘에서 큰 소리로 이렇게 말하는 것을 들었습니다. '이제야 우리 하나님의 구원과 능력과 나라와 그리스도의 권능이 나타났다. 우리 하나님 앞에서 밤낮 우리 형제들을 고소하던 자(who accuses) 자가 이제 쫓겨났다'(현대인의성경).

충격적인 이미지다. 사탄이 하나님 앞에 서서 신자들의 잘못을 처벌해 달라고 고발하는 것이다.

그러나 성경의 사법적 언어에는 '중재'(intercession)도 있다. 낡은 언약의 제사장들과 새 언약의 대제사장을 비교하면서 히브리서 기자

---

6. 마태복음 5:25에서 두 번 사용되었다. 아울러 누가복음 12:58, 18:3에서도 유사하게 사용되었다.
7. 헬라어 '다이아볼로스'(diabolos)는 라틴어와 영어의 devil의 어원이다.

는 예수님에 관해 다음과 같이 논평한다(7:23-25).

> 제사장 된 그들의 수효가 많은 것은 죽음으로 말미암아 항상 있지 못함이로되 예수는 영원히 계시므로 그 제사장 직분도 갈리지 아니하느니라 그러므로 자기를 힘입어 하나님께 나아가는 자들을 온전히 구원하실 수 있으니 이는 그가 항상 살아 계셔서 그들을 위하여 간구하심(intercession)이라.

이 얼마나 멋진 약속인가! 사탄은 "밤낮"으로 신자를 고발하는 반면 예수님은 그들을 위해 중재(간구)하느라 주무시지도 않는다. 사탄이 우리를 향해 퍼붓는 비난마다 예수님이 가로채신다. 그렇기에 바울은 이렇게 말할 수 있었던 것이다.

> 누가 정죄하리요 죽으실 뿐 아니라 다시 살아나신 이는 그리스도 예수시니 그는 하나님 우편에 계신 자요 우리를 위하여 간구하시는(interceding) 자시니라(롬 8:34).

메시아의 이러한 사역은 다음과 같이 예언된 바 있다. "그는 많은 사람의 죄를 대신 짊어졌고, 죄 지은 사람들을 살리려고 중재에 나선

것이다"(사 53:12, 새번역).⁸

이 모든 비유를 종합해 보면 신자들은 피고이고 하나님은 재판관 자리에 좌정하시며 예수 그리스도는 피고 측 변호인, 사탄은 검사 역할을 맡는 법정의 그림이 떠오른다. 피고를 고발하는 각각의 죄목에 대해 예수님이 나서서 개입하신다. 그러나 이 재판에서 예수님은 피고가 고발당한 죄목에 대해 무죄하다고 진술하지 않으신다. 예수님은 그들이 받아 마땅한 형벌을 자신이 받겠다고 중재하신다.⁹

문제가 제거되다

우리는 앞서 행위에 의존하는 구원 체계가 준행자 편에서 두려움과 이기심과 교만을 야기할 수 있다는 점을 고찰했다. 역으로 은혜로 임하는 구원에서는 이러한 문제들이 사라진다.

마르틴 루터는 하나님이 자신에게 부과하신 율법의 무게를 스스로 감당할 수 없음을 알았다.¹⁰ 한동안 이 자각은 하나님에 대한 증오

---

8. 성경에서 중재는 그리스도에게만 국한된 것이 아니라 그리스도인을 위해 기도하면서 중보하시는 성령께서도 하시는 일이다(롬 8:26-27). 그리고 신자들도 다른 이들을 위해 중보한다(딤전 2:1). "하나님의 자녀들에겐 두 신령한 중보자가 계시다. 그리스도는 하늘의 어전에서 중보하시는 자다…성령은 그들의 내면이라는 무대에서 중보하신다"(Murray, Romans, 311).
9. 다른 사법적 언어로 예수님은 우리의 대언자(요일 2:1)요, 성령님은 우리의 보혜사(요 14:16)라고 한다.
10. 예루살렘 공의회 앞에서 베드로는 이와 유사한 발언을 한 바 있다(행 15:10-11).

를 촉발했다. 하나님은 대체 얼마나 잔인하시길래 지키는 것이 불가능한 의의 요구 조건을 그의 어깨에 지우셨을까?

예배, 그리고 칭의의 언어

오늘날 흥밋거리에 치중한 나머지 본질을 놓치는 예배가 많다. 하나님은 거룩한 주님이라기보다는 친구에 가깝다. 우리 예배의 특징이 되어야 할 경외심과 진지함은 비위 맞추기 쉽고 우유부단한 신의 관용에 의지하는 무심함으로 대체되었다. 그러나 칭의의 요체는 죄를 증오하시는 의로우신 하나님이다. 하나님께 합당한 경건함으로 하나님께 예배를 드리자.

그러던 루터는 하나님의 의가 값없는 선물임을 깨달은 후 무거운 짐이 사라지는 경험을 했다. 두려움은 더 이상 작동하지 않았다. 죽을 때가 되어서 자신의 공로가 구원받기에 턱없이 모자라다는 것을 깨달을까 봐 전전긍긍하지 않게 되었다. 구원이 행위가 아닌 믿음으로 얻는 값없는 선물이라면, 하나님의 의는 그저 받으면 되는 것이었다. 이제는 자신의 미래를 놓고 의심할 필요가 없었다. '행위-의로움' 체계가 야기하는 두려움이 놀랍게 제거된 것이다.

행위에 기반한 구원의 두 번째 문제점은 그 초점이 자기 자신에게 있으며 궁극적으로 이기적이라는 것이다. 행위의 동기는 주로 자신의 구원을 이루기 위함이다. 그러나 우리가 그리스도를 닮으려면 우리 자신의 유익을 주된 동기로 하지 않은 상태에서 선을 행해야 한다. 이야말로 예수님이 행하신 바가 아닐까?

믿음으로 말미암은 칭의에서 선행은 구원하는 믿음의 산물이지 전제 조건이 아니다. 이러한 상황에서 신자는 감사로 충만한 마음에서 선을 행할 수 있다. 이기적인 동기가 아니라 이타적인 동기로 하는 것이다. 아래 구절에서 구원과 선행의 연속성을 살펴보라. 행위는 구원하는 믿음이 밖으로 흘러넘친 것이지 그 전조가 아니다.

> 너희는 그 은혜에 의하여 믿음으로 말미암아 구원을 받았으니 이것은 너희에게서 난 것이 아니요 하나님의 선물이라 행위에서 난 것이 아니니 이는 누구든지 자랑하지 못하게 함이라 우리는 그가 만드신 바라 그리스도 예수 안에서 선한 일을 위하여 지으심을 받은 자니 이 일은 하나님이 전에 예비하사 우리로 그 가운데서 행하게 하려 하심이니라(엡 2:8-10).

성경은 구원이 획득하는 것이 아닌 주어지는 것, 즉 '선물'이라고 말한다. 구원은 하나님 편에서 비롯된 것이다. 선물이기에 무엇을 선물하느냐 하는 것은 받는 이가 아니라 주는 이가 결정한다. 인류는 어떻게 칭의가 결정될지에 관해 발언권이 없다. 재판장만이 그 결정을 내릴 수 있으며 그는 아들을 통해 값없이 칭의를 제공하기로 하셨다.

내가 가르치는 학생들에게 종종 이런 질문을 한다. "자기 의존은 좋은 성향일까?" 대부분은 확신에 차 그렇다고 대답할 것이다. 세상에 누가 다른 사람에게 의존하고 싶겠는가? 식민 지배의 설움을 아는 아프리카인은 이 점을 유독 잘 이해한다. 그런데 구원의 영역에서 자기 의존은 사망 선고다. 자기 의존은 영적 교만을 향한 가장 확실한 길이고 영원한 파멸을 향한 지름길이다.

만일 구원이 우리의 선행에서 비롯될 수 있다면 우리에겐 자랑거리가 너무 많을 것이다. 성전에서 기도하던 바리새인도 똑같은 입장이었다. "오 하나님, 저를 저 부패한 세리와 같지 않게 해 주셔서 감사합니다." 영적 자기 의존은 교만으로 직통하는 길이다.

믿음의 거장인 아브라함조차 자기를 자랑할 근거가 없었다. 로마서 4장에서 바울은 아브라함이 선행으로 구원받았다면 "자랑할 것이 있으려니와"(2절)라고 논증한다. 그러나 그렇지 않았다. 바울이 앞서 고찰한 바와 같이 은혜로 임하는 구원은 자랑을 배제한다. 구원이 결코 우리 자신의 노력이나 성취에서 비롯되지 않았기 때문이다(3:27). 이는 우리가 영적 곤고함을 인정하고 오직 은혜로만 의롭다 함을 받을 수 있음을 인식해 지극히 겸손한 사람이 되어야 함을 의미한다.

나를 용서한다고?

법적 용어로 탐색하는 이 구원 모델을 성경은 여러 각도에서 바라보면서 언급한다.

1. 예수님은 율법에 흠없이 순종하심으로 완전한 의를 획득하신 다음 이를 예수님을 믿는 모든 이들에게 값없는 선물로 전가하신다.
2. 사탄은 신자들을 고발하는 자로, 예수님은 우리의 중보자(중재자)로 그려진다.
3. 우리 스스로는 결코 감당할 수 없는 몸값이 지불된다(구속에 관한 4장에서 다룰 것이다).
4. 우리가 결코 견뎌낼 수 없는 죄의 형벌을 그리스도가 받으신다 (속죄에 관한 6장에서 다룰 것이다).

우리가 1장에서 보았듯이 구원은 사망에서 생명으로 옮겨지는 것이다. 인간의 노력에 의존하는 구원은 이쪽 묘실에서 다른 묘실로 시신을 옮기는 것일 뿐이다. 우리는 우리의 죄 가운데 죽은 자들이기 때문에 새 생명이 필요하다. 이것을 우리는 중생이라고 한다.

그러나 죄로 인해 우리는 공의로운 심판관이신 하나님 앞에 죄인으로 선다. 칭의로서의 구원은 무죄 선고이자 사면 판결이다. 죄인에게 사면이 주어지는 것이다.

'구원받는다는 것'은 무엇을 뜻할까? 그것은 당신의 죄가 사함받고 의롭게 된다는 의미다. 그것은 성취 불가능한 율법의 의에 대한 요구 조건으로 가득한 무거운 짐이 제거되고 그 자리를 은혜의 생명이 대신하는 것이다. 그것은 유죄에서 무죄로 옮겨지는 것이다.

> 그러므로 이제 그리스도 예수 안에 있는 자에게는 결코 정죄함이 없나니(롬 8:1).

법정의 언어로 표현된 구원의 핵심 용어

#칭의 #죄사함 #주입된/전가된/외부에서 온 의 #공의 #정죄 #중보자(중재자) #대언자 #보혜사 #고소자(고발하는 자) #죄책 #부패 #용서 #값없는 선물 #재판관 #율법 #믿음 #은혜

그룹 토의 질문

1. 하나님은 회심과 회개 시점까지 범한 죄만 용서하시는가, 아니면 아직 범하지 않은 미래의 죄까지 포함한 모든 죄를 용서하시는가? 예수님이 이천 년 전 십자가에서 죽으신 것은 당신의 어떤 죄를 위해서인가?
2. 당신이 죽을 때 하나님의 인정을 받으리라 확신하는가? 칭의에 대한 성경적 이해는 이 사안에 대한 당신의 두려움을 덜어주는가?
3. 예수님이 지구상에 살다 간 모든 인간의 죄값을 이미 치르셨다면 왜 예수님을 믿지 않고 죽은 사람들은 여전히 지옥에서 죄값을 감당해야 하는가?
4. 하나님이 예수님이나 복음에 대해 한 번도 들어보지 못한 사람을 지옥에 보내시는 게 불의하거나 불공평하다고 생각하는가?

3
가족의 언어
거절에서 용납으로

> 사랑 안에서 … 그 기쁘신 뜻대로
> 우리를 예정하사 예수 그리스도로 말미암아
> 자기의 아들들로 **입양**하셨으니.
> 에베소서 1:4-5, 저자 번역

입양
Adoption

필과 트리쉬는 아들을 원했다. 그들은 귀여운 러시아 아이를 데리고 귀국하리라는 희망을 안고 미국에서 시베리아까지 장장 사흘을 여행했다. 보육원 원장은 직원들과 함께 흥분한 부부를 큰 방으로 안내했다. 그곳에는 스무 명 남짓한 남자아이들이 뻗친 머리에 앞니가 빠진 채 커다란 미소를 짓고 있었다. 아이들은 입양의 기대감으로 상기된 채 최대한 줄에 맞춰 서 있으려 애쓰고 있었다.

그런데 한 구석에 홀로 떨어져 있던 덩치 큰 소년이 눈에 들어왔다. 소년은 풀이 죽은 모습으로 시선을 떨군 채 상상 속의 공을 차듯 발을 놀리고 있었다. 필이 원장에게 물었다. "왜 저 소년은 저기 서 있죠?" 원장이 서툰 영어로 설명했다. "저 나이쯤 되면 선택받지 못하는 경험을 하도 많이 해서 이젠 희망이 없다는 걸 아는 거죠."

트리쉬가 부드럽게 남편 필의 손을 잡았다. 둘의 눈이 마주친 순간 그들은 무슨 일을 해야 할지 깨달았다. "저 소년을 데리고 갈게요."

우리가 이제 살펴볼 구원 모델은 성경에서 찾을 수 있는, 가장 위안이 되는 모델일 것이다. 특히 가족으로부터 멀어지거나 외면받아 본 사람에겐 더욱 위안이 될 것이다. 어떤 면에서 우리는 법정에서 거실로, 법정적 무죄 선언을 강조하는 구원 모델에서 벽난로 옆 소파처럼 따뜻하고 친근한 곳으로 자리를 옮긴 셈이다.

이 구원 모델은 나미비아에서 상당한 영향력을 발휘하고 있다. 일부 통계에 의하면 나미비아의 출생자 중 혼외자 비중이 (충격적이게도) 약 90퍼센트에 달한다.[1] 결혼은 상대적으로 드문 일이며 어린 시절 내내 부모가 있는 가정에서 자란 사람을 만나는 건 거의 비정상에 가깝다.

이 책의 아이디어를 처음 얻은 성경공부 모임에서 나는 신생아부터 고등학교 시절까지 줄곧 부모의 양육을 받은 사람이 있냐고 물었고 단 한 사람도 그렇다고 대답한 이가 없었다. 대다수는 어린 나이에 임신한 뒤 배우자의 버림을 받은 싱글맘이 양육자였다. 나머지는 삼촌이나 할머니 같은 친척 손에 자라났다. 믿기 어렵겠지만 정식으로 결혼한 부모에게 태어난 세 사람도 다들 나중에 부모가 이혼했다.

---

1. 비교하자면 2010년 미국의 해당 수치는 약 40퍼센트다.

나미비아에서 (부모가 모두 있으며 함께 생활하는) 온전한 가족이 주는 따뜻함과 안정감에 대해 간증할 수 있는 사람은 극소수다. 그렇게 말할 수 있는 사람은 동시대의 나미비아인은 결코 맛보지 못한 큰 복을 받은 것이다. 이렇게 가족이 해체되는 분위기에서 구원에 관한 입양 모델은 상당한 감동으로 다가온다.

이번 장에서는 먼저 1세기의 맥락에서 입양의 개념을 정립한 다음 신약에서 어떻게 입양 개념을 사용해 신자와 하늘 아버지의 관계를 묘사하는지 살펴볼 것이다. 그 다음 하나님의 가족에 속한다는 것이 무엇을 의미하는지, 실제적 의미를 살펴볼 것이다.

문화적 괴리

내가 자랄 땐 입양에 대해 색안경을 끼고 보는 이가 많았다. 종종 부모는 입양된 자식들에게 입양 사실을 알리지 않았다. 암묵적으로 양자는 친자보다 낮은 신분에 있다고 여겼기 때문이다. 우리 반에도 입양된 아이 둘이 있었는데 부모와 (친자녀인) 형제들에게 부당한 대우를 받았던 게 또렷이 기억난다. 오늘날 어떤 이의 사고 속에선 양자는 안타깝게도 열등한 위치를 의미한다.

이 안타까운 시대상으로 말미암아 입양을 부정적으로 바라보는 이들도 있지만, 놀랍게도 1세기 로마에서 입양된다는 것은 대단히 영예로운 일이었다. 고대 로마 문화에서 입양은 이류가 아닌 일류가 되는 데 필요한 특전이었다. 구원을 가리키는 이 성경 용어의 1세기 맥락을 이해하면 우리의 현대 영어로 전달되지 않는 강력한 함의를 헤아리게 된다.

'입양'을 의미하는 헬라어, 후이오테시아(huiothesia)는 '아들'을 뜻하는 후이오스(huios)와 '배치'(a placing)를 뜻하는 테시스(thesis)의 합성어다. 입양은 누군가를 아들의 자리에 배치하는 것이었다. 사도 바울이 '후이오테시아'란 단어를 썼을 때 1세기 독자들은 즉각 그 맥락을 이해했을 것이다.

로마의 입양은 한 가정에서 다른 가정으로의 이동이었다. 오늘날과 마찬가지로 대개 경제적으로 유복하나 자식이 없는 부부가 입양을 원했다. 반대로 다자녀 가정은 입양을 돈벌이 수단으로 보았다. 종종 무자녀 가정에서 아이를 입양하려면 상당한 거액을 지불해야 했다. 로마에서 살려면 생활비가 꽤 많이 들었고 대가족은 재정적으로 어려울 수밖에 없었다. 그래서 장성한 아들을 입양을 통해 출가시킬 경우 즉각적인 금전적 수입은 물론 가족의 생활비 절감이라는 일거양득의 유익이 있었다.

보통 로마의 입양 대상은 십대였고 성인 남자의 입양도 꽤 있었다. 아마도 가장 유명한 로마의 양자는 거의 스무살이 다 되어 황제 율리우스 카이사르(율리우스 시저)에 의해 입양된 옥타비아누스일 것이다. 훗날 그는 카이사르 아우구스투스란 이름으로 로마 제국의 통치자가

되었다. 그가 바로 예수님 출생 당시 로마를 다스리던 황제다.[2]

   신학적으로 거듭남(born again)과 양자 됨(adoption)은 서로 다른 별개의 개념이다. 거듭남은 출생으로 가족의 일원이 된다는 것이고 양자 됨은 가족의 권리와 특권을 부여받는다는 것이다. 거듭남과 양자 됨은 '구원받는 것'의 의미를 가진 쌍둥이 개념이다. 로마 시대에는 친자식조차 아버지의 재산을 물려받는 상속자가 되려면 아버지에 의해 입양되어야 했다. 사실 누군가 다른 집의 친자를 제치고 입양되는 것보다 더 큰 영광은 없었고, 반대로 그보다 더한 수치도 없었다.

   이번 장 서두의 일화는 입양을 따뜻하고 애틋한 것으로 그리지만 1세기엔 꼭 그런 것만은 아니었다. 그 시대의 입양은 정서적 결정이라기보다는 현실적인 결정에 가까웠다. 감정적 무게는 덜할지라도 1세기의 입양은 독보적인 혜택이 주어지는 일이었다. 양자는 새로운 가족의 이름과 재산에 대한 권리를 획득했으며, 이야말로 바울이 입양이라는 용어를 사용해 강조하려던 바였다. 이에 대해선 조금 후에 다시 논할 것이다.

---

2. 로마에서 입양을 법적으로 얼마나 신성시했는지를 보여주는 대표적 사례는 폭군 네로다. 클라우디우스 황제는 왕권 계승자로 네로를 입양했는데, 그들은 전혀 혈연관계가 아니었다. 네로는 이 동맹을 공고히 하고자 클라우디우스의 딸, 옥타비아를 아내로 달라고 청했다. 그러나 법률상 클라우디우스가 네로를 입양했기에 네로와 옥타비아는 남매지간이 되므로 로마 상원은 네로가 법률상의 누이와 결혼하는 것을 허락하기 위해 특별법을 제정해야만 했다.

가족 밖에서

그러나 먼저 (유대인들이 누리던) 언약의 혜택 바깥에 있던 이방인들에게 바울이 했던 말을 살펴보자. 바울은 이스라엘이 받은 무수한 복을 열거하면서 유대인 동포들은 "양자 됨"(adoption as sons, 롬 9:4)을 누리고 있다고 말했다. 그러나 바울은 다른 서신서에서 이방인은 그런 축복 "밖에" 있던 "외인이요 세상에서 소망이 없고 하나님도 없는 자"였다고 한다(엡 2:12). 안타깝게도 오늘날의 불신자에 대해서도 동일한 이야기를 할 수 있을 것이다.

'입양'이란 단어 자체가 그 가족의 본래 구성원이 아니라는 뜻을 내포한다. 모든 사람이 하나님의 자녀라는 대중적인 슬로건은 성경 속 하나님의 계시와 일치하지 않는다. 그들이 오직 창조주에 의해 존재하게 되었다는 차원에서 누구나 하나님의 "소생"이라 칭할 순 있겠지만("우리가 그를 힘입어 살며 기동하며 존재하느니라", 행 17:28-29), 타락한 죄인인 우리는 본래 하나님의 자녀가 아니다. 자녀 됨은 오직 위로부터 부여된 특권이다. 요한이 자신의 복음서에서 한 말이다(1:12-13).

> 영접하는 자 곧 그 이름을 믿는 자들에게는 하나님의 자녀가 되는 권세를 주셨으니 이는 혈통으로나 육정으로나 사람의 뜻으로 나지 아니하고 오직 하나님께로부터 난 자들이니라.

우리에게 하나님의 자녀가 되는 "권세가 주어지는" 것은 예수 그리스도에 대한 우리의 믿음으로 말미암는다. 바로 그렇기에 그리스도와 떨어져 하나님의 가족 밖에 있던 우리의 위상을 먼저 제대로 이해하는 것이 엄청나게 중요하다. 그럴 때만 성경이 말하는 입양(자녀 됨)이 얼마나 파격적인 하나님의 선물인지 제대로 이해할 수 있다.

거리에서 근근이 입에 풀칠만 하는 고아가 있다고 생각해 보자. 헐벗고 거처도 없는 아이는 먹고 살 일이 늘 막막하다. 구걸을 하거나 심지어 생존을 위해 자기 몸을 팔아야 하는 아이가 정상적인 삶을 영위할 희망은 거의 없다. 이는 오늘날의 세상에서도 마찬가지다.

이제 부유하고 사회적 지위가 높은 부부가 그 아이를 불쌍히 여겼다고 가정해 보자. 그들은 아이를 집으로 데리고 가서 아이에게 아늑한 침대를 제공한다. 아이는 옷과 신발을 받고 날마다 음식이 부족한 줄 모른다. 더 좋은 점은 부부가 아이를 잘 보살피고 아이가 이제껏 한 번도 경험해 보지 못한 사랑을 준다는 것이다. 모든 면에서 아이는 거리에서 노숙할 때보다 훨씬 나은 형편이다.

우리는 하나님이 우리를 입양하신 것을 비슷한 관점에서 이해해야 한다. 영적으로 말하면 우리는 세상의 소망 없는 거지들이었다. 우리가 선행으로 우리 자신을 옷 입히려 아무리 애써도 그 옷은 더러운 누더기에 불과했다. 우리는 날마다 배를 채울 음식 부스러기와 빵 조각을 찾아 거리를 전전했다. 하지만 대부분 쓰라린 굶주림의 고통으로 점철된 나날이었다. 우리는 영양실조에 걸려 수척한 영적 빈곤 가운데 있었다.

그러던 어느 날 하나님이 우리를 거리에서 데려다가 가족, 곧 하나님의 가족이 되게 하셨다. 입양 전의 비참한 상태를 철저하게 인식하지 않는 한 하나님이 우리를 위해 해주신 일을 실감하지 못할 것이다. 너무 자주 우리는 예전의 상황이 실제보다 훨씬 나았다고 착각한다. 우리 머릿속에는 시궁창에서 입양된 거지가 아니라 안락한 아파트에서 또 다른 아파트로 이동한 누군가가 있다. 우리는 빈민가에서 저택으로 이동한 것이 아니라 신도시 안에서 길 하나 건넜을 뿐이라는 자화상을 그리고 있다. 그러나 하나님에 의한 우리의 입양은 길 하나 건넌 것보다 훨씬 극적인 이동이었다.[3]

바울은 회심 이전의 우리를 가리켜 "진노의 자녀"라 했고, 예수님은 거짓말하는 바리새인에게 "아비 마귀"의 모국어를 말한다고 하셨다.[4] 중립 지대는 없다. 당신이 타고난 대로 사탄의 가족 안에 있든지, 하나님의 가족 안으로 초자연적으로 재탄생하든지 둘 중 하나다.

관계적 존재

우리는 용납되었다는 느낌과 소속감을 얻기 위해 인생 대부분의 시

---

3. 1세기의 입양과 상반되는 것이 바로 종살이(slavery)였다. 이는 '구속'에 관한 다음 장에서 다룰 것이다.
4. 엡 2:3, 요 8:44

간을 쓴다. 학교에서 형성되는 어떤 무리에서부터 대학 동아리, 사회 동호회, 심지어 폭력 조직에 이르기까지 인간은 끊임없이 집처럼 느낄 만한 곳을 찾아다닌다. 또래 압박이 그토록 위력적이며 하나님 나라에서 견고한 핵가족이 너무도 중요한 이유가 여기에 있다. 가정의 유대가 약할수록 아이는 다른 곳에서, 종종 엉뚱한 곳에서 감정적, 관계적 만족을 찾으려 한다.

사람과의 접촉과 친밀감에 대한 욕구는 인간의 실존 안에 내장되어 있다. 우리 복음주의 교단에선 "당신에게 필요한 건 오직 하나님"이라고 말하기를 즐기지만 아담의 경우를 보면 꼭 그런 것 같지도 않다. 하나님은 우리를 주변 사람과의 친밀함과 친근함이 필요한 존재로도 설계하셨다. 인간 안에 하나님의 형상이 있다는 것은 우리가 성부, 성자, 성령의 영속적 관계 안에 존재하시는 삼위일체 하나님과 같은 관계적 존재임을 암시한다.[5] 실제로 우리는 극단적인 반사회적 행동 장애를 앓고 있는 사람들을 종종 정신질환자로 본다.

우리의 교정 제도에서 독방 감금이 가장 강력한 징벌 중 하나인 것은 어찌 보면 당연한 일이다. 정신생물학자들이 우리에게 알려주는 바는 고독이 장기화되면 사람이 아플 수도, 죽을 수도 있다는 것이다. 감정적 고립은 흡연만큼이나 사망률을 높이는 위험 요인이다. 성경과 현대 심리학 둘 다 우리에게 가르치는 바는 고독이 인간 실존에

---

5. '변화'에 관한 11장에서 인간 안의 하나님 형상에 관해 더 이야기할 것이다.

긍정적인 영향을 미치는 조건이 결코 아니라는 것이다.[6]

복음 증거, 그리고 입양의 언어

이 차가운 세상에서 고립감과 고독감을 느끼는 많은 사람이 아주 엉뚱한 곳에서 소속감을 찾는다. 친구 없이 외로워하는 사람들에게 우리는 그리스도 안에서 누리는 진정한 교제와 공동체와 소망을 건넬 수 있다. 당신의 신앙을 나눌 때 담대하라. 그리스도인에겐 참 가족이 있다.

이러한 이유로 성경은 예수 그리스도를 믿는 자들에 대해 이야기할 때 일관되게 가족의 언어를 사용한다. 그러나 그 언어 중 입양이란 단어를 중심으로 하는 것은 일부분에 불과하다.

가족에 관한 옛 언어와 새 언어

신구약 공히 풍성한 가족 언어를 담고 있다. 구약에서 이스라엘과 하나님의 고유한 관계는 가족의 언어로 표현된다. 하나님은 통치자이

---

6. 어떤 불신자들은 친구들이 다 지옥에 있을 테니 자신도 지옥에 가겠다고 말한다. 실재하는 영구적 위험에 대해 이렇게 비아냥거리는 것은 안타까운 일이다. 나는 지옥에서 죄인들이 악한 생각과 깊은 회한에 잠긴 채 영원한 독방에 갇혀 있지 않을까 생각한다.

자 심판자로 묘사되지만 아울러 남편, 목자, 구속자로도 그려지며 이 용어들 중 상당수가 가족의 개념을 담고 있다. 그러나 '아버지'만큼 가족이란 발상을 잘 담아내는 성경 용어는 없다.

가장 빈번하게 하나님을 우리의 아버지로 묘사하신 분은 예수님이셨지만, 구약에도 이 묘사가 빈번하게 등장한다. 하나님은 이스라엘을 낳으신 자, 이스라엘을 돌보고 양육하시는 자, 그리고 백성에게 복 주기를 원하시는 분으로 그려지고, 이스라엘은 하나님의 자녀나 아들로 그려진다.[7]

신명기 말씀에 이것이 아주 멋지게 표현되었다. 본문에서 모세는 이스라엘 백성이 애굽에서 나와 광야에 있는 동안 하나님이 그들을 어떻게 돌보셨는지 다음과 같이 회고한다. "여러분의 하나님 여호와께서는 마치 아버지가 자식을 돌보듯이 광야에서 여러분을 보살펴 이곳까지 오게 하셨습니다"(신 1:31, 현대인의성경).[8]

사실 이스라엘이 하나님을 등졌을 때 이 역시 가족의 언어로 표현되었다. (배우자 있는 상대가 배우자 이외의 다른 상대와 성관계를 갖는 행위를 가리키는) 언어를 사용해 이스라엘이 우상과 거짓 신들과 간음했다고 표현한 것이다. 신약에서는 마땅히 사랑해야 할 대상에게서 등을 돌린 변심한 자들을 가리키는 본문에서 예수님과 야고보가 동일한 이미지

---

7. 신 32:6, 18, 렘 3:4, 19, 31:20, 호 11:1, 신 14:1.
8. 하나님을 '아버지'라고 칭하는 것이 남성 우월주의라는 반론에 대한 간략한 논의는 이번 장의 부록을 참조하라.

를 사용했다.⁹

물론 하나님의 독생자가 스스로를 낮춰 천상의 가족을 떠나서 이 땅에 우리와 같은 처지로 임하지 않으셨다면 우리의 입양은 가능하지 않았을 것이다. 아들은 우리가 창조주와 사귈 수 있도록 하나님과의 멀어짐을 감당하셨다. 십자가 상에서의 "나의 하나님 나의 하나님 어찌하여 나를 버리셨나이까"(막 15:34)라는 외침은 우리가 하나님의 자녀가 되도록 그리스도가 겪으신 애정 박탈을 증거한다. 우리의 입양은 실로 값진 것이다. 그리스도의 죽음을 통해 우리는 "아들의 명분"을 얻었다. 성경 기자들은 일관되게 지체인 신자들을 "형제"로 칭하며 예수님도 마찬가지로 신자들을 "형제"라고 부르신다.¹⁰

가족 용어의 정수인 '장자(맏아들)'(firstborn)는 예수님과 이스라엘을 둘 다 칭하는 말이다. 주석가 M. J. 셀먼은 장자에게 생길 이점들을 고찰한다. "장자에게 수반되는 특권은 상당히 귀하게 여겨졌다. 구약에서는 더 큰 유산, 가장의 특별한 축복, 가족 내에서의 리더십, 식사시간에 상석에 앉는 것 등이 포함되었다."¹¹ 하나님은 이스라엘을 자신의 장자라고 부르시는데(출 4:22, 렘 31:9) 이는 이스라엘이 다른 모든 민족은 얻지 못하는 특권을 누린다는 징표였다. 이 명예로운 (장자의) 자리는 종국에는 모든 민족이 유일하고 참되신 하나님을 예배하

---

9. 호 2:4, 겔 16:20, 막 8:38, 약 4:4.
10. 갈 4:5, 롬 10:1, 히 2:12, 14
11. M. J. Selman, "Fisrt-born," in *New Bible Dictionary*, 369.

게 될 것이란 징표이기도 했다. 호세아 선지자는 하나님의 백성이 아니었던 자들이 "내 백성"과 "살아 계신 하나님의 아들들"로 불리울 날을 고대했다.[12]

예수님은 "하나님의 아들"[13]이시지만 여러 가지 이유로 하나님의 장자로도 불리셨다. 예수님은 "많은 형제 중에서 맏아들"(롬 8:29)이자 "모든 피조물보다 먼저 나신 이"(골 1:15)이며 "죽은 자들 가운데에서 먼저 나시고"(골 1:18, 계 1:5) 천사들이 경배해야 할(히 1:6) 장자시다.[14] 이 모든 방식은 예수님의 독보적인 위치를 나타내고 있다.

가족으로서 얻는 특권

입양은 입양하는 가족이 어떤 가족이냐에 따라 그 유익함의 수준이 달라진다. 그런데 우리가 들어간 하나님의 가족은 얼마나 멋진 가족인가! 그 축복과 특권은 비할 데가 없으며 거기에는 지도와 애정과 소속감과 적절한 징계가 포함되어 있다. 간략하게 네 가지 넓은 범주로 그 특권을 살펴보자.

---

12. 호 2:23, 1:10(KJV).
13. 오실 메시아는 하나님의 아들로 지칭된다(시 2:7, 삼하 7:14). 예수님이 세례 받으실 때 하나님은 "너는 내 사랑하는 아들이라"고 선포하시는데, 이는 성부 하나님이 그리스도에 대해 공식적으로 하신 첫 진술이다.
14. 롬 8:29, 골 1:15, 계 1:5, 히 1:6. 특권과 위치라는 측면에서, 교회를 구성하는 신자들은 장자로 지칭된다(히 12:23).

1. 가족의 이름, 즉 성姓을 얻다

이름은 모든 것을 말한다. 미국 정계를 생각해 보자. 만일 당신의 성이 클린턴이나 케네디라면 즉각적인 후광 효과가 주어질 것이다. 당신이 재계에 있는데 당신의 성이 록펠러나 게이츠나 버핏이라면 즉각 재계 최고위층에 접근할 수 있을 것이다. 바울은 신자들이 하늘의 아버지로부터 이름을 받으며 이는 지상의 어떤 이름과도 비교할 수 없다고 말한다. 이것은 "모든 이름 위에 뛰어난 이름"이며 우리가 거룩하게 경배해야 하는 이름이다. 우리는 "하나님의 권속"(household of God)의 일원이 되는 것이다.[15]

예배, 그리고 입양의 언어

당신이 아무 때나 백악관을 찾아가 미국 대통령과 이야기를 나눈다는 게 상상이 되는가? 그건 분명 특권일 것이다. 그러나 그리스도인으로서 우리에겐 훨씬 대단한 특권이 있다. 우리는 기도를 통해 아무 때나 어떤 상황에서나 담대하게 우주의 창조주에게로 나아갈 수 있다(히 4:16). 우리의 공동 상속자이신 예수님은 우리가 기도할 때 그 기도가 들으신 바 되리라고 약속하셨다(요 14:13).

---

15. 엡 2:19, 딤전 3:15, 벧전 4:17, 참조. 엡 3:15.

그렇기에 우리는 우주의 주님을 '아바(abba) 아버지'라고 부를 수 있다. 이 친근한 용어는 아버지와 아들 간의 친밀한 관계를 묘사하는데, 현대의 관용어로는 '아빠'로 가장 잘 표현될 것이다. 본래 이 '아바'라는 단어는 예수님이 하나님을 부를 때 사용하셨다. 놀랍게도 바울은 신자들 역시 하나님을 부를 때 같은 단어를 쓸 수 있다고 말한다.[16] 오직 예수님만이 아버지와 특별한 관계를 맺으실 수 있다. 그럼에도 불구하고 그리스도를 믿는 믿음과 성령의 내주로 말미암아 우리 역시 가장 친밀한 이 관계 속으로 들어갈 수 있다는 것이다.

"아버지의 무릎 위로 기어올라가 아버지의 사랑과 보호를 만끽하라." 어떤 복음주의자들은 이런 이야기를 들으면 하나님의 거룩하심과 '타자성'을 범하는 것 같아 불편함을 느낀다. 그러나 이야말로 하나님의 아들을 따르는 자들인 우리가 정확히 현재 누리는 친밀함이어야 하지 않은가? 우리는 특별하신 하나님의 자녀이자, 기도로 하나님께 담대히 나아갈 수 있으며, 자녀에게 필요한 아버지의 훈육과 지도를 엄격하지만 사랑 넘치게 받는 자들이기 때문이다.[17]

로마 시대에 양자는 새 가족의 이름을 받으면 기존 가족과의 모든 끈을 상실했다. 그의 과거 부채는 탕감되고 새롭게 획득한 부자간의 신실함이 주는 모든 유익을 누리는 새 삶으로 들어갔다. 요한은 요한

---

16. 막 14:36, 롬 8:15, 갈 4:6.
17. 마 6:32-33, 7:11, 엡 3:12, 히 4:16, 12:5-10.

일서에서 우리가 속한 가족의 이름이 무엇인지를 드러낼 분명한 증거가 있다고 말한다. 요한은 '하나님의 자녀'인지, '마귀의 자녀'인지에 대해 이야기한다. 바울은 우리에게 "하나님을 본받는 자"가 되라고 당부하며 그것이 우리의 참 아버지가 누구인지 세상에 보여주는 길이라고 했다.[18]

2. 유산을 받다

얼마 전 죽을 때 가족에게 재산을 남기지 않겠다고 발표한 두 자산가에 관한 기사를 읽었다. 한 명은 중국 배우, 성룡이었다. 그는 전재산인 22억 달러를 자선단체에 남기겠다고 했다. 자기 몫을 기대했던 가족 구성원들, 특히 하나뿐인 아들에겐 깜짝 놀랄 소식이었으리라. 성룡이 전하는 말은 지혜로운 중국 속담처럼 들린다. "만일 내 아들이 자수성가할 능력이 있다면 내 돈이 필요 없을 테죠. 마찬가지로 스스로 자립할 능력이 없다면 그저 내 돈을 낭비하고 말 겁니다." 유산을 기대하는 사람들에겐 꽤 실망스런 말이다.

우리 하늘 아버지의 가족에 관한 한 그런 일은 없을 것이다. 예수님을 따르는 자들은 하나님의 아들과 "공동 상속자"가 되어 "썩지 않고 더럽지 않고 쇠하지 아니하는… 너희를 위하여 하늘에 간직하신"

---

18. 요일 3:10, 엡 5:1, 그리스도인은 예수님을 본받을 뿐 아니라(살전 1:6) 경건한 기독교 지도자들을 본받아야 한다(빌 4:9, 살후 3:7). 하나님의 권속인 모든 구성원에게는 영적 DNA가 흐르고 있다.

유업(inheritance)을 얻을 것이다. 예수님은 산상수훈에서 온유한 자가 땅을 기업으로 받을 것(inherit)이라고 말씀하신다. 더 나아가 예수님은 우리와 영원히 거할 장소를 예비하러 가신다 말씀하시면서도 이 유산의 언어를 사용하신다.[19]

유산(inheritance)은 품삯이 아님을 명심하라. 품삯은 일을 해 벌어들인 것이다. 반면 유산은 미래에 임하며, 일한 결과가 아닌 가장과 맺은 관계의 결과로 주어진다. 이는 우리가 주님을 섬길 때 즉각적인 보상에 대한 기대심을 경계하는 데 도움이 된다. 너무 많은 그리스도인이 아주 작은 믿음이라도 사용할 때마다 지체 없는 해결과 즉각적인 만족을 기대한다. 그러나 신약성경은 일시적 상급이 아니라 영원한 상급을 더 강조한다.

이 미래의 유산과 관련된 것이 기독교의 소망 교리다. 가령 우리가 사랑하는 사람과 사별할 때 우리는 세상이 우는 것처럼 슬피 울지 않는다(살전 4:13). 왜 그런가? 우리에겐 하늘 아버지와 함께할 미래에 대한 참 소망이 있기 때문이다.

성경의 소망은 로또 당첨을 꿈꾸는 것 같은 막연한 바람이 아니다. 성경의 소망은 신실하고 믿음직하신 하나님의 성품으로 말미암아 그분의 약속을 신뢰하는 확실성과 자신감에서 비롯된다. 하나님이 약속하셨기에, 하나님은 결코 거짓말하실 수 없기에 우리는 하나님이

---

19. 롬 8:17(새번역), 벧전 1:4(NIV), 마 5:5, 요 14:2-3, 벧전 3:22.

무슨 말씀을 하시든 '뜻대로' 성취하실 거라는 확고한 소망을 갖는다.

이 소망 안에 우리 몸의 속량도 포함되어 있다(롬 8:23). 나에게는 성인이 된 이래로 30년 넘게 온갖 육신의 질병에 시달리면서도 결코 낙심하지 않는 듯한 친구가 있다. 그녀는 눈빛을 반짝이며 이렇게 말할 것이다. "주님, 이제는 제게 부활된 몸을 주세요!" 이것이 하나님의 자녀된 우리 신자들이 누리는 찬란한 소망이다. 비록 우리가 현재 모든 피조물이 종속된 썩어짐을 경험하며 "속으로 탄식"할지라도(롬 8:23) 우리의 양자 됨에는 필멸의 몸에 생명을 주겠다는 약속이 포함되어 있다고 바울은 말한다(롬 8:11).

그렇다고 그리스도인의 삶이 늘 승승장구할 것이라 여겨선 안 된다. 사도 바울은 로마서의 같은 장에서 우리가 그리스도의 영광에 참여하는 것처럼 그리스도의 고난에도 동참해야 함을 분명히 밝힌다(8:17). 비록 우리의 타락한 본성으로 말미암아 자칫 고난을 부정적인 것으로 볼 수도 있지만, 우리는 고난을 기쁨으로 끌어안을 수 있어야 한다.[20]

3. 성령을 얻다

하나님의 신뢰할 만한 성품만으론 충분한 보증이 되지 못하기라

---

[20]. 예수님, 바울, 야고보는 경건한 고난이 축복과 특권이라고 보았다(예: 마 5:11, 빌 1:29, 약 1:2).

도 하다는 듯, 하나님은 우리 미래의 유업을 보장하는 무언가를 '지금' 우리에게 주신다. 바로 성령이다. 바울은 하나님의 성령이 "우리 기업(inheritance)의 보증"이라고 말한다(엡 1: 14, 참조. 고후 1:22, 롬 5:5). 집을 사는 사람이 잔금을 충실하게 치르겠다는 보증의 표시로 선금을 내놓는 것처럼 하나님은 나머지 상속을 이행하겠다는 서약으로 우리에게 성령을 주신다.

로마의 입양 절차에는 증인이 배석했는데, 우리의 영과 더불어 증언해 주실 분은 성령이다(롬 8:16). 성령은 우리 안에 구원의 확신을 주실 뿐 아니라 우리가 하나님의 자녀라는 깊은 확신을 제공하신다. 하나님이 세상의 기초를 놓기 전에 우리를 입양하셨음에도(엡 1:5) 결국 나중에는 우리를 버리실 거라는 발상은 성경적 구원의 그림과 완전히 상충된다. 성령을 소유한 자는 영원히 성령을 소유한다. 그렇지 않다면 바울이 "보증"(guarantee)이라고 말할 수 없었을 것이다.

하지만 일부 그리스도인은 결코 구원을 잃을 수 없음을 알게 되면 '안일함'에 빠질 거란 논리로 이 생각에 반대한다. 하나님의 성령이 보증이 되신다는 글을 읽을 때 신자로서 당신의 자연스런 반응은 어떠한가? '어머, 잘됐다. 이제부턴 걱정 없이 맘껏 죄를 지어야지!' 하는 쪽인가? 아니면, '우와, 하나님이 약속에 대한 신실함으로 내게 베풀어주신 은혜에 감사하며 평생 겸손하게 살아야지' 하는 쪽인가? 만일 첫 번째 반응이라면 어쩌면 당신의 신앙 고백이 진실한지(또는 진실하지 않은지) 심각하게 돌아보아야 하지 않을까 싶다.

자신이 구원을 잃을 수 있다고 믿는 사람들은 행위로 구원을 지켜야 한다고 믿음으로써 은혜의 복음을 헛것으로 만든다. (성령의 보증하심으로 우리가 구원을 잃을 수 없다는) 이 진리는 우리를 안일함으로 내몰기보다는 우리의 실패에도 불구하고 하나님은 결코 우리를 실망시키지 않으신다는 앎에서 비롯된 경이로운 위안을 제공할 것이다.

로마의 양자는 예복과 도장이 새겨진 반지를 선물받음으로써 입양을 "인치심"(sealed) 받는다. 마찬가지로 신자들은 하늘 아버지로부터 임하는 유업(유산)에 대한 우리의 권리를 상징하는 "약속의 성령"에 의해 "인치심"을 받는다(엡 1:13). 하나님은 우리를 결코 버리지 않겠다고 약속하셨다.

4. 영적 형제자매를 얻다

예수님은 우리를 고아와 같이 버려두지 않으신다(요 14:18). 대신 우리를 방대한 가족 네트워크로 끌어들이신다. 예수님은 신자, 곧 하나님의 뜻을 행하는 모든 자가 자신의 어머니이자 형제이며 자매라고 하셨다(마 12:46-50). 새로운 가족과 함께 새로운 형제자매가 생기는 것이다.

나는 여행을 할 때마다 문화, 인종, 언어의 차이에도 불구하고 다른 신자들과 즉각 유대감이 형성되는 것에 놀라움을 금치 못한다. 여러 면에서 이 유대감은 부자지간이나 모녀지간 사이의 생물학적 유대보다 강하다. 사실 예수님은 자신의 도래로 이런 생물학적 유대가 깨어질 것이며, 불가피한 경우 이런 자연적 관계를 포기하지 못하는 자는 그리스도와의 초자연적인 관계를 추구할 수 없다고 명백하게 말씀하셨다.[21]

그리스도의 몸에 참여한 자로서 신자는 전 세계의 영적 형제자매들과 한 가족을 이룬다. 이제 우리와 하나님과의 관계가 달라졌을 뿐 아니라 우리 서로 간의 관계도 달라졌다. 이는 유대인과 이방인 사이에도 적용된다. 한때 원수지간이었던 유대인과 이방인이 그리스도 안에서 하나가 되었다(엡 2:14-16). 이는 우리가 하나님의 가족인 다른 이들과 회복된 관계를 누릴 때 개별적으로 일어나는 일이다.

바울이 그리스도 안에 있는 자들은 "모든 신령한 복"(엡 1:3)을 가졌다고 말할 때 앞에서 언급한 네 가지 특권은 바울이 왜 그런 말을 했는지 경험하게 해준다. 그 복은 다면적이다.

우리는 신자로서 우리가 소유하는 여러 특권 중 일부를 살펴보았다. 하지만 하나님의 자녀로서 우리의 의무에 관해서도 할 말이 많다. 이제 우리는 마귀의 자녀에서 하나님의 가족으로 입양되었다. 아들로서의 권리에는 책임이 따른다. 이 부분은 열매를 다루는 10장에서 다룰 것이다.

---

21. 마 10:35-36, 눅 14:26.

결론

진정한 정체성과 목적과 소속감을 원하는가? 모든 인간이 그렇다. 반대로 불화와 소외는 종종 극도의 우울증과 온갖 인격 장애를 초래한다. 인간은 관계를 맺도록, 특히 창조주와 관계를 맺도록 지어졌다.

'구원받는다는 것'은 무엇을 의미할까? 그것은 영원한 집이 없던 당신이 새 가족 안으로 편입되는 것이다. 그것은 전에 죄와 사탄에 얽매여 있다가 천상의 아버지로부터 오는 사랑과 훈육을 받는다는 뜻이다. 그것은 성령의 내주하심을 보증으로 삼고 결코 썩지 않는 영원한 유업(유산)을 바라본다는 것이다. 그것은 거절에서 용납으로 이동한다는 뜻이다. 하나님의 가족이 된 것을 환영한다!

> 보라 아버지께서 어떠한 사랑을 우리에게 베푸사 하나님의 자녀라 일컬음을 받게 하셨는가, 우리가 그러하도다(요일 3:1).

가족의 언어로 표현된 구원의 핵심 용어

#입양 #상속자 #유업 #기업 #유산 #하나님의 자녀 #훈육 #아버지 #아바 #아들/딸 #고아 #가족 #권속 #장자 #맏아들 #형제자매

그룹 토의 질문

1. 만일 거듭나지 못한 자들이 타고난 상태로는 하나님의 가족에 속하지 않았다면 누구의 가족에 속해 있는가? 이 가족에 소속되어 있음을 보여주는 특징은 무엇이고 하나님의 자녀임을 보여주는 특징과 어떻게 구별되는가?
2. 당신이 속한 소모임이나 교회에서 간단한 조사를 해보라. 온전한 가정에서 성장하는 유익을 누린 사람은 몇 명이나 되는가? 결손 가정에서 자란 경험에 대해 나눌 사람이 있는가?
3. 성경에서 하나님께 입양된 자녀가 다해야 할 책임을 찾을 수 있는가? 하나님의 가족 안으로 편입되었다는 것에 큰 안도감을 느끼는 것을 넘어 타락한 세상에서 하나님의 자녀로서 어떤 책임을 가져야 한다고 생각하는가? 설명해 보라.

부록: 가부장의 언어

일부 학자들은 아버지와 건강한 관계를 맺지 못한 사람들도 있기에 하나님을 '아버지'라고 칭하면 거부감을 일으킬 수 있다고 우려한다. 그러나 각 개인의 경험과 무관하게 모든 사람에겐 좋은 아버지상이 있다. 만일 그런 개념이 없다면 '나쁜 아버지'를 가늠하는 것 자체가 불가능할 것이다.

또 성경 기자들이 사용하는 '가부장적' 언어에 거부감을 느끼는 이들도 있다. 그들은 하나님을 '어머니'라고 부르거나 '신령한 부모'와 같은 중립적 표현으로 '남성 우월적' 언어를 희석하려 한다.

여기에는 두 가지 문제가 있다. 첫째, 그것이 하나님을 모욕하는 일이라는 것이다. 성경은 오류를 범할 수밖에 없는 인간이 창조주에 관한 견해를 기록한 책이 아니다. 성경에서 우리가 마주하는 것은 영광의 주님의 자기 계시다. 자신을 '하늘 아버지'로 묘사하기로 정하신 분은 다름 아닌 하나님 자신이다. 예수님도 하나님에 관해 유사하게 말씀하셨다. 하나님을 '성性 중립적' 언어로 묘사하는 것은 우리 편에서의 교만 이상도 이하도 아니다. 하나님이 스스로를 계시하고자 택하신 방식이 마음에 들지 않는다고 우리에게 가장 적합해 보이는 방식을 고르려는 것이다.

이것은 마치 내가 "내 이름은 빅터예요"라고 소개하자 당신이 내겐 아무 감흥 없는 별칭으로 날 부르겠다고 우기는 것과 같다. 하나님은 인류에게 자신을 계시할 최고의 방법을 친히 선택하실 권한을 갖고 계신다. 주인을 자기 마음대로 부를 권리가 과연 종에게 있을까?

성 중립적 언어를 사용하는 시도의 두 번째 문제점은 성경을 태동시킨 문화적 맥락을 무시한다는 것이다. 입양의 경우, 로마 시대에 딸을 입양하는 사례는 거의 없었다. 성경의 본문이 "아들로서 입양 됨"이란 내용으로 흐른다 해도 그것은 바울이 1세기의 맥락에서 이해하기 쉬운 용어로 말한 것일 뿐이고, 바울이 말하고자 한 본질은 입양된 자가 얻는 궁극의 특권과 지위였다.

다행히 이 입양은 모든 신자를 아우른다. 모든 그리스도인이 양자가 되어 우주의 창조주가 택하신 자들에게 부여하신 지위를 얻는다.

신약에서 '자녀'를 의미하는 말이 통상 남성형인 '아들들'로 표현되지만 그 표현이 배타적인 것은 아니다. 갈라디아서 3:25-29에서 바울은 아들들에 관해 이야기하지만 곧바로 예수님에 대한 믿음을 가지는 것은 성별로 결정되는 것이 아니라고 말한다.

> 너희가 다 믿음으로 말미암아 그리스도 예수 안에서 하나님의 아들이 되었으니 누구든지 그리스도와 합하기 위하여 세례를 받은 자는 그리스도로 옷 입었느니라 너희는 유대인이나 헬라인이나 종이나 자유인이나 남자나 여자나 다 그리스도 예수 안에서 하나이니라 너희가 그리스도의 것이면 곧 아브라함의 자손이요 약속대로 유업을 이을 자니라.

바울이 남성 우월주의자였으며 그의 남성 중심 언어가 그 증거라는 발상은 바울이 사용한 언어의 1세기적 맥락을 외면한 것과 다름없다. 바울 사도의 사고에서 여성 신자 역시 하나님과 궁극의 특권적 지위와 관계를 가졌고 1세기의 맥락에서는 "하나님의 아들들"이 된 것이다.[22]

---

22. 구약을 인용할 때 바울은 고후 6:18에서 신자를 "아들들과 딸들"이라고 했고 하나님은 이사야 선지자를 통해 "내 이름으로 일컫는 모든 자"를 "나의 아들들"과 "나의 딸들"이라고 칭하셨다(사 43:6-7).

4
시장의 언어
속박에서 해방으로

너희가 알거니와 너희 조상이 물려 준 헛된 행실에서 **대속함**을(ransomed) 받은 것은 은이나 금 같이 없어질 것으로 된 것이 아니요 오직 흠 없고 점 없는 어린 양 같은 그리스도의 보배로운 피로 된 것이니라.
베드로전서 1:18-19

구속
Redemption

미국 프로 미식축구협회(NFL)에서 로렌스 테일러만큼 두려움을 자아낸 선수도 드물 것이다. 스포츠 평론가들은 테일러가 수비수인 아웃사이드 라인배커(미식축구의 수비 포지션 중 하나)의 위상을 바꾸었고 그 때문에 NFL의 공격 전술을 다시 짜야 할 정도였다고 평가한다. 테일러는 세 차례 올해의 수비수 상을 받았으며 한 번은 MVP로 선정되었고 뉴욕 자이언츠 팀에 5년간 두 번이나 슈퍼볼 우승을 안겨주었다.

그러나 테일러가 경기장에서 거둔 성취는 경기장 밖에서의 성공으로 이어지지 않았다. 그는 술과 마약과 법적 문제로 자주 말썽을 일으켰다. 자서전에서 그는 이런 개인적인 시련을 회고했으며, 그 글 가운데 한 문장이 내 뇌리에 깊이 남았다. 코카인 중독이 주체 못할 정도로 강렬해 자신의 모든 생각과 욕구를 지배했다는 문장이었다. 자신의 경력에서 절정에 다다른 이 MVP 선수의 모든 생각이 끊임없이 (심지어 경기 중에도) 다음 번 흡입할 코카인을 향해 있었던 것이다. 테일러는 중독의 노예가 되었다. 벗어나려고 끊임없이 노력했지만 끝내 벗어나지 못했다. 그 후 테일러에 관해 들려오는 소식에 의하면 그가 여전히 코카인에 손대고 있음을 알 수 있다.

테일러와 극명한 대조를 이루는 NFL 스타로 디온 샌더스가 있다. 샌더스는 90년대 프로 미식축구의 수비수였고 달라스 카우보이스와 샌프란시스코 포티나이너스를 비롯한 몇몇 슈퍼볼 챔피언 팀에서 뛰었다. 샌더스 역시 중독자였는데, 불법 마약이 아니라 성에 중독되었다. 난교 파티는 속박된 샌더스의 삶의 특징이었고 매번 성관계를 할 때마다 더 강렬한 흥분과 새로운 시도를 찾아야 했다.

그러나 테일러와 달리 샌더스는 예수 그리스도를 영접하고 성 중독에서 완전한 자유를 얻었다고 회고한다. 그의 놀라운 사연은 늘 재활 센터를 들락거리다가 결국 다시 충동에 사로잡히는 뻔한 이야기가 아니다. 샌더스는 그리스도의 영이 자신의 삶에서 기적적으로 역사하신 체험을 했다. 그는 전국의 기독교 집회에 자주 초빙되어 예수님을 믿는 믿음을 통해 어떻게 죄와 사망의 법에서 자유케 되었는지 간증한다.

이번 장에서 우리는 테일러와 샌더스를 괴롭힌 문제와 정확하게 맞닿아 있는 영역에 들어섰다. 그것은 우리 자신의 힘으론 물리칠 수 없는 악의 세력과의 영적 전투다. 구원의 네 번째 모델로 진입할 때 우리는 왜 우리에게 구속함이(to be redeemed) 필요한지, 무엇이 우리를 속박(bondage)했는지, 그리고 어떻게 예수님을 통해 자유를 값주고 샀는지(purchased) 이해해야 한다.

크리스투스 빅터

복음주의자 사이에서 구원은 주로 사망에서 생명으로, 유죄에서 무죄로 옮겨지는 처음 두 모델로 표현된다. 그러나 구원을 설명하는 또 다른 성경적 방식은 구원을 노예 생활에서 자유로, 속박에서 해방으로 옮겨지는 것으로 표현하는 것이다. 이를 두고 혹자는 (예수님을 해방자로 보는) 크리스투스 빅터(승리자 그리스도, Christus Victor) 구원 모델이라고 한다. 사실 기독교 초창기에는 구원에 대한 이런 방식의 이해가 다른 어떤 모델보다 강력한 지지를 받았다.[1]

이 모델은 또한 오순절파에서 지배적인 구원관이기도 하다. 물론 예수님이 금전적 빚이나 질병의 속박으로부터 자유를 약속하신다는 식으로 '속박에서 자유'라는 개념을 물질주의 관점으로 해석해 오용하는 경우가 많다. 이러한 오용에도 불구하고 성경적으로 풍성한 이

---

1. Gustaf Aulén은 이것이 "기독교 역사의 초기 수천 년간 지배적인 속죄 개념"이었다고 한다(*Christus Victor*, 6).

구원 모델에는 복음주의자들이 배울 점이 많다.

캄캄한 지하 감옥에 갇힌 죄수를 상상해 보라. 그의 수족은 사슬에 매여 있고 쇠창살 너머에는 오직 이 죄수의 탈옥을 막을 목적으로 중무장한 일단의 장정들이 지키고 서 있다. 그런데 한 구원자가 이 장정들을 제압하고 열쇠를 자물쇠에 넣는 순간 지하 감옥에 갇혀 있던 죄수가 풀려난다.

죄인을 속박하는 것들은 하나님과 그의 관계를 가로막는다. 이 구속(redemption) 모델에서 '구원'은 죄인이 하나님의 자녀로서 참된 삶을 살지 못하게 막는 모든 것으로부터의 자유를 말한다.

이 점은 통상 '구속' 또는 '구속하다'(to redeem)로 번역되는 헬라어 단어에서도 드러난다. 명사 '루트로시스'(lutrōsis)와 동사 '루트로오'(lutroō)는 둘 다 '풀어주다'(to loose)를 뜻하는 동일한 어원에서 유래했다. 이 헬라어는 전쟁 포로의 몸값을 지불하는 것(ransoming)을 뜻하지만 아울러 노예를 자유케 하는 것을 가리키기도 했다. 이 맥락에서 발견되는 다른 단어로 '아고라조'(agorazō)와 '엑사고라조'(exagorazō)가 있는데 시장(아고라)에서 값을 지불하고 사는 것(purchasing)을 뜻한다. 그렇다면 구속이라는 개념을 신자들에게 어떻게 적용할지 알아보기 전에 먼저 1세기의 맥락에서 구속이 무엇이었는지 정립하는 것이 유익할 것이다.

로마제국의 노예제

1세기 당시 양자의 특권과 극명한 대조를 이루는 것은 바로 노예의 비천한 신분이었다. 사실 바울은 갈라디아서에서 둘 사이를 분명히 구분한다.

> 이와 같이 우리도 어렸을 때에 이 세상의 초등학문 아래에 있어서 종 노릇하였더니 때가 차매 하나님이 그 아들을 보내사 여자에게서 나게 하시고 율법 아래에 나게 하신 것은 율법 아래에 있는 자들을 속량하시고 우리로 아들의 명분을 얻게 하려 하심이라… 그러므로 네가 이 후로는 종이 아니요 아들이니 아들이면 하나님으로 말미암아 유업을 받을 자니라(4:3-5, 7).

로마 시대에 아동의 사회적 지위는 극도로 낮았으며 노예의 자녀들은 더 낮았다. 노예의 어린 자녀들이 처한 환경은 끔찍했다. 그들은 부모를 소유한 주인의 재산이었고 주인 마음대로 처분할 수 있는 존재였다. 지배 계급은 노예의 자녀들을 불법적 존재로 간주했기에 거의 아무 권리도 부여하지 않았다. 초기 로마의 법적, 문화적 환경 속에서 노예는 합법적인 가정과 관계를 영위할 권리가 없었다. 노예 아동은 종종 육체적 중노동과 성적 착취 및 육체적 학대를 당했고 부모와 떨어져 살아야 했다.

이것을 앞장에서 열거한 양자의 특권과 비교해 보라. 양자는 가족의 이름과 소유와 유산에 대한 권리를 가졌다. 노예의 신분에서 양자의 신분으로 이동하는 것은 누추한 지하 감옥에 갇혔다가 대저택에서 살게 되는 것만큼 대단하고 극적인 축복이었다.

베드로는 사람이 무엇에게든지 지배를 당하면 그 지배자의 노예가 된다고 말한다(벧후 2:19). 우리는 신약에서 죄인들의 포로 됨에 대해 설명하는 일곱 가지 방식을 다룰 것이다. 여기선 죄와 두려움과 율법에 대한 속박을 다룰 것이고, 사탄과 거짓 신과 세상 원리에 대한 종노릇에 대해서는 시민권에 관한 5장에서 다룰 것이다. 필멸성의 문제에 관해서는 이번 장에서 사망의 두려움에 관해 다룰 때 간략히 논의한 후, 참여를 다루는 12장에서 더 자세히 다룰 것이다.

의지의 속박

신약 기자들이 인간의 상태를 표현하기 위해 종노릇(slavery)이란 개념을 택한 것은 우연이 아니다. 종은 스스로 결정할 권한이 없다. 그의 뜻은 전적으로 주인의 뜻에 종속되어 있다. 주인이 한밤중에 귀가해 잠자리에 든 종에게 식사를 차리라고 하면 종은 지금은 자고 다음 날 아침에 차리겠다고 말할 수 없다. 종의 뜻은 늘 주인의 뜻에 얽매여 있다.

안타깝게도 우리는 인간의 '자유'에 대한 세속 관념이 기독교 안으로 침투하도록 허락했다. 인류가 타불라 라사(tabula rasa), 즉 백지와 같다고 착각할 만큼 인류에 대한 이해가 일천한 이들이 있다. 이러한 시각에서 바라본 인간은 긍정적인 방향으로 넌지시 등 떠밀면 얼마든지 사회에 이바지하거나 자아실현을 할 수 있는 존재다. 또 어떤 이들은 인간이 어떤 제약도 없이 스스로 선택하는 것이 곧 참 자유라고 여긴다. 구원은 하나님의 강압으로 이루어질 수 없다는 것이다. 하나님은 인간이 아무 부담 없이 자유 의지를 통해 하나님의 제안을 받아들일지 여부를 선택하도록 선택 사항을 제시하셔야 한다는 것이다.

그러나 성경에서 묘사하는 죄인은 이와 사정이 다르다. 그는 아무 제약 없이 존재할 수도, 하나님을 선택할 수도 없다. 우리가 1장에서 보았듯이 죄는 영적 사망을 초래하여 긍정적이고 신령한 선택을 못하게 만드는 질병이다. 그리스도와 멀어져버린 인간의 의지는 영적으로 무능한 상태에 있어 어떤 선한 것도 만들어낼 수 없다.

> 육신의 생각은 하나님과 원수가 되나니 이는 하나님의 법에 굴복하지 아니할 뿐 아니라 할 수도 없음이라 육신에 있는 자들은 하나님을 기쁘시게 할 수 없느니라(롬 8:7-8).

나는 이것을 '의지도 없는 무능 상태'(unwilling inability)라고 부른다. 죄악 된 본성의 조종을 받는 자들은 하나님을 섬길 의지도 능력도 없다. 복음주의자들은 습관적으로 우리 문제의 일면, 즉 그리스도를 따를 의지가 없는 것에만 집중해 더 근본적인 문제인 무능함을 외면한다. 우리는 성령을 떠나선 결코 (우리 의지로) 하나님께 순종할 능력이 없다. 거듭나기 전 우리는 "여러 가지 정욕과 쾌락에 '종노릇'한 자"(딛 3:3)였다. 이는 "악인은 자기의 악에 걸리며 그 죄의 줄에 매이나니"(잠 5:22)라고 한 잠언의 지혜와 일맥상통한다.

차라리 '진정한 자유'를 피조물이 본래 창조된 대로 행동할 수 있는 능력으로 간주하는 편이 나을 것이다. 타락한 본성은 인간이 본래 설계된 의도대로 행동하지 못하게 한다. 우리는 하나님을 영화롭게 하면서 섬기도록 창조되었지만 죄는 우리가 자아를 중심에 두고 자기 유익을 좇게 만든다. 인간이 자기 뜻을 하나님의 뜻보다 더 높은 곳에 올려두는 것이야말로 모든 죄의 본질이 아닐까?

죄의 최종 산물로서 인류는 도덕적으로 자유로워 제약 없는 선택을 할 수 있는 존재가 아니라 도덕적으로 죽어 하나님을 불쾌하게 만드는 선택만 하는 존재다. 죄는 본래의 의도와 함께 본래의 자유 의지까지 앗아가버렸다. 타락한 인류는 죄의 노예가 되었고 노예이기에 자유를 얻을 능력이 없다.

진정한 자유 의지를 갖춘 사람은 성령으로 거듭난 자뿐이다. 성령으로 거듭난 자는 자신의 행위로 하나님을 섬기고 영화롭게 할 줄 안다. 그는 의의 열매를 맺을 수 있다. 그가 중생하기 전에는 진노를 초래할 행위만 할 뿐인 진노의 대상이었다.[2] 거듭나지 않은 자유로운 죄인이란 말은 언어도단이다. 거듭나지 않은 사람은 죄의 노예이며 그를 속박한 권세대로 행한다. 만일 당신의 주인이 죄라면 죄의 노예로서 당신은 죄짓는 것 외에 할 수 있는 것이 없다(요 8:34, 벧후 2:19).

스스로 죄와 사망의 권세로부터 벗어날 수 있는 사람은 "구원자"(deliverer)가 필요하지 않다(롬 11:26). 스스로 벗어날 수 없는 사람에게 구원자가 필요한 법이다. 성경이 종종 죄인을 가리켜 "사로잡혔다"고 말하고 바울이 그리스도에게서 멀어진 인류를 가리켜 "무력하다"고 말한 것도 이러한 이유에서다.[3] 죄인이 자유로운 존재라고 말하는 것은 인간의 무지와 교만에서 기인한다. 성경이 일관되게 우리에게 가르치는 바는 우리가 일그러진 본성에 의해 사로잡힌 채 무력하고 죽은 인질이라는 것이다.

혹자는 이런 반론을 제기할지 모른다. "우리는 매일같이 자유로운 선택을 하는데요? 그럼에도 우리가 자유로운 선택을 하는 게 아니라면, 하나님이 우리를 대신해 이미 모든 선택을 다 해놓고선 장난치시는 건가요?" 그러나 우리는 각 사람을 역사로부터 분리해 예전에 일어난 일로부터 그 어떤 영향도 받지 않는 척할 수 없다.

아담 안에서 온 인류가 범죄했다(롬 5:12, 18-19). 인간의 자유는 인

---

2. 롬 6:20, 엡 2:1-3, 딛 1:16.
3. 행 8:23(현대인의성경), 딤후 2:26, 롬 5:6(현대인의성경).

간 본성 안에 있는 하나님 형상의 근본 요소지만 그 본성은 부패했다. 만일 오늘날 성령의 중생케 하시는 역사 없이도 인간이 자유롭고 신령한 선택을 할 수 있다고 말한다면, 그것은 기본적으로 아담으로부터 내려온 대물림된 죄라는 조건을 무시하는 발언이다.

우리는 이 제한된 자유론이 말하지 '않는' 바를 분명히 밝혀야 한다. 인간은 날마다 무엇을 먹을지, 어디로 갈지, 언제 잘지 등과 같은 선택을 한다. 비록 우리의 죄악 된 본성이 우리가 하는 모든 일에 영향을 미치지만 인간은 이런 영역에선 아직 자유를 다 상실하지 않았다. 그러나 내주하시는 성령이 없는 사람은 '영적으로' 칭찬받을 신령한 선택을 할 능력이 없다.

성경에서 신자가 선악 간에 선택할 자유를 가지고 있다고 말한다고 해서 이 법칙이 거듭나지 못한 자에게도 동일하게 적용된다고 생각해선 안 된다. 영적으로 긍정적인 선택을 할 수 있는 사람은 죄의 속박에서 자유케 된 사람들뿐이다. 예수님이 말씀하셨듯이 "육으로 난 것은 육이요 영으로 난 것은 영"(요 3:6)이다. 만일 우리가 거듭나지 않았다면 영적으로 사망한 상태에 머물 것이다. 거듭나지 못한 자는 하나님을 따르는 선택을 할 수 없다.[4]

---

4. '구도자 중심' 교회는 인간 실존에 관한 이 사실을 외면하는 우를 자주 범한다. 이런 교회들은 비신자의 입맛에 맞추려고 (죄, 지옥, 심판 같은) 기독교의 '부정적' 측면을 덜 강조함으로써 복음의 불쾌한 요소를 없애다가 자기도 모르게 복음의 구원하는 능력을 무력화한다. '무엇으로부터' 구원받는지 말하지 않고서는 구원에 대해 설명하기란 불가능하다.

의지의 속박에 관한 이야기는 죄인이 자신보다 훨씬 큰 세력 아래 있기에 죄인에게 책임을 돌려선 안 된다는 주장으로 나아가기도 한다. "마귀가 시켜서 그랬어요"라든가 "하나님이 예정하셨잖아요"라고 그릇된 주장을 하는 이도 있을 것이다. 죄의 기원을 하나님의 예정에서 찾으며 자신의 책임을 회피하는 자들은 야고보서의 독자들과 비슷한 부류일 것이다.

> 사람이 시험을 받을 때에 내가 하나님께 시험을 받는다 하지 말지니 하나님은 악에게 시험을 받지도 아니하시고 친히 아무도 시험하지 아니하시느니라 오직 각 사람이 시험을 받는 것은 자기 욕심에 끌려 미혹됨이니 욕심이 잉태한즉 죄를 낳고 죄가 장성한즉 사망을 낳느니라 (약 1:13-15).

하나님의 뜻이 어떻게든 인간의 자유를 배제한다는 이야기는 죄다 신학적 궤변에 불과하다. 성경이 분명히 밝힌 바 인간은 자신의 의지에 따라 선택하고 결과를 감당한다. 하나님의 예정하심을 끌어들임으로써 책임을 회피하려는 자들은 자기기만에 빠진 것이다.

만일 하나님이 죄 지을 능력만 있는 존재를 창조하셨거나 그들의 의지에 반해 억지로 죄를 짓게 하신 다음 그들에게 책임을 지우셨다면 그건 불공평한 처사가 될 것이다.[5] 그러나 둘 다 성경적인 그림이 아니다. 인류의 의지가 속박되었다는 사실은 하나님에 대한 인류의 반역에 따른 직접적 결과다. 수렁에 빠진 것은 우리가 자초한 일이다. 다른 누구를 탓할 수 없다. 사탄도, 더욱이 하나님도 탓할 수 없다.

인간은 다 아담으로부터 물려받은 타락한 본성에 속박되어 있다. 우리는 오직 마지막 아담 안에서 진정한 의지의 자유를 얻는데, 이는 하나님의 영의 주권적 활동에 의한 거듭남을 통해 임한다. 모든 사람은 두 주인 중 하나를 섬긴다. 어떤 이는 죄악 된 본성의 지배를 받고 어떤 이는 하나님의 영의 지배를 받는다.[6] 죄악 된 본성의 유일한 산물은 파멸인 데 반해 성령은 온화한 위로자로서 우리 인생에 평강과 목적을 가져다주신다. 성령의 지배 아래서 신자들은 "의에게 종"이 된다(롬 6:18).

감정의 속박

우리의 의지뿐 아니라 우리의 감정 역시 종노릇한다. 신약은 두 가지 종류의 두려움을 강조한다. 첫 번째는 모든 인간이 경험하는 사망에

---

5. 바울은 로마서 9:14-21의 논의에서 이 불평을 예견했다.
6. 로마서 8장은 죄악 된 육신의 지배 아래 있는 사람과 성령의 지배 아래 사람, 이렇게 두 부류의 사람을 구분한다. 제3의, 중립 지대는 없다. 이는 생존자와 사망자 사이에 중립 지대가 없는 것과 마찬가지다.

대한 자연스런 두려움이다.

> 자녀들은 혈과 육에 속하였으매 그도 또한 같은 모양으로 혈과 육을 함께 지니심은 죽음을 통하여 죽음의 세력을 잡은 자 곧 마귀를 멸하시며 또 죽기를 무서워하므로 한평생 매여 종노릇하는 모든 자들을 놓아주려 하심이니(히 2:14-15).

나는 죽음이 싫다. 솔직히 말하면 죽음은 날 짓누른다. 우리를 둘러싼 모든 것이 사망의 악취를 낸다. 사망은 인류의 대적이며, 부자와 가난한 자, 어리석은 자와 지혜로운 자, 모두에게 똑같이 임하는 엄청난 평등 기제다. 사망은 피부색, 인종, 국적, 성별 등으로 차별하지 않는다. 만인이 사망에 굴복하며 누구도 사망을 피할 수 없다.

이 사실로 기분이 우울해진다면 좋은 일이다! 사망은 우리를 겸손케 하려는 의도로 고안된 저주다. 사망은 우리가 주권자가 아니라는 통지다. 뱀이 동산에서 아담과 하와에게 했던 거짓말과 달리 우리는 선악과를 먹어도 하나님처럼 되지 못한다. 사망은 우리가 생명을 얻으려면 전적으로 하나님께 의존해야 함을 일깨워준다. 사망은 우리의 영적 교만, 즉 우리에겐 하나님이 필요 없으며 우리가 만물의 잣대라는 생각이 거짓임을 드러내는 증거다.

불신자들은 기독교가 병적으로 사망에 집착한다고 본다. 기독교는 침울하게 죄책감에 쌓여 두려움을 조장하는 종교 이상도 이하도 아니라는 것이다. 그러나 우리는 속지 말아야 한다. 그렇지 않다고 뻔뻔하게 주장하는 무신론자조차 사망을 두려워한다.

히브리서 9:26은 그리스도께서 "단번에… 죄를 없이 하시려고… 나타나셨"다고 한다. 내가 이 구절을 사랑하는 이유는 예수님이 행하신 일을 선포하기 때문이며 또 내가 하지 않아도 되는 일을 일러 주기 때문이다. 나는 내 죄책의 온전한 무게를 감당하며 죽어 마땅한 자다. 옛 언약은 죄를 덮으려면 사망이 요구된다고 가르친다. 피를 흘려야 하는 것이다. 새 언약이 이야기하는 바도 하나 다를 바 없다. 그리스도인은 그리스도가 "사망을 폐하시고 복음으로써 생명과 썩지 아니할 것을 드러내"셨음을 확신한다(딤후 1:10).

사망은 멸해야만 하는 대적이다. 바울은 사망의 쏘는 것을 언급하면서(고전 15:55) 다음과 같은 구약 선지자의 말을 상기시킨다.

> 내가 그 백성을 무덤에서 구원하며
> 죽음의 권세에서 건져낼 것이다
> 죽음아 네 재앙이 어디 있느냐
> 무덤아 너의 멸망이 어디 있느냐(호 13:14, 현대인의성경).

언젠가 우리 모두 죽음을 맞이하겠지만 완전히 짐을 벗고 죽는 것과 죄짐을 진 채 죽는 것 사이에는 엄청난 차이가 있다. 흔히들 죽을 때 경험하는 두려움이 미지의 것에 대한 두려움이라고 한다. 하지만 나는 정확히 반대라고 생각한다. 사망에 대한 보편적 두려움은 모든 인간이 그들 앞에 심판이 기다리고 있음을 암묵적으로 알고 있다는 표지 아닐까? 그것은 미지의 것이 아니라 이미 아는 것에 대한 두려움이다.

그렇기에 성경은 되풀이하여 두 번째 종류의 두려움, 바로 하나님에 대한 두려움을 언급한다. 이 두려움에는 건강한 면과 건강하지 않은 면이 모두 존재한다. 죄인이 하나님과 하나님의 심판을 두려워하는 것은 완벽하게 합리적이지만 그리스도인은 더이상 이 두려움을 느낄 이유가 없다. 요한이 요한일서에서 한 말이다.

> 사랑 안에 두려움이 없고 온전한 사랑이 두려움을 내쫓나니 두려움에는 형벌이 있음이라 두려워하는 자는 사랑 안에서 온전히 이루지 못하였느니라(요일 4:18).

두려움에 대한 속박은 그리스도의 구속 사역에 의해 제거된 또 하나의 일면이다. 구속받은 자녀로서 우리와 창조주와의 관계는 정죄의 두려움이 아니라 사랑에 근거한다.

죄악 된 육신의 속박

나는 이번 장 서두에서 성과 마약에 중독된 두 미식축구 선수의 예화를 들었다. 인간은 쉽게 갖은 형태의 중독에 빠진다. 이것은 죄악 된 육신과의 투쟁이 엄혹한 현실임을 강력히 상기시킨다. 우리를 덫에 빠트려 사로잡으려는 것이 약물, 성, 일, 칭찬, 돈, 성형 등에 대한 중독이든, 다른 무수한 유혹이든 간에 타락한 인간이 강박적이고 중독적 행동에 빠지는 경로는 무수히 많다.

중독 심리학에 대해 논의하려는 건 아니다. 다만 성경적으로 말해 모든 죄의 뿌리가 인간의 의지에 있다는 점은 짚고 넘어가야겠다. 문제가 무엇이든 근원은 항상 죄악 된 선택을 하는 죄인에게로 압축된다. 이 점은 바울과 야고보의 진술을 통해서도 증명되었다.

복음 증거, 그리고 구속의 언어

중독에 사로잡혀 있는 사람에게 복음을 증거할 땐 "예수님은 포로를 자유케 하려고 오셨다"와 같은 구원의 구속 모델에 집중해야 한다. 중독자에게 죄에 대해 집중 포화를 퍼붓는 것은 지혜로운 전도 방법이 아닐 수 있다. 자유에 대한 필요를 강조하고 오직 자유케 하시는 분만이 그 일을 하실 수 있음을 강조하는 게 더 나은 접근일 수 있다.

야고보는 사람들이 죄를 짓는 것은 "자기 욕심에 끌려 미혹"된 것이라고 썼다(약 1:14). 사실 야고보는 이것을 잉태하여 출산하고 장성하여 사망에 이르는 출생 과정에 비유한다. 죄의 소욕은 우리 내면에

서 발원한다. 만일 그렇지 않았다면 사탄이 우리를 미혹할 수 없었을 것이다. 바울도 같은 의견이다.

> 사람이 감당할 시험밖에는 너희가 당한 것이 없나니 오직 하나님은 미쁘사 너희가 감당하지 못할 시험 당함을 허락하지 아니하시고 시험 당할 즈음에 또한 피할 길을 내사 너희로 능히 감당하게 하시느니라 (고전 10:13).

야고보와 바울 둘 다 죄란 죄인 외부에 있는 고압적인 힘이 우리를 악행으로 내몬 결과가 아니라 하나님께 순종하기를 거부하는 우리 자신의 완악함의 결과라고 논증한다.[7]

'익명의 알코올중독자들'과 같은 성공적인 재활 프로그램을 보면 중독을 극복하기 위해서는 책임져주는 파트너와 나보다 '위대한 힘'에 대한 의존이 필요함을 알 수 있다. 이것이 시사하는 바는 중독자는 외부에서 도움이 임하기 전까지 자신의 속박으로부터 돌이킬 수 없다는 것이다.

그렇다면 어느 쪽인가? 우리는 어쩔 수 없이 중독에 빠지는가? 아니면 달리 선택할 수 있음에도 불구하고 의지로 선택하는가? 답은 구원받은 자와 불신자 간의 기본적 차이에서 발견할 수 있다. 한 휘튼대

---

7. 예수님도 이와 비슷하게 마음에서 악한 생각 등이 나온다고 하셨다(막 7:21).

학 교수는 회심 이전엔 술에 노예가 되어 건강을 망치는 줄 알면서도 끊지 못했다고 한다. 그는 절망감에 사로잡힌 채 자신의 삶을 그리스도께 헌신했고, 바로 그날 밤 술을 끊고 다시는 입에 대지 않았다. 이와 비슷하게 남아프리카에서 내가 가르치던 성경대학의 한 학생도 회심 시점에 약물 남용으로부터 즉각적인 자유를 얻었다.

왜 어떤 그리스도인은 즉각적인 승리를 경험하지 못하는지 정확히 대답할 순 없지만, 아마도 하나님이 우리에게 하나님께 의존하는 법을 가르치길 원하셔서가 아닐까 싶다. 우리가 죽을 때까지 지속적으로 죄와 씨름하는 것은 우리를 깨트리셔서 그리스도의 형상으로 빚으시려는 하나님의 계획이 아닐까? 하나님은 단순히 교만과 영적 자기신뢰를 끊어내기 위해 수십 년간 지독한 죄와 씨름하도록 허락하실 수도 있다.

지상에 남은 날 동안 모든 죄로부터 즉각적인 자유를 얻는다면 우리 안에 영적 교만이 생길 수 있다. 영적 자기 의존의 유혹은 대개 초신자들이 아닌 수십 년간 그리스도와 동행한 베테랑 신자에게 찾아온다. 그들은 자신이 다른 사람들만큼 나쁜 죄인은 아니라고 믿고픈 유혹을 받는다. 50년간 죄 없는 삶을 살면 하나님이 하신 일을 감사하기보다는 영적 교만이 움트지 않겠는가? 타락한 인간으로서 우리는 하나님의 은혜를 망각하는 습성이 있다.

죄로부터의 자유는 오직 그리스도인에게만 허락된다. 고린도전서 10:13에서 바울은 신자를 사로잡은 유혹 중 극복 불가능한 것은 없다고 말한다. 바울은 비그리스도인에게 말하고 있는 게 아니다. 그는 다른 구절에선 비그리스도인은 죄악 된 육신의 지배를 받으며 하나님을 기쁘시게 할 신령한 일은 어떤 것도 할 수 없다고 했다(롬 8:7-8). 우리가 이미 정립했듯 그 차이는 성령의 내주하심에 있다.

사실 허다한 비그리스도인이 성공적 재활 프로그램을 통해 중독에서 풀려난 사실을 반증으로 들며 이의를 제기할 수 있다. 그러나 일시적 중독으로부터의 일시적 자유와 죄인의 영속적 타락을 혼동하지 말라. 하나님은 일반 은총으로 불신자에게도 복을 내리신다(마 5:45). 하지만 불신자는 여전히 타락한 실존으로서 종노릇하는 상태에 머물러 있다. 오직 그리스도인만이 타락의 영향력으로부터 영속적 자유를 부여받으며 새롭게 된 의지와 하나님의 내주하시는 성령의 도우심으로 모든 죄를 극복할 능력을 허락받는다. 비록 하나님의 은혜로 간혹 불신자들도 강박을 극복하는 일이 있지만, 그럼에도 그들은 여전히 타락한 의지와 죄악 된 육신의 지배 아래 속박돼 있다.

바울은 아래와 같이 성령과 육체를 나란히 놓고 비교한다.

> 내가 이르노니 너희는 성령을 따라 행하라 그리하면 육체의 욕심을 이루지 아니하리라 육체의 소욕은 성령을 거스르고 성령은 육체를 거스르나니 이 둘이 서로 대적함으로 너희가 원하는 것을 하지 못하게 하려 함이니라(갈 5:16-17).

다시 말하지만 이 명령은 그리스도인을 향한 것이다. 비신자는 "성령을 따라 행"할 수 없다. 그러나 성령을 따라 행하는 신자들은 "육체의 욕심을 이루지" 않을 능력이 있다.

이 말씀이 사실이라면, 즉 그리스도인이 마주하는 모든 유혹은 모든 사람이 공통적으로 겪는 것이며 그 죄는 그리스도인이 육체의 욕심에 굴복한 결과 이상도 이하도 아니라면, 신자는 더이상 중독에 대한 일반적 관점(예를 들어, 통제할 수 없는 욕정과 충동이라는 관점)에 수긍하지 말아야 한다는 뜻이 된다.

야고보는 우리에게 "마귀를 대적하라 그리하면 너희를 피하리라"고 했다. 베드로 역시 신자들에게 "믿음을 굳건하게 하여 그를 대적하라"고 당부한다.[8] 그리스도인이 그들을 삼키려는 굶주린 사자 앞에 서 있는 경이로운 그림이 보이지 않는가? 광야에서 예수님이 그러셨던 것처럼, 신자가 신실하게 대적하면 짐승은 도망칠 것이다. 이는 마귀가 불가항력의 권세가 아님을, 또한 하나님이 신자에게 항상 피할 길을 내신다면 죄 역시 불가항력의 대상이 아님을 의미한다.

물론 죄가 불가항력으로 느껴질 수 있다. 하지만 그렇게 느끼는 이유는 어쩌면 우리가 너무 쉽게 죄에 항복하기 때문인지 모른다. 우리는 죄를 물리치는 데 꼭 필요한 인내를 훈련하지 않았다. 우리는 거듭 죄의 요구에 부응했으며, 우리의 영은 (쓰지 않아 퇴화한 근육처럼) 유혹에

---

8. 약 4:7, 벧전 5:9.

저항할 꿋꿋함을 연습하지 않으면서 약해졌다.

이것이 바로 로마서 6장에 등장하는 바울의 논증에 깔린 전제다.

- 그러므로 너희는 죄가 너희 죽을 몸을 지배하지 못하게 하여 몸의 사욕에 순종하지 말고(12절).
- 너희 지체를 불의의 무기로 죄에게 내주지 말고(13절).
- 죄가 너희를 주장하지 못하리니(14절).

자발적으로 죄의 지배에 스스로를 내주었으면서도 어쩔 도리 없는 욕정이나 힘에 휘둘렸다고 주장하는 그리스도인이 종종 있다.

우리는 그리스도인과 비그리스도인의 엄청난 차이를 제대로 이해해야 한다. 신자는 성령이 내주하시고 죄로부터 돌이킬 능력을 받았기에 마귀를 대적하며 하나님이 기뻐하실 열매를 맺을 능력이 있다. 한편 불신자의 의지는 영적으로 사망 상태다. 불신자에겐 마귀를 대적할 능력이 없다. 불신자는 흑암의 주인에게 종으로서 충성할 뿐이다. 그에겐 다른 데 충성을 행사할 자유가 없다. 이 대조는 명백하다. 유혹과 마귀를 대적할 역량을 가지고 있는 사람이든, 아니면 둘 다에 굴복하는 사람이든 둘 중 하나다.

오직 그리스도인만이 마귀와 유혹에 "안 돼!"라고 말할 능력을 가지고 있다. 거듭난 의지와 "몸의 행실을 죽이"도록 우리를 도우사 절제하게 하시는 하나님의 영과 합력할 때 우리는 죄를 극복할 수 있다

(롬 8:13).[9] 신자가 견디기에 너무 어려운 유혹은 없다. 이것이 사실이 아니라면 내주하시는 성령과 우리를 체휼하시는 하나님이 우리에게 무슨 의미가 있겠는가?[10] 죄를 거절하는 법을 배우는 것(딛 2:12)은 그리스도를 닮아가는 데 유익하다.

구속의 남용

애석하게도 오늘날 그리스도를 해방자(liberator)로 상정하는 이 구속 모델은 변질되었다. '번영 복음'은 질병이나 재정난, 또는 사업 실패로부터의 자유를 가르친다. 페미니스트 신학자는 이 모델을 사용해 남성 우월주의로부터의 여성 해방을 이야기한다. 동성애 활동가조차 이 모델을 사용해 이성애자가 지배하는 사회에서의 동성애자 해방을 이야기한다.[11] 이 변질된 구원 모델의 문제는 예수님이 오신 주된 이유를 간과했다는 것이다. 그러나 얼핏 그들의 입장을 뒷받침하는 듯

---

9. 성령의 열매로 신자 안에 형성되는 성품 중 하나가 절제다(갈 5:23). 우리가 성령의 인도에 순복할 때 절제는 성령과 합력한다.
10. 이는 로마서 7장에서 사도 바울이 원하지 않는 행동을 하면서 죄와 씨름한 경험을 회고한 부분과 일견 모순되는 듯하다. 그러나 바울이 묘사한 영적 상태에 관해선 논쟁이 분분하다. 그는 참 신자의 죄와의 씨름을 이야기하는 것인가, 아니면 성령의 내주하심 없이 하나님의 율법 아래 있는 거듭나지 못한 유대인에 관해 이야기하는 것인가? 신자와 죄에 관한 신약 전체의 가르침과 바울이 죄악 된 육신의 지배를 받는 자와 성령의 지배를 받는 자를 대조한 8장의 전후맥락을 살펴보면 후자가 더 말이 된다.
11. 아프리카에선 식민 통치와 인종 차별 정책에 대항하는 독립 투쟁과 같은 백인 지배로부터의 자유를 이야기하는 데 이 모델이 사용되었다.

한 구절이 복음서에 있다.

> 선지자 이사야의 글을 드리거늘 책을 펴서 이렇게 기록된 데를 찾으시니 곧 주의 성령이 내게 임하셨으니 이는 가난한 자에게 복음을 전하게 하시려고 내게 기름을 부으시고 나를 보내사 포로 된 자에게 자유를, 눈 먼 자에게 다시 보게 함을 전파하며 눌린 자를 자유롭게 하고 주의 은혜의 해를 전파하게 하려 하심이라 하였더라 책을 덮어 그 맡은 자에게 주시고 앉으시니 회당에 있는 자들이 다 주목하여 보더라 이에 예수께서 그들에게 말씀하시되 이 글이 오늘 너희 귀에 응하였느니라 하시니(눅 4:17-21).

이 이사야서 인용구를 문맥과 무관하게 읽으면 메시아가 오신 것은 빈곤과 압제와 육신의 질병으로부터 자유를 주기 위함이라는 가르침으로 보인다. 이는 번영 복음 신봉자들이 주장하는 바와 매우 흡사하다. 그러나 이는 그리스도의 메시아 사역의 '일시적 표징'과 그리스도가 도래하신 '영원한 목적'을 혼돈한 것이다.

예수님은 유대인에게 "너희가 내 말에 거하면 참으로 내 제자가 되고 진리를 알지니 진리가 너희를 자유롭게 하리라"(요 8:31-32)고 하셨다. 유대인은 자신들이 아브라함의 자손이며 한 번도 누구에게 종노릇한 적이 없는데 어찌하여 예수님은 자신들에게 자유를 약속하느냐고 반문했다. 이에 예수님은 이렇게 답하셨다.

> 진실로 진실로 너희에게 이르노니 죄를 범하는 자마다 죄의 종이라… 그러므로 아들이 너희를 자유롭게 하면 너희가 참으로 자유로우리라(요 8:34, 36).

예수님이 자신의 사역에서 비롯된다고 밝히시는 것은 바로 이런 종류의 자유다. 아프리카에서 20년을 살며 그 폐해를 직접 목격해 알고 있지만 빈곤은 분명 비참하다. 그럼에도 빈곤은 일시적이다. 비단 이생뿐 아니라 다음 생에도 사람을 속박시키는 훨씬 큰 압제자가 있다. 소경의 눈을 뜨게 하고 절름발이를 고치고 죽은 자를 다시 살리는 등 예수님이 육적 영역에서 베푸신 이적은 훨씬 큰 권세인 죄사함의 권세를 가리키는 징표였다. 예수님은 중풍병 걸린 환자를 일으키실 때도 정확히 이러한 말씀을 하셨다. 그리고 그를 두 발로 서게 하심으로 자신에게 죄사함의 권세가 있음을 입증하셨다(눅 5:23-24).

물론 앞을 못 보는 건 참으로 힘든 일이며 소경이 기적적으로 눈뜨는 건 정말 놀라운 일이다. 하지만 소경이 죄의 문제를 해결받지 못한 채 죽어 다음 생으로 들어간다면 건강한 눈을 가졌든 앞을 보지 못하든 별 차이가 없을 것이다. 영원한 영적 눈이 머는 것에 비한다면, 일시적인 육적 시력이 무슨 유익이 있을까?

마찬가지로 나사로가 죽었다가 살아난 것이 영광스러운 일이긴 하지만(요 11장) 나사로도 결국 죽었다. 그의 '소생'은 일시적인 것이었다.¹² 만일 죽어가는 사람이 죄와 사망의 종노릇을 계속하기 전에 몇 년 더 살게 하기 위해 예수님이 오셨다면 그가 다시 살아난들 무슨 의미가 있겠는가?

전체 구원 역사를 고려해도 마찬가지다. 구약에서 가장 위대한 구속 행위는 애굽에 사로잡힌 유대인이 "종 되었던 집에서" 나온 출애굽 사건이었다(출 20:2).¹³ 출애굽은 백성에 대한 하나님의 사랑의 웅장한 시연이었고, 히브리 성경 전체에 걸쳐 하나님의 백성이 구원받았다는 최고의 증거로 사용되었다. 그럼에도 출애굽한 이스라엘 백성의 대다수는 광야에서 죽었다.¹⁴ 왜 그랬을까? 이스라엘 백성이 믿음이 없었기 때문이다.

흥미롭게도 1세기의 유대인 대다수는 오늘날 번영 복음에서 범하는 것과 같은 우를 범했다. 유대인들이 기대한 메시아는 통치자 다윗과 같은 전사이자 왕이었다. 유대인은 그러한 메시아가 로마의 압제를 떨치고 이스라엘의 번영을 회복시켜주길 기대했다. 기실 예수님은 유대인이 기대한 것과 같진 않지만 압제를 떨치기 위해 오셨다. 예

---

12. 누군가 죽었다 살아나지만 결국 다시 죽는 것을 소생(resuscitation)이라 말한다. 부활(resurrection)은 누군가 죽음에서 살아나고 결코 다시 죽지 않는 것이다. 성경은 예수님이 죽은 자 가운데서 부활하신 첫 번째 사람이라고 말한다(고전 15:20, 행 17:31).
13. 스데반(행 7장)은 출애굽과 예수님을 연결시켰고 바울은 고린도전서 10장에서 구약 이야기가 도덕적, 영적 의미로 충만하기에 그리스도인이 경청해야 할 사례라고 말한다. 하나님의 말씀에서 교훈을 끌어내는 것은 인내와 격려와 소망을 준다(롬 15:4).
14. 고전 10:5, 히 3:16-19.

수님은 마귀의 사역을 멸하셨고 사망 권세를 짓밟으셨으며 죄의 통치를 깨트리셨다. 이는 일시적인 정권의 일시적인 압제보다 훨씬 중차대한 문제였다. 로마의 압제는 예수님 사후에 나아진 게 아니라 오히려 더 악화되었고 예수님 승천 40년 후 일어난 로마 군단의 침공으로 이스라엘이란 나라는 아예 지도 상에서 사라졌다.

예수님은 이 세상에서 우리가 환난을 당할 것이라고 말씀하시면서도 자신이 세상을 이겼으니 낙심하지 말라고 하신다(요 16:33). 번영 복음은 이것을 거짓 약속으로 변질시켰다. "내가 세상을 이기었으니 너희도 세상에서 번창해야 한다."[15] 그리스도가 일시적인 문제들을 해결하기 위해서만 오신 것처럼 여길 때, 우리는 예수님이 행하러 오신 기념비적 사역을 외면하고, 결국 복음에 대한 대단한 오해를 드러내고 만다.

구속의 유익

구속에는 구속된 사람과 그 사람을 구속하기 위해 치른 값이 있다. 성경 기자들은 죄인을 위해 몸값(ransom)이 지불되었으며 이 몸값은 다

---

15. 이는 보통 이생의 어려움은 믿음 부족의 결과라는 가르침과 짝을 이룬다. 그러나 욥, 예수님, 그리고 "육체에 가시"(고후 12:7)를 가졌던 바울은 하나님의 분명한 뜻으로 목적이 있는 고난과 육신의 격랑을 겪은 의인들이었다. 그들의 열악한 환경은 전혀 믿음 부족의 결과가 아니었다.

름 아닌 영원한 하나님의 아들의 피라고 밝힌다.[16] 예수님은 자신의 사역의 성격을 규정할 때 이 시장(marketplace) 언어를 사용하셨다.

> 인자는 섬김을 받으러 온 것이 아니라 섬기러 왔으며 많은 사람을 구원하기 위하여 치를 '몸값'으로 자기 목숨을 내주러 왔다(막 10:45, 새번역).

현대의 유괴 범죄에서 몸값은 자유를 위해 지불하는 값이지만, 하나님을 섬기기 위해 값을 지불하고 종을 사는 것으로도 이해할 수 있다. 그리스도인은 의의 종이다. 우리는 그저 제 갈 길을 가라고 하나님이 사들인 존재가 아니다. 요한은 "사람들을 피로 사서(ransomed) 하나님께 드리시"는 어린양을 이야기하며, 구속받은 자들이 "사람 가운데에서 속량함을 받아(redeemed) 처음 익은 열매"라고 했다.[17] 이러한 그림은 구속(redemption)이 하나님과 하나님 나라를 섬기려는 목적으로 이뤄졌음을 드러낸다.

> 그가 우리를 대신하여 자신을 주심은 모든 불법에서 우리를 속량하시고(redeem) 우리를 깨끗하게 하사 선한 일을 열심히 하는 자기 백성

---

16. 행 20:28, 엡 1:7, 히 9:12.
17. 계 5:9, 14:3-4.

이 되게 하려 하심이라(딛 2:14).

예배, 그리고 구속의 언어

오늘날 많은 기독교 예배가 활력을 잃고 무기력해졌다. 우리는 여전히 포로 된 백성인 양 열정 없이 기도하고 찬양한다. 그러나 그리스도의 피로 속량된 우리의 경배에는 해방의 기쁨이 완연히 드러나야 한다. 감상주의를 조장하려는 건 아니지만, 그리스도 안에서 우리에게 주어진 은혜와 자유를 기념하는 예배에는 진정한 감정적 반응이 있어야 한다.

그리스도인은 "우리 몸의 속량"을 기대하지만(롬 8:23) 이것은 만물이 완성되는 때에 이루어질 미래의 소망이다. 그런데 신자에겐 현재 경험하는 유익도 있다. 구속된 백성으로서 우리에겐 몸의 그릇된 행실을 죽일 수 있는 능력이 있다(롬 8: 13). 이것은 죄의 종은 할 수 없는 일이다. 사실 바울의 본을 따라(고전 9:27) 우리는 몸을 우리의 종으로 삼아야지, 반대가 되어선 안 된다.

> 너희는 너희 자신의 것이 아니라 값으로 산 것이 되었으니 그런즉 너희 몸으로 하나님께 영광을 돌리라(고전 6:19-20).

그리스도인으로서 우리는 새롭게 발견한 자유를 남용해선 안 된다. 베드로는 "너희는 자유가 있으나 그 자유로 악을 가리는 데 쓰지 말고 오직 하나님의 종과 같이 하라"고 명했다. 바울은 "형제들아 너희가 자유를 위하여 부르심을 입었으나 그러나 그 자유로 육체의 기회를 삼지 말"라고 썼다.[18]

그러나 바울은 그리스도가 신자들을 "율법의 저주에서" 속량하셨다고 말한다. 바울은 율법으로 되돌아가려는 갈라디아 교인들을 책망하면서, 그 율법을 "종의 멍에"라고 부른다.[19] 어떻게 하나님이 택하신 백성에게 친히 허락하신 계명을, 제거되어야 할 저주와 멍에로 여길 수 있을까?

갈라디아인들은 오류에 빠진 유대계 그리스도인("유대주의자들")에게 속아넘어갔다. 그들은 예수님을 따르려면 먼저 유대인의 율법을 준행해야 한다고 믿었다. 달리 말하면 예수님을 믿는 믿음에 더해 유대 관례의 준수 사항과 금기 사항, 특히 할례를 엄수해야만 구원을 받는다고 여겼다. 바울은 이 가르침에 맹렬히 반대하며 이것이 영원한 저주를 받아 마땅한 거짓 복음이라고 단언한다(갈 1:6-9). 그러나 이것이 유대 율법주의자에게 설득당하고 있던 1세기 이방인이 아닌 오늘날 우리에게도 과연 적용될까?

답은 '그렇다'는 것이다. 그리스도인들도 종종 동일한 오류를 범하

---

18. 벧전 2:16, 갈 5:13, 아울러 롬 6:12-13 참조.
19. 갈 3:13, 5:1.

기 때문이다. 예수님을 믿는 믿음에 (가령, 춤추기나 영화 관람, 카드놀이 금지 등) 자신이 만든 규정과 규범을 더하는 그리스도인은 갈라디아의 유대주의자들과 동일한 오류를 범하는 것이다. 이 율법주의는 구원에 전적으로 불필요한 요구 사항을 새 언약에 추가한다. 이것은 낡은 언약을 고수하기 위해 바리새인들이 했던 것과 상당히 흡사한 일이다. 우리는 우리의 복음이 결코 '예수 플러스 알파' 메시지가 되지 않도록 유의해야 한다. 율법주의 체계는 본원적으로 은혜의 복음을 헛된 것으로 만들며, 준행자들이 자랑하게 만들고, 구원 얻을 만한 충분한 행함이 없다는 우려로 두려움의 종이 되게 만든다.

> 이로 말미암아 그는 새 언약의 중보자시니 이는 첫 언약 때에 범한 죄에서 속량하려고 죽으사 부르심을 입은 자로 하여금 영원한 기업의 약속을 얻게 하려 하심이라(히 9:15).

속량이 우리에게 주는 실천적 의미는 우리가 이 세상 신에게 여전히 사로잡혀 눈이 가리워진 불신자를 판단하길 멈춰야 한다는 것이다(고후 4:4). 우리는 우리 스스로를 정직하게 돌아보고, 불신자를 업신여기지 말아야 한다. 은혜가 없었다면 우리 역시 그 자리에 있었을 것이다. 속량에 대해 알수록 우리는 겸손해져야 한다. 은혜의 복음에는 영적 교만이 들어설 여지가 없다.

목발 이론

우리의 믿음이 그저 목발에 불과하다고 폄하하는 기독교 비판론자들이 있다. 심지어 이런 주장에 동의해 부끄러워하는 그리스도인이 있다. 그러나 나는 이 목발 비유가 아주 황당한 폄하일 뿐이라고 생각한다. 내가 처한 상황은 부상을 당해 지팡이 같은 일시적 보조장치가 필요한 정도가 아니다. 존재의 모든 부분이 지지와 보조가 필요해 전신 깁스를 해야 할 상황이다. 나에게는 이 죄의 육신으로부터 자유가 필요하지 않은 구석이 하나도 없다. 나에게는 해방자가 필요하다!

'구원받는다는 것'은 무슨 의미일까? 그것은 나의 의지와 감정을 얽매는 사슬을 제거한다는 뜻이다. 그것은 죄와 사망과 마귀로부터 나의 자유를 얻기 위해 몸값을 지불한다는 뜻이다. 그것은 자유의 몸이 되어 하나님을 진정으로 섬긴다는 뜻이다. 그것은 속박에서 해방으로 옮겨진다는 뜻이다.

주는 영이시니 주의 영이 계신 곳에는 자유가 있느니라(고후 3:17).

시장의 언어로 표현된 구원의 핵심 용어

#속량 #구속 #몸값 #속량하다 #속량자 #해방 #건지시는 자 #자유 #값을 치르고 사다

#종노릇 #속박 #포로 #주인

그룹 토의 질문

1. 만일 어떤 사람이 영적으로 죽고 그 의지가 죄에 속박되어 있다면, 어떻게 예수님에 대한 믿음을 가질 수 있는가? 이런 사람이 복음을 믿기 위해선 무엇이 선행되어야 하는가?
2. 신자라면서도 여전히 율법주의적 관념에 종노릇하면서 스스로 만든 규정과 규범에 옥죄여 사는 이들을 본 적이 있는가? 율법주의적 그리스도인이 복음을 진정 이해하고 있다고 할 수 있는가?
3. 여호와를 두려워하는 것은 지혜의 근본이다(잠 9:10). 그러나 그리스도인은 하나님의 정죄를 두려워할 필요가 없다. 거룩한 삶을 살고자 노력하는 그리스도인이 여호와를 두려워하는 것과 두려워하지 않는 것 간에 건강한 균형을 이루려면 어떻게 해야 할지 토론해 보라.
4. 어떤 그리스도인은 그리스도인에게 억제할 수 없는 중독은 존재하지 않는다고 주장한다. 이런 그리스도인에게 뭐라고 말하겠는가? 당신의 답변에 대한 성경적 근거는 무엇인가?

5
정치의 언어
사탄 왕국에서 하나님 왕국으로

> 그러므로 이제부터 너희는 외인도 아니요 나그네도 아니요 오직 성도들과 동일한 **시민**이요 하나님의 권속이라.
> 에베소서 2:19

시민권
Citizenship

다섯 번째로 살펴볼 구원 모델의 언어는 '시민권'(citizenship)으로 이는 정치의 언어다. '시민권'으로 번역되는 헬라어 '심폴리테스'(sympolites)와 '폴리테우마'(politeuma)의 의미를 유추하기란 어렵지 않다. 헬라어의 문외한조차 두 단어 모두 영어 politics(정치)의 어원인 폴리테(polite)를 사용했음을 알아차릴 것이다. 1세기에 이 단어는 특정 국가의 영주권 소유자에게 부여되는 특별한 권리를 말했다.

의심의 여지 없이 사도 바울은 시민권의 중요성을 알았다. 로마 제국은 자국의 시민들에게 특권을 부여했다. 바울은 예루살렘에서 자신에게 채찍질하려는 로마 백부장에게 시민권의 특권을 들어 호소했다(행 22:25). 로마 시민에겐 매질, 채찍질, 십자가형처럼 공개적으로 모욕감을 주는 형을 집행할 수 없었다. 반면 일례로 구레네 사람 시몬에게 억지로 예수님의 십자가를 지고 가게 한 것처럼, 유대인은 로마 군병이 기분 내키는 대로 아무나 붙잡아 굴욕을 줄 수 있는 대상이었다. 그러나 로마 시민은 결코 이런 일을 당해선 안 되었다. 그에겐 권리가 있었다. 시민권은 실로 엄청난 혜택이 있었다.

우리의 시민권은 우리가 충성하는 대상을 결정하고 우리는 이 충성의 대상과 운명을 함께한다. 엉뚱한 나라의 시민권을 가지면 화를 당할 것이다. 그러나 영원히 이기는 나라는 오직 한 나라밖에 없다.

성경 기자들은 시민권에 대해, 그리고 서로 적대적인 두 진영의 어느 한편에 몸담고 사는 것의 의미에 대해 많은 이야기를 했다. 당신은 세상의 시민이거나 천국의 시민이거나 둘 중 하나다. 이번 장에서 우리는 이 상황의 양면을 다 살펴볼 것이다. 즉, 세상에서 내 고향처럼 사는 것이 무엇을 의미하고 세상에서 나그네로 사는 것이 무엇을 의미하는지 생각해 보자.

낯선 나라의 나그네

선교사에게 당신이 이방인이라고 상기시켜주는 것보다 더 좌절스런 일이 별로 없다. 20년간 아프리카 대륙의 선교사로 살았으니 어느 정도는 아프리카인이 되었다고 생각하지만, 아무리 내가 아프리카인이 되었다고 믿고 싶어도 실상 나는 여전히 낯선 땅에 사는 이방인이다.

해외에 거주할 땐 불편한 부분이 항상 존재한다. 우리는 늘 권력을 쥔 사람들의 변덕에 종속된다. (가령 빈트후크 시내에서 백인 지주들에게 항의하는 시위가 벌어진 날 그곳에 있던 나처럼) 운 나쁘게 엉뚱한 때에 엉뚱한 곳에 있으면 상황은 급속도로 악화될 수 있다. 누군가의 심기를 건드리거나 우발적 사건에 휘말리면 24시간 안에 출국하라는 통보를 받을 수도 있다. 선교 역사는 이런 사건들로 점철되어 있다.

그러나 세상에서 신자로 살아가는 것은 단순히 외국에서 이방인으로 사는 것보다는 불법 체류자로 사는 것에 더 가깝다. 이곳은 당신이 영원히 거할 집이 아니며 그렇다고 착각해서도 안 된다. 이곳의 관습과 가치관과 신념 체계는 당신의 본향과 완전 딴판이다. 당신은 이 세상 사람들이 원하는 것을 원하지 않는다. 그들이 아등바등하는 것을 당신은 하잘것없고 일시적인 것으로 여긴다. 당신의 생각은 영원한 것에 고정되어 있는 반면 그들의 생각은 일시적인 것에 고정되어 있다. 당신이 천국에 보화를 쌓는 동안 그들의 보화는 좀과 녹과 도둑에 노출되어 있다. 그들의 세계관은 당신의 세계관이 아니다. 외국어를 구사하는 나그네를 대하듯 이 세상 시민들은 결코 당신을 온전하게 이해하지 못할 것이다.

히브리서 저자는 구약의 위대한 믿음의 선진들을 열거하며 이 성도들이 "땅에서는 외인과 나그네"였으며 "곧 하늘에 있는" "더 나은 본향을 사모"하고 "찾는 자들"이었다고 말한다(히 11:13-16). 마찬가지로 사도 베드로도 신자들에게 이 세상에서 "거류민과 나그네"로서

"영혼을 거슬러 싸우는 육체의 정욕을 제어하라"고 당부했다.[1]

그리스도인은 세상 시민으로 출발했지만 예수님을 믿은 후론 충성의 대상이 극적으로 바뀌었다. 과거에 우리는 이쪽 정당에 투표하다가 이젠 반대편 정당에 힘을 실어주고 있다. 과거에 우리는 한 나라의 군대에서 싸웠지만 현재 우리는 그 적국 군대에 징집되었다. 충성의 대상이 바뀐 것이다. 우리는 하늘에 속한 자로서 악에서 선으로, 사탄에서 하나님으로, 흑암의 왕국에서 빛의 왕국으로 헌신의 대상을 바꾸기로 선서했다. 우리는 사탄에게 전쟁을 선포했다. 베드로는 이 새로운 신분을 인종과 국적 개념으로 다음과 같이 설명한다.

> 그러나 너희는 택하신 족속(a chosen race)이요 왕 같은 제사장들이요 거룩한 나라(a holy nation)요 그의 소유가 된 백성이니 이는 너희를 어두운 데서 불러 내어 그의 기이한 빛에 들어가게 하신 이의 아름다운 덕을 선포하게 하려 하심이라(벧전 2:9).

시민권의 변화는 피상적 변화가 아니다. 이것은 실제로 인종(race) 개념이 담긴 언어로 표현할 수 있는 내면의 혁신을 수반한다. 가령 바울은 하나님의 교회가 유대인과 이방인을 하나 되게 하는 데 힘써야

---

[1] 벧전 2:11. 신약은 신자를 이 세상의 나그네로 칭하기 위해 외인, 거류민, 유배자, 임시 거주자 등의 단어를 사용했다.

한다고 하면서, 이를 둘로 "한 새 사람"(one new man, 엡 2:15)을 만든다고 했다. 이것은 마치 우리의 피부색이 바뀌는 것과 같다. 우리의 영적 DNA는 더이상 예전과 같지 않다. 마치 아프리카 원주민이나 아시아인을 비교할 때처럼 우리가 어느 나라의 시민인가 하는 것은 겉보기에도 확연히 드러나게 되어 있다.

복음 증거, 그리고 시민권의 언어

대사명을 주실 때(마 28:18-20) 예수님은 제자들에게 모든 민족을 제자로 삼으라 명령하신다. 우리가 이 일을 행할 수 있는 것은 예수님이 구세주이자 왕으로서 우리에게 순종을 명령할 권세를 가지셨기 때문이다. 우리의 복음 전도에 열매가 보장되는 것은 예수님이 함께하시기 때문이다.

4장에서 나는 불신자를 속박하는 일곱 가지가 있다고 말했다. 이번 장에서는 그중 세 가지, 곧 사탄, 거짓 신, 세상 원리를 다룰 것이다. 이 모든 것은 우리가 소유한 시민권과 관련 있다.

서구 vs. 나머지 세계

서구 기독교는 사탄에 관한 이야기에 흥미를 잃고 있다. 세계의 다른 지역에서는 악한 영적 권세가 다스리는 마귀의 세계에 대한 믿음을 수용하지만 서구 그리스도인은 날이 갈수록 더 물질주의적 관점에 경도되고 있다. 물론 나의 단편적 경험을 일반화할 순 없지만, 나는 예수님과 신약 기자들이 줄기차게 마귀의 세력에 관해 이야기했음에도 나이 서른에 아프리카에 온 후에야 비로소 진지하게 받아들이게 되었다. 왜 이전에는 성경의 세계관을 구성하는 이 중요한 일면을 간과했는지 모르겠다. 서구 그리스도인은 마귀의 존재를 인정하는 성경적 세계관으로부터 점점 멀어지고 있으며 역설적으로 비그리스도인은 점점 더 영적 세계에 관한 신(neo)이교주의적 관점을 수용하고 있다.

내 친척 중에는 하나님은 믿지만 천사와 마귀는 "원시 시대의 원시적 사고"라고 믿는 이가 있다. 그와 대화를 나누다가 왜 영이신 하나님은 믿으면서 다른 영적 존재들은 믿지 않느냐고 물었다. 그는 인정하지 않으려 했지만 그의 논리에는 일관성이 부족해 보였다. 마귀의 존재를 부인하는 것에서 몇 발짝 더 나아가면 전면적 자연주의와 무신론에 빠지게 된다.

우간다 선교사이신 장인 어른은 그곳의 제자 훈련 선교회에서 다양한 교회의 지도자들과 동역하면서 동아프리카의 수백 명의 목회자들에게 단순한 회심자가 아닌 제자 삼는 법을 가르치고 계신다.

한번은 장인 어른이 제자 훈련 교재를 검토해 달라고 부탁하신 일이 있었다. 교재는 어떤 문화권에서도 유익하게 사용될 수 있도록 단순명료하면서도 성경적이었다. 그런데 그 교재에는 매우 아프리카적인 요소가 하나 있었다. 그것은 4과의 한 단락으로, 제자 훈련 인도자는 기독교의 대적자들이 그들에게 저주 거는 것을 두려워하지 말아야 한다는 내용이었다. 분명 미국의 제자 훈련 교재에는 이런 내용이 들어가지 않을 것이다.

이 작은 예는 문화의 차이와 구원을 바라보는 관점의 차이를 부각시킨다. 한 문화권에선 즉각 인정하는 것을 다른 문화권에선 간과할 수 있다. 가령 아프리카에선 마법과 주술이 엄연한 현실이지만 서구에선 거의 부딪힐 일이 없는 주변적 문제다.

아프리카 신학대학에서 수년간 가르치며 나는 그들이 마주하는 흑암의 영적 권세에 놀라는 일이 많았다. 한 여성은 6개월 전 사망한 외할머니와 밤중에 몇 시간씩 대화했다. 한 남자는 마을 어귀에서 오랜만에 옛 친구를 만났는데, 마을에 들어가 보니 그 친구가 수개월 전 사망했다고 했다. 나는 이런 이야기들을 무수히 들었다.

처음에는 믿을 수 없었고, 어리석다고까지 생각했다. 나는 스스로에게 이렇게 질문했다. '설마 이런 일이 진짜 일어났다고 믿는 건 아니겠지?' 만일 내게 이질적 문화로부터 기꺼이 배우겠다는 마음가짐이 없었다면 이 방면에서 신앙의 성장을 이루지 못했을 것이다. 서구의 독자들은 보통 이런 이야기들이 비현실적이라고 여기며 자연주의적 설명을 모색할 것이다. 내 아프리카 학생들에게 미국인은 보통 이런 경험을 하지 못한다고 말하면 그들 역시 똑같이 경악을 금치 못한다. 이제 나의 할아버지가 소천하셨으니 할아버지에 대해 더이상 염려하지 않는다고 말했을 때 그들은 믿기 힘들어 했다. 나는 할아버지가 밤에 꿈에 나타나거나 내가 할아버지의 전통을 따르지 않았다고 우리 가족에게 재앙을 초래할 것을 우려하지 않는다. 나는 할아버지가 돌아가셨을 때 이 세상에서 저 세상으로 영원히 옮겨지셨다고 생각하기 때문이다.

오해를 남기지 않고자 부언하자면 서구에도 심령술을 수용하는 사람들이 있다. 예를 들어 암살당한 전설적인 비틀즈 멤버, 존 레논의 영과 접촉했다고 주장하는 사람들이 있다. 이 주장의 진위 여부를 따지다간 논점에서 벗어나고 말 것이다. 진짜 돈이 유통되고 있을 때만 위조 지폐가 기능하는 것처럼, 이런 이야기가 돌아다닌다는 것 자체가 믿는 사람이 있다는 반증이다. 과학으로 경도된 서구에서도 묘비 앞에서 사별한 사람에게 이야기하거나 빌 삼촌이 천국에서 나를 내려다본다고 믿는 사람들이 있다. 이처럼 서구에도 영혼을 불러내는 집회, 점술가, 주술사, 예지인 등이 있지만 일반적으로 이들에게 이끌리는 사람은 소수다. 그들이 심령술이 대세를 이루는 아프리카나 세계의 다른 지역처럼 널리 퍼져 있지 않음은 분명하다.

이런 문화적 맥락으로 인해 아프리카에서 성장한 그리스도인은 성경 속 마귀의 활동과 영향에 관한 이야기에 즉각적으로 반응한다. 우리 서구인은 그들로부터 배워 보다 균형 잡힌 관점을 가져야 한다.

명확히 하기 위해 부언하자면 나는 요정이나 흡혈귀의 존재를 믿어야 한다고 말하는 게 아니다. 비록 텔레비전이나 극장가에서 이들이 인기를 얻고 있긴 하지만 말이다. 오크 종족과 요정까지 소환할 필요는 없지만 사탄이나 그 졸개들이 실재한다는 것은 인정해야 한다. 당장 예수님부터 이런 존재들과 자주 부딪치셨다. 서구에 사는 우리는 사탄이 존재하지 않는 척하는 것을 이젠 그만두어야 한다.

사탄의 왕국

우리는 입양에 대해 다룬 3장에서 불신자들이 하나님 가족 밖에 있다고 고찰했다. 시민권과 관련해서도 유사한 이야기를 할 수 있다. 다메섹 도상에서 바울이 부활하신 주님으로부터 이방인에 대해 받은 소명은 "그 눈을 뜨게 하여 어둠에서 빛으로, 사탄의 권세에서 하나님께로 돌아오게" 하라는 것이었다(행 26:18). 불신자의 상태에 대해 성경이 제공하는 그림은 암울하다. 그리스도를 떠나 있는 그들은 눈이 먼 채로 어둠의 권세 아래 있다.

이것을 다른 서신서에서 바울이 한 말과 결부시켜보면 상황은 더 심각해진다. 바울이 이방인 불신자들 및 (하나님 나라에서 시민권을 획득하기 전) 그들의 신분에 관해 한 말이다.

> 그때 여러분은 그리스도와 아무 관계가 없었고 이스라엘 국민도 아니었으며 하나님의 약속에 근거한 계약에서도 제외되었으며 이 세상에

서 희망도 없고 하나님도 없이 살았습니다(엡 2:12, 현대인의성경).

본디 하나님이 택하신 백성에 속하지 않았던 이방인은 "희망도 없고 하나님도 없"는 자였다. 이는 이스라엘 주변 이방 나라들의 다신주의를 고려할 때 의외의 발언이다. 그들의 무수한 신과 우상에도 불구하고 사도는 그들에겐 하나님이 없다고 말할 수 있었다. 오늘날 불신자에 대해서도 동일한 이야기를 할 수 있다. 그리스도를 떠나 있는 사람들은 하나님의 약속으로부터 배제되어 있다. 예수님을 믿지 않는다면 그들에겐 하나님도 없고 소망도 없는 것이다.

이 성경적 진리는 우리의 다원론적 세상에선 받아들일 수 없는 가당치 않은 내용이다. 그래서 특정 기독교 교파들은 장밋빛 그림으로 사람들을 끌어들이려 끝없이 시도한다. 복음주의자들과 특히 학계는 기독교가 아닌 종교들도 구원의 통로가 될 수 있다는 생각에 점점 개방적인 자세를 취하고 있다. 다른 종교의 신봉자들이 도덕적으로 올곧을 뿐 아니라 우연히도 예수님의 가르침을 부분적이나마 따른다면 (예수님에 관한 특정한 지식이 없을지라도) 예수님에 의해 의롭게 된 '무명의 그리스도인'이라 부를 수 있음을 암시한다. 이렇게 기독교를 포괄적으로 정의하는 행태는 다른 종교 신앙에서 발견되는 마귀의 활동을 과소 평가하는 경향과 다르지 않다.

우리는 귀신 들림 같은 노골적인 사탄의 활동에 대해서만 '영적 전쟁'을 말하는 경향이 있다. 그런데 '거짓 교리'도 마술이나 점괘판만큼이나 다분히 영적 전쟁의 요소를 가지고 있다.[2] 단지 덜 자극적이며 훨씬 더 은근할 뿐이다.

나는 박사학위 논문 초고에서 기독교가 아닌 종교는 마귀의 영감으로 되었다고 썼다. 일례로 바울은 "미혹하는 영과 귀신의 가르침"[3]에 관해 이야기한다. 그러나 나는 이 언어를 순화하라는 지적을 받았다. 그럼에도 마귀에 관한 이야기를 줄일 때 가장 좋아할 자는 마귀 자신이라고 나는 확신한다.

우리의 대적인 마귀에 관해 그리스도인이 취할 수 있는 똑같이 유해한 입장이 두 가지 있다. 우선 마귀를 완전히 '도외시하는' 것이다. 이런 자들은 마귀의 존재에 상당한 의구심을 가지고 있거나 만일 존재를 인정하더라도 마귀의 활동을 대수롭지 않게 여긴다. 성경 시대엔 사탄이 활동했지만 지금은 어디서도 찾아볼 수 없다는 것이다. 많은 이들이 사탄을 신화처럼 여기는 경계선에 있다. 사탄을 빨간 옷을 입고 삼지창을 들고 꼬리와 뿔이 달린 존재로 그리는 대중적 묘사도 여기에 한몫했다.

결과적으로 대적의 존재를 외면하는 자들은 대적에게 무방비 상태로 당하고 만다. 신약의 모든 기자들은 마귀를 인격적인 실체로 묘사한다. 사복음서 기자들과 서신서를 쓴 베드로, 요한, 야고보, 유다,

---

2. 영적 전쟁에 대해서는 군대의 언어를 다루는 13장에서 더 자세히 살펴볼 것이다.
3. 딤전 4:1. 이와 유사하게 야고보서 3:15-16에서는 귀신의 지혜가 시기와 다툼과 혼란과 악한 일을 만든다고 말한다.

바울 모두 마귀를 어떤 '힘'이나 우리 내면의 악에 대한 비유적 묘사로 설명하지 않고 살아있는 인격적 존재로 설명한다.[4]

신약은 마귀에 대해 다음과 같이 언급한다.

- 그는 이 세상의 임금이고(요 12:31) 불신자의 마음을 혼미하게 하는 이 세상의 신이다(고후 4:4).
- 그는 죽음의 권세를 쥐고 있다(히 2:14).
- 사탄은 바울이 데살로니가 교인들을 방문하는 것을 막았다(살전 2:18).
- 사탄은 거짓 표적과 기적을 베풀 수 있고(살후 2:9) 광명의 천사로 위장할 수 있다(고후 11:14).
- 신자는 주의하지 않으면 마귀의 올무에 빠질 수 있으며(딤전 3:7) 마귀에게 사로잡힐 수 있다(딤후 2:26, 새번역).
- 바울은 거짓 형제들을 "훈계를 받아 신성을 모독하지 못하게" 하려고 사탄에게 내주었다고 이야기한다(딤전 1:20).

반면 사탄과 흑암의 귀신들에 '온 정신이 팔린' 사람들도 있다. 그

---

4. 최근 방문한 불가리아의 한 목회자에게서 이 주제에 꼭 들어맞는 말을 들었다. "하나님을 믿는다고 주장하면서도 하나님을 섬기지 않는 사람들이 있지요. 반면 사탄의 존재를 믿지 않으면서도 사탄을 섬기는 사람들도 있습니다." 이는 청교도 목사인 코튼 매더가 *The Wonders of the Invisible World*(1692)에서 다음과 같이 한 말과 일맥상통한다. "마귀의 존재를 의심하는 사람은 마귀의 영향력 아래 있는 사람들뿐이다."

들은 밤낮 사탄과 귀신을 생각한다. 하나님께 기도하는 중간에도 멈추고 사탄을 꾸짖는다. 때론 그들이 누구에게 기도하는지 헷갈릴 정도다. 모든 돌과 모든 나무와 모든 덤불 뒤에는 귀신이 숨어 있다. 차가 막히는 시간대에 길에서 차가 주저앉으면 마귀의 소행이다. 교회 안에서 그들의 입장을 반대하는 사람은 죄다 사탄의 앞잡이다. 그들이 읽는 책과 그들이 듣는 강의와 그들이 품는 생각은 사탄과 그의 졸개들에 집착해 있으며 그리스도의 주되심은 이 악한 세력에 몰두하느라 뒷전으로 밀려난다.

두 가지 입장 모두 똑같이 해롭다. 우선 사탄을 외면하는 사람들은 사탄의 공격에 제대로 준비하지 못하고, 반면 사탄에 매몰된 사람들은 너무 많은 일을 사탄의 공으로 돌려 그리스도가 이기신 승리 밖에 산다.

우리가 대적에 관해 알아야 할 점은 그가 살아 있고 왕성하게 활동한다는 것이다. 성경은 사탄을 사자, 용, 고발자, 속이는 자, 살인자, 거짓말쟁이, 파괴자, 미혹하는 자로 부르거나 비유한다.[5] 예수님은 광야에서 사탄을 실물로 대면하셨다. 욥기에서 사탄은 하나님의 보좌에 나아갈 수 있는 자로 그려진다. 사탄은 신도들의 고발자다. 베드로는 우리에게 우리의 대적이 "우는 사자 같이 두루 다니며 삼킬 자를 찾나니"(벧전 5:8) 근신하라고 권면한다. 바로 그렇기에 요한이 모든

---

5. 벧전 5:8, 계 12:9-10, 요 8:44, 계 9:11, 살전 3:5.

영을 믿지 말고 "영들이 하나님께 속하였나 분별하라"(요일 4:1)고 명한 것이다.

그러나 사탄은 이미 패배한 존재다. 예수님은 제자들이 복음을 전할 때 사탄이 번개처럼 하늘에서 떨어지는 것을 보셨다(눅 10:18). 죄인에 대한 사탄의 장악력은 그리스도가 십자가에서 이루신 속죄 사역으로 박살났다. 사탄이 하나님의 아들을 손아귀에 넣었다고 생각한 순간 예수님은 지옥 문을 부수고 죽은 자 가운데서 일어나셨다!

> 하나님의 아들이 나타나신 것은 마귀의 일을 멸하려 하심이라(요일 3:8).

우리의 대적은 살아 있지만 치명상을 입었고, 그렇기에 더 위험하다. 그에겐 시간이 얼마 남지 않았고 그도 이 사실을 알기에 앙심을 품고 하나님의 자녀들을 공격할 것이다.

마귀에 대한 그리스도의 승리는 비단 그리스도의 죽음에서만 발견되는 게 아니라 끊임없는 사탄과의 투쟁이었던 그리스도의 전 생애에 걸쳐 쌓아올린 것이다(눅 4:13). 물론 최종적이고 결정적인 전투는 십자가에서 벌어졌다(골 2:15). 하지만 우리는 예수님의 사역에 대해 생의 마지막 한 주에만 집중하고 나머지 33년은 별 의미 없다는 듯 최소주의 관점으로 접근해선 안 된다. 동정녀 탄생에서 십자가 죽음과 부활까지 그리스도는 악의 세력과 끊임없이 교전하셨고 압승을 거두셨다. 그리스도는 흑암의 세력과 맞서고자 율법과 사망의 실존 아래로 들어가셨다. 인간이 되신 하나님 자신 외에는 어떤 권능도 이 세력을 억누를 수 없었다.

마귀의 놀이터

성경은 사탄의 권능이 주로 표출되는 통로가 하나님을 거스르는 세상과 그 체계라고 분명하게 밝힌다.

> 또 아는 것은 우리는 하나님께 속하고 온 세상은 악한 자 안에 처한 것이며(요일 5:19).

이번 장을 쓰고 있는 현재 헐리우드 블록버스터 영화, 〈노아〉가 개봉했다. 이 영화가 성경을 충실히 기술했다고 보기는 어렵지만, 그래도 세상에 맞서는 삶이 어떤 것인지 엄중하게 상기시켜준다.

노아는 당대에 하나님이 의인이라고 여기신 유일한 사람이었다. 당신이 지구 전체에서 유일한 신자라고 상상해 보라. 철저하게 사악함으로 치닫는 세상을 거스르며 씨름하는 게 얼마나 어려울까? 그러나 신자로서 우리는 오늘도 실제로 이런 씨름을 경험한다.

(출애굽과 자유로 이어지는) 포로 생활과 유배 생활이라는 구약의 주제는 신약에서 그리스도를 대적하는 사탄 치하의 세상에서 영적 나그

네로 살아가는 하나님의 백성으로 연결된다. 이런 의미에서 예수님은 부패한 유대 종교 지도자들에게 "너희는 아래에서 났고 나는 위에서 났으며"(요 8:23)라고 말씀하셨던 것이다.

예수님을 미워한 세상은 예수님의 제자들도 미워할 것이다(요 17:14). 신자들은 세상의 지배적 패러다임을 거스르는 성경적 관점으로 인해 주목을 받거나 박해를 받는다. 학계에서 자연주의적 진화론에 반대하는 그리스도인은 대놓고 조롱을 당한다. 동성 결혼이나 낙태에 반대 입장을 취하면 비웃음과 비난을 각오해야 한다. 이런 압박이 오면 믿음이 약한 자들의 신념은 흔들릴 수 있다.

바울은 디모데후서에서 기독교 신앙을 버린 여섯 사람의 이름을 거론하는데[6] 그중에서도 "이 세상을 사랑하여" 바울을 버린 데마를 특별히 언급한다(딤후 4:10). 바울은 골로새서 4:14에서 데마와 누가를 둘 다 동역자라고 평한다. 어쩌면 사역이 너무 힘들었거나 데마가 판단하기엔 자기에게 더 좋은 기회가 생겨서 데살로니가로 돌아갔는지도 모른다.

오늘날 세상의 잣대에 순응하라는 이런 압박 가운데 그리스도인들은 세상과 어울려 보이기 위해 특정 방식으로 옷 입고 불경한 음악을 들으며 심지어 세속적 오락 기준을 모방해 기독교 예배를 바꾸라

---

[6] 여섯 사람은 부겔로와 허모게네(1:15), 후메내오와 빌레도(2:17), 데마(4:10)와 금속 세공업자 알렉산더(4:14)다. 바울은 아시아 지역의 모든 사람이 자신을 버렸다고 했다. "내가 처음 변명할 때에 나와 함께한 자가 하나도 없고 다 나를 버렸으나"(딤후 4:16).

는 유혹을 받기도 한다. 그러나 세상의 환대는 우리가 복음을 부인했음을 의미한다.

예배, 그리고 시민권의 언어

한 나라의 시민이 다 그러하듯 그리스도인은 고유의 언어인 천국의 언어를 말한다. 많은 교회가 불신자를 전도하려는 바람으로 세상의 기준에 맞춰 예배의 언어를 바꾸었다. 복음으로 성경적 공세를 벌이는 대신 관용이란 세상의 개념으로 대체함으로써 그들은 구원하지 못하는 '복음'을 전한다. 성경적이지 않은 예배는 세상적 예배다. 우리의 시민권이 천국에 속해 있으니 우리의 예배 역시 그래야 한다.

간음한 여인들아 세상과 벗 된 것이 하나님과 원수 됨을 알지 못하느냐 그런즉 누구든지 세상과 벗이 되고자 하는 자는 스스로 하나님과 원수 되는 것이니라(약 4:4).

바울은 그리스도를 떠나 있는 유대인과 이방인 모두 "세상의 초등학문 아래"(갈 4:3) 종노릇하고 있다고 썼다. 앞서 살펴보았듯 사탄이 이 세상의 통치자라면 타락한 인간 본성과 결탁한 세상의 원리 역시 사탄에게서 비롯된 것은 당연하다. 같은 갈라디아서에서 바울은 이방인이 이전에는 "본질상 하나님이 아닌 자들에게 종노릇"했다고 말한다(8절). 이는 이방 종교의 우상 숭배 관행을 지칭하는 것으로 다른 구절에서 바울은 이를 귀신과 연결짓는다.[7]

예수님은 이 세상 원리에 종노릇하는 우리를 자유케 하기 위해 오셨다. 사실 오직 그리스도 안에서만 이 자유를 누릴 수 있다. 그러나 바울은 신자들에게 과거의 포로 상태로 퇴행하지 말라고 경고한다. "누가 철학과 헛된 속임수로 너희를 사로잡을까 주의하라 이것은 사람의 전통과 세상의 초등 학문을 따름이요 그리스도를 따름이 아니니라"(골 2:8). 바울은 신앙을 지키려면 깨어 있어야 한다고 신자들에게 말하고 있다. 지역의 기독교 서점에 가보라. 얼마나 많은 그리스도인이 세상 원리를 흡수해 성경적 철학과 비성경적 철학의 괴기스런 혼합물을 창조해 냈는지 놀랍다.

다른 모든 종교 체계는 죄악 되고 타락한 세상의 흐름과 사탄에게서 그 근원을 찾을 수 있다. 우리는 그리스도를 거스르는 가치관과 행태를 모방하는 어리석음을 범하지 말아야 한다.

> 그러므로 너희가 그리스도와 함께 다시 살리심을 받았으면 위의 것을 찾으라 거기는 그리스도께서 하나님 우편에 앉아 계시느니라 위의 것을 생각하고 땅의 것을 생각하지 말라(골 3:1-2).

---

7. 고전 10:20. 마찬가지로 우상 숭배에 빠진 이스라엘 백성도 "귀신들에게 [제사]하였"다 (신 32:17, 시 106:36-37).

바울은 그리스도가 "하나님 우편"에 앉아 계신다는 표현으로 그분의 권능과 권위를 말하고 있다. 하늘과 땅의 모든 권세가 그리스도에게 주어졌다(마 28:18). 우리가 그리스도를 주라고 부르는 이유는 그분이 이 나라의 주권적 통치자시기 때문이다.

> 하나님은 복되시고 유일하신 주권자(Sovereign)이시며 만왕의 왕이시며 만주의 주시요(딤전 6:15).

'주권자'(sovereign)를 가리키는 헬라어에서 왕조를 뜻하는 영어 dynasty가 나왔다. 이것은 왕국의 언어다. 예수님은 오랫동안 기다려온 다윗의 자손으로 영원하고 굳건한 왕좌에 앉으실 왕이다. 천사 가브리엘이 마리아에게 뱃속의 아이가 "영원히 야곱의 집을 왕으로 다스리실 것이며 그 나라가 무궁하리라"고 한 것도 이러한 이유에서다.[8] 그러나 예수님은 단지 유대인의 왕이 아니시다. 예수님은 만왕의 왕이요 주권자시다. 그렇기에 모든 무릎이 그분에게 꿇을 것이다.[9]

우리는 성경 다른 본문에서, 이를 테면 죄와 사망 같은 것들이 현재 세상을 다스리고 있다는 이야기를 듣는다(롬 5:14, 17, 21). 예수님은 빌라도에게 자신의 나라는 이 세상에 속한 것이 아니라고 하셨다(요

---

8. 삼하 7:16, 눅 1:33.
9. 마 2:2, 27:11, 요 1:49, 계 17:14, 19:16, 빌 2:10.

18:36). 이 세상의 가치 및 이상과 천국 시민들의 가치 및 이상 사이에 극명하게 일어나는 대조는 하늘에 쌓아둔 보화와 땅에 쌓아둔 보화를 대조하신 예수님의 산상수훈에서 발견된다(마 6:19-20). 산상수훈에서는 세상의 가치(미움, 탐심, 서약 파기, 복수, 이혼 등)와 예수님이 하나님 나라 시민들 앞에 제시하신 이상이 대조된다. 이 시민들은 화평케 하는 자이자 의를 구하는 자며 존귀하고 겸허한 사람들이다. 그들은 해를 입었을 때 복수하지 않으며 그리스도로 말미암아 핍박받을 때 기뻐하고 원수를 사랑하며 영원한 가치를 지닌 하늘 보화를 좇는다.

바울은 갈라디아 신자들에게 보낸 서신에서 성령의 열매와 사탄 왕국 시민들의 특징을 대조한다.

> 육체의 일은 분명하니 곧 음행과 더러운 것과 호색과 우상 숭배와 주술과 원수 맺는 것과 분쟁과 시기와 분냄과 당 짓는 것과 분열함과 이단과 투기와 술 취함과 방탕함과 또 그와 같은 것들이라 전에 너희에게 경계한 것 같이 경계하노니 이런 일을 하는 자들은 하나님의 나라를 유업으로 받지 못할 것이요(갈 5:19-21).

요한은 "이 세상도 그 정욕도 지나가되"(요일 2:17)라고 썼다. 안타깝게도 세상의 것을 얻기 위해 하나님의 것을 팔아넘기는 그리스도인들이 종종 있다. 그들은 하나님 나라의 축복을 반납하는 것이다. 그리스도인은 그들의 왕에게 영광을 돌려야 한다. 그 주된 방법은 세상의 이상과 관행을 본받지 말고 거룩하신 하나님을 영화롭게 하는 구별되고 거룩한 삶을 사는 것이다. 텔레비전이나 인터넷에서 무엇을 보는가? 우리의 생각이나 마음은 어디에 꽂혀 있는가? 우리의 가치와 욕구가 불신자 이웃이 추구하는 가치 및 욕구와 같은가? 우리의 시각이 세상과 다르지 않다면 세상의 소금과 빛이 될 수 없다.

사탄은 이 세상의 통치자다. 우리가 세상의 잣대와 이상을 본받는다면 사탄이 우리의 아비라고 선포하는 것 아닌가? 반대로 우리가 세상의 이상을 거스르는 삶을 살 때 하나님이 영광을 받으신다.

> 이 세상이나 세상에 있는 것들을 사랑하지 말라 누구든지 세상을 사랑하면 아버지의 사랑이 그 안에 있지 아니하니(요일 2:15).

천국 시민권의 유익

우리의 새로운 시민권이 주는 유익은 이생뿐 아니라 내생에서도 상당히 경이롭다. 복음주의자들은 보통 천국에서 그들을 기다리는 상급만 생각하지만, 신자들은 이땅에서 지금도 새 시민권의 유익을 누린다. 물론 그 유익에는 진정으로 그리스도를 따르는 모든 이가 견뎌야 하는 세상의 미움과 핍박이 함께 따라온다. 그러나 예수님은 자신이 세상을 이기셨으며 세상이 결국 자신의 나라가 될 것이라고 약속

하셨다.[10]

이생에서 우리의 시민권이 주는 현재적 유익에는 앞서 여러 장에서 열거한 것들이 포함된다. 즉, 하나님의 보좌에 나아갈 수 있는 권리, 죄의 짐과 권세로부터의 자유, 하나님의 가족으로 입양 됨, 아들 됨의 특권, 성령의 열매와 은사들이다.

그럼에도 신약은 다가올 왕국을 강조한다. 우리가 현재 경험하는 것은 보증을 위한 계약금처럼 주어진 것으로, 우리를 기다리는 천국 축복의 일부다. 이런 이유로 바울에겐 하나님의 '천국'으로 건짐받으리란 소망이 있었다. 바울은 "우리의 시민권은 하늘에 있는지라 거기로부터 구원하는 자 곧 주 예수 그리스도를 기다[린다]"면서 신자들이 땅의 것에 생각이 고정되어선 안 된다고 강조한다. 미래지향성에 대한 강조는 여러 서신서를 관통하는 주제다. 우리의 시선을 퇴색해 가는 세상이 아닌 하늘나라에 두어야 한다는 것이다. 실제로 신자들은 종국에 세상을 심판하고 예수님과 함께 보좌에 앉을 것이다.[11]

> 그 후에는 마지막이니 그가 모든 통치와 모든 권세와 능력을 멸하시고 나라를 아버지 하나님께 바칠 때라 그가 모든 원수를 그 발 아래에 둘 때까지 반드시 왕노릇하시리니(고전 15:24-25).

---

10. 딤후 3:12, 요 16:33, 계 11:15.
11. 딤후 4:18, 빌 3:20, 고전 6:2, 계 3:21.

영원의 관점에서 보면 천국과 지옥의 대조는 그 경계가 더 없이 명확해진다. 천국은 "축하 행사에 모인 수많은 천사들과" 하나님의 영광의 빛으로 가득한 멋진 곳으로 그려진다. 천국에는 더이상 슬픔도 눈물도 고통도 없겠지만[12] 지옥의 실상은 정반대다. 예수님은 종종 지옥의 고통에 대해 경고하셨다. 지옥은 슬피 울며 이를 가는 곳이며 "구더기가 죽지 않고 불이 꺼지지 아니하"는 곳이자 "영원한 불"이 타는 곳이다. 예수님의 복음을 거부하는 사람들은 "영원한 멸망의 형벌을 받"을 것이다.[13]

우리에게 아들이 통치하시는 왕국의 시민권을 허락하신 하나님을 찬양할지어다! 하나님은 마귀를 물리치실 뿐 아니라 우리에게 이 세상이 추구하는 방식의 헛됨을 알아볼 안목을 주셔서 영원한 의미를 지닌 것에 집중하게 하셨다.

'구원받는다는 것'은 무슨 의미일까? 그것은 흑암의 권세에서 건짐받아 그리스도 안에 있는 빛으로 옮겨지는 것을 뜻한다. 그것은 세상의 유혹을 극복하고 우리의 주권자이자 왕이신 예수님께 충성을 바치는 것을 뜻한다. 그것은 사탄의 왕국에서 하나님 왕국으로 시민권을 바꾸는 것을 뜻한다.

---

12. 히 12:22(새번역), 계 21:23, 계 21:4.
13. 눅 13:28, 막 9:48, 마 25:41, 살후 1:9.

그가 우리를 흑암의 권세에서 건져내사 그의 사랑의 아들의 나라로 옮기셨으니(골 1:13).

정치의 언어로 표현된 구원의 핵심 용어

#시민권 #외국인 #이방인 #유배자 #나그네 #하나님 왕국 #빛의 #왕국 #사탄의 왕국

#흑암의 왕국 #천국 #지옥 #왕 #주 #주권 #권위 #하나님 우편 #다스림 #보좌

그룹 토의 질문

1. 그리스도와 멀어져 있는 인류가 '흑암의 나라'에 속해 있다는 단서를 세상에서 발견하는가? 설명해 보라.
2. 당신은 사탄의 존재를 부인하거나 아니면 적어도 세상이나 당신의 삶에서 드러나는 사탄의 활동을 과소평가하지는 않는가? 우리의 물리적 세계에서 어떻게 하면 영적 세계에 대해 강조할 수 있을까? 그 방법이 무엇이라 생각하는가?
3. 예수님이 하늘과 땅의 모든 권세를 소유하셨다는 사실에 비추어 천국 시민으로서 당신이 감당해야 하는 책임은 무엇인가? 당신이 그분의 나라에서 왕성하게 활동하는 시민임을 드러내는 증거는 무엇인가?

6
성전의 언어
보복에서 화해로

> 그러므로 그가 범사에 형제들과 같이 되심이 마땅하도다 이는 하나님의 일에 자비하고 신실한 대제사장이 되어 백성의 죄를 **속량**(propitiation)하려 하심이라.
> 히브리서 2:17

속죄
Atonement

나미비아의 수도 빈트후크의 두 중심가를 가로지르는 도로가 있다. 이 도로에는 날마다 사람들이 북적거리는 포스트 스트리트란 쇼핑몰이 있다.

수년 전만 해도 기독교 전도자들이 그들 나름의 방식으로 기독교를 전하고자 이 지역을 타겟으로 삼는 일이 드물지 않았다. 나보다 대담한 그들은 이 쇼핑몰에 서서 메시지를 선포했다. 어느 북적이는 토요일 오전, 한 청년이 지나가는 사람들에게 노방 전도를 하고 있었다. 그는 행인들에게 지옥불에 대해 경고했는데 얼핏 봐도 그의 전도 방식으로 의도했던 결과를 내지 못하고 있었다. 사실 그는 거리의 구경거리에 지나지 않았다. 거기 서서 지켜보는 십 분 동안 그가 야한 차

립새의 아가씨들에게 "당신은 마귀에게 다리를 벌리고 있다"고 경고하는 것도 들었다. 그가 전한 메시지는 그런 분위기였다.

이런 식의 복음 증거는 조롱거리가 되기 십상이다. 미국의 영향력 있는 인사, 롭 벨이 제작한 영상, 〈확성기〉(Bullhorn)에서는 전형적인 복음전도자 역할을 맡은 한 불쾌감을 주는 그리스도인이 길 모퉁이에 서서 확성기를 들고 행인들에게 '불신 지옥'을 외친다.[1] 사실 이 영상에서는 모든 대중 전도를 이런 식으로 매도하며 우리에게 정말 필요한 건 '선포형' 전도가 아니라 '관계형' 전도라고 주장한다. 노방 전도자들을 견디기 힘든 건 틀림없는 사실이지만 전도에 관한 지나친 일반화는 불공평하다.

이제 스펙트럼 반대편을 살펴보자. 90년대에 유명한 텔레비전 전도자였던 캘리포니아의 모 대형 교회 담임 목사는 사람들이 교회를 등지는 것을 우려해 지옥이나 하나님의 진노나 죄에 관해 말하기를 질색했다. 한때 이 구도자에 민감한 전도자의 인기가 절정에 다다랐을 땐 매주 천만 명이 그의 설교를 들었다는 통계가 있다. 현대의 번영 설교자들과 흡사하게 그의 기분 좋은 메시지는 귀가 가려운 청취자들을 끌어들였다.

노방 전도자의 접근 방식이 참기 어렵긴 하지만 사실 노방 전도자

---

1. Rob Bell, *Bullhorn: Nooma*, 009, Flannel 연출 및 감독(Grand Rapids: Zondervan, 2005), DVD. 이 13분짜리 동영상은 유튜브 검색으로 쉽게 찾아볼 수 있다.

의 메시지는 예수님이 선포하기를 부끄러워하지 않으셨던 진리를 담고 있다. 심판이 임박했으며, 그것도 하늘 아버지로부터 오고 있다는 것이다. 회개하라는 촉구는 성경이 선포하는 바로 그것이기도 하다. 들어서 기분 좋은 설교자의 메시지는 절반의 진리. 성경 메시지 중 사람들 구미에 맞지 않는 부분을 도려낸 결과, 그는 복음을 명료하게 제시하지 못했다.

예수님은 성경의 다른 누구보다 지옥과 하나님의 심판에 관해 많이 말씀하셨다. 물론 (노방 전도자들의 흔한 모습처럼) 예수님이 사람들을 겁먹게 해 천국으로 보내려는 심산으로 그러지는 않으셨다고 확신한다. 그럼에도 예수님이 그리 하신 이유는 진리를 선포하기로 결단하셨기 때문이다. 나는 예수님의 메시지를 개선할 수 있다고 생각하는 설교자들을 보며 놀라움을 금치 못한다. 예수님이 하나님에 대한 불편하고 듣기 싫은 이야기만 하지 않으셨어도 금상첨화일 텐데!

사람들에게 그들이 무엇으로부터 구원받아야 하는지 알리지 않은 채 구원에 관해 말하는 것은 어불성설이다. "예수님이 나의 죄로부터 날 구원하셨다"는 말은 신학적 정확성이 떨어지는 답이며 혼돈을 초래할 수 있다. 나는 신학적으론 까다로운 사람이다. 혹자는 '모호한' 것이 좋다고 하지만 나는 이로부터 이단이 흘러나온다고 본다. 나는 예수님이 우리 죄로부터 우리를 구원하셨다고 말하는 것보다는 예수님이 우리 죄의 '결과'로부터 우리를 구원하셨다고 말하는 편을 선호한다. 성경적으로 말해 그 결과에는 하나님의 진노가 들어 있다.

복음 증거, 그리고 속죄의 언어

우리의 믿음을 죄로 낙담한 사람들과 나눌 땐 그들의 연약한 영혼을 배려해 온화하게 나누어야 한다. 그러나 자신의 죄를 과시하며 하나님에 대해 적극적으로 반항하는 자들에겐 보다 엄중한 접근이 현명할 것이다. 말로 따귀를 때려 잠시의 따가움으로 죄인을 놀라게 함으로 반항병에서 벗어나게 하는 열매를 거둔다면 해볼 만한 일 아닐까.

앞서 우리는 성경적 구원에 죄인 외부의 현상(사탄, 사망)과 죄인 내부의 요소(죄, 두려움)로부터 죄인을 구하는 것이 수반됨을 살펴보았다. 하나님이 우리를 해치는 세력으로부터 우리를 건지신다는 것은 이치에 맞는 이야기다. 그러나 지금 다루고 있는 구원 모델에서 우리가 건짐받아야 할 대상은 바로 하나님이다. 하나님은 진노하셨고 우리는 하나님의 진노를 달래야 한다. A. W. 토저의 말을 빌리면 "우리는 하나님 안의 하나님으로부터 피신해야 한다."[2]

우리 중 많은 이가 앙갚음(reprisal)을 요구하시는 격분한 하나님에 대한 개념에 당혹스러워한다. 이 발상에 분개하는 이들도 있다. 이 발상은 일견 하나님을 사랑 없고 성마르고 짜증 많은 존재로 그리는 것 같다. 보복하시는 하나님은 사랑이 풍성하고 관용하고 용서하시는

---

[2] Tozer, *Knowledge of the Holy*, 107. 『하나님을 바로 알자』(생명의말씀사).

분으로 그려진 하나님에 비해 격이 떨어지는 것 같다.

　이번 장에서는 어떻게 하나님이 자신의 거룩한 본성을 침해하지 않은 채 죄인에 대한 정당한 보복(retribution)에서 죄인을 향한 화해로(propitious) 돌이키는 길을 제공하셨는지 살펴봄으로써, 속죄(atonement)에 관한 성경적 교훈을 탐구할 것이다. 또한 하늘 아버지의 진노(wrath), 그리고 속죄를 가능케 하는 아들의 보혈 사이의 관계를 살펴볼 것이다. 마지막으로 우리를 위해 중보하시는 예수님의 대제사장 사역의 실천적 의미를 고찰할 것이다.

속죄와 화해는 어떤 관계일까?

과거 수십 년간 전 세계에서 가장 널리 읽힌 NIV 성경은 로마서 3:25을 옮기면서 하나님이 예수님을 "속죄 제물"(sacrifice of atonement)로 삼으셨다고 번역했다. 이에 반해 ESV 성경은 하나님이 예수님을 "화해 제물"(propitiation, 성경에서 사용되는 reconciliation과 구분짓기 위해 화목 대신 화해란 단어로 표기한다-편집자)로 세우셨다고 번역했다. 두 역본 모두 동일한 헬라어 원문을 번역한 것이지만 NIV는 "속죄 제물"이라고, ESV는 "화해 제물"이라고 한 것이다.

　'속죄'는 성경 전반에 걸쳐 두루 등장해 그리스도인에게 친숙한 단어다. 하지만 안타깝게도 '화해'란 개념은 인지도가 그리 높지 않다. 장장 4세기 동안 영어권을 지배했던 KJV역은 이 단어를 선호하지만 대중적인 영어에선 용례를 찾기 어렵다.

여기서 관건은 헬라어, '힐라스테리온'(hilastērion)이다. 현재까지 우리가 살펴본 바에 따르면 신약 기자들은 로마 시대의 일상에서 흔히 사용되던 단어들을 골라 기독교의 구원을 설명했다. 그러나 이 용어는 로마 시장이나 법정에서 가져온 단어가 아니다. 이는 유대의 희생제사 제도로 그 기원이 거슬러 올라간다.

힐라스테리온은 언약궤의 황금 덮개인 속죄소, 즉 시은좌(mercy seat)를 의미하는 명사다. 이스라엘 백성은 속죄일에 희생제를 드릴 때 속죄소 위에 피를 흩뿌렸다.[3] 이 단어의 동사형은 이번 장 서두에 인용된 성경 구절에 등장한다. 신약에서 이 단어는 참회하고 믿는 죄인을 하나님이 '그리스도의 죽음으로 말미암아' 덮으시고 간과하시고 용서하심을 뜻한다.

'속죄'를 의미하는 영어, 'atonement'의 어원은 '하나로 만들다'(to make at one)란 뜻의 16세기 앵글로색슨 단어다. 이런 의미에서 이 단어는 화목(reconciliation)의 용어이며, 다음 장에서 우리는 속죄와 화목의 밀접한 관계를 살펴볼 것이다.[4] 오늘날 속죄를 의미하는 'atonement'는 배상하거나 바로잡거나 주어진 상황을 진정시킨다는 의미로 사용한다.

---

3. 출 25:21-22, 레 16:14, 민 7:89, 히 9:5.

4. 히브리서 2:17 ESV 역("to make propitiation, 화해를 이루다")을 KJV 역("to make reconciliation, 화목을 이루다")과 비교해 보라.

그런데 성경에서 이 개념은 한층 더 깊이 들어가 인간의 죄와 하나님의 거룩하심 간의 상호작용과 관련된다. 우리의 죄가 우리와 하나님 사이를 갈라놓았기에 죄는 반드시 처리되어야 한다. 그렇지 않으면 (죄에 대한 하나님의 증오로 이해되는) 하나님의 거룩한 진노(wrath)를 없앨 수 없다. 이러한 이유로 요한은 다음과 같이 말한다.

> 아들을 믿는 자에게는 영생이 있고 아들에게 순종하지 아니하는 자는 영생을 보지 못하고 도리어 하나님의 진노가 그 위에 머물러 있느니라(요 3:36).

오늘날 흔한 오해는 사람들이 예수님을 거절하면 하나님의 진노가 임한다는 것이다. 그러나 하나님의 진노는 '이미' 죄인들 위에 임해 있으며 그것을 없앨 유일한 길은 하나님의 아들과 그분이 십자가에서 행하신 속죄 사역(atoning work)에 대한 믿음이다.

속죄는 하나님을 죄인들과 화해하게 만든다. 하나님의 진노가 제거되는 것이다. 그리스도는 "우리 죄를 위해 화해의 제물이 되셨"다. "우리 죄만 아니라 온 세상의 죄를 위해 그렇게 되신 것"이다(요일 2:2, 현대인의성경, 참조. 요일 4:10).

예수 그리스도의 죽음은 의로우신 하나님이 자신의 의를 전혀 타

협하지 않은 채 죄악 된 인류를 사하실 수 있는 근거로 제시된다.[5]

> 하나님이 죄를 알지도 못하신 이를 우리를 대신하여 죄로 삼으신 것은 우리로 하여금 그 안에서 하나님의 의가 되게 하려 하심이라(고후 5:21).

이러한 이유로 예수님은 "하나님의 어린양"(요 1:29, 36)이라 불린다. 이는 출애굽 당시의 유월절 어린양을 상기시킨다. 예수님은 자신의 죽음을 앞둔 유월절에 제자들과 마지막 만찬을 드시면서 이 만찬이 자신의 살과 피와 같다고 하심으로 첫 번째 유월절 사건을 재현하신다.[6] 그래서 히브리서 기자는 예수님이 "첫 번째 언약 아래에서 저지른 범죄에서 사람들을 구속하시기 위하여 죽으"셨다고 말할 수 있었다(히 9:15, 새번역).

그리스도인은 "만일 하나님이 우리를 위하시면 누가 우리를 대적하리요"라는 말씀에서 큰 위안을 얻는다. 그러나 그 반대도 고려해 보자. 만일 하나님이 우리를 대적하신다면 누가 우리를 위할 수 있겠는가? 시편 기자는 "하나님은… 악인들에게 매일 분노하신다"라고 썼다.[7] 그렇기에 화해(화목 제물)가 필요한 것이다.

---

5. 롬 3:25-26, 히 9:15.
6. 마 26:26, 막 14:22, 눅 22:19.
7. 롬 8:31, 시 7:11(현대인의성경).

하나님의 진노가 불의로 진리를 막는 사람들의 모든 경건하지 않음과 불의에 대하여 하늘로부터 나타나나니(롬 1:18).

그러나 견고한 성경적 가르침으로 보이는 것을 받아들이기 어려워하는 이들도 있다. 이 속죄 개념에 대해 몇 가지 반박이 있는데, 그중에는 성장세의 복음주의 학자 집단에서 비롯된 것도 많다. 우리는 주요 반론 가운데 네 가지를 다루고자 한다.

1. 하나님의 진노에 관한 이야기는 신약보다는 구약에 해당되며 고로 케케묵은 것이다. 예수님이 오셨으니 하나님의 진노보다는 사랑을 더 부각해야 한다.
2. 예수님이 아버지의 진노를 돌이키신다는 발상은 삼위일체 교리 안에 건강하지 않은 긴장을 조성한다.
3. 하나님의 진노를 이야기하면 불신자들이 기독교에 등을 돌릴 것이다. 예수님의 사랑에 집중하는 편이 훨씬 호소력이 있다.
4. 하나님의 진노를 강조하는 것은 하나님을 폭력적인 분으로 만들어 그리스도인의 폭력을 조장한다.

하나님의 거룩함은 속죄를 요구한다

정직해지자. 우리는 하나님의 심판을 싫어한다. 심판은 인간의 자율성이 거짓임을 폭로한다. 심판은 창조주의 거룩함 앞에서 우리가 한심할 정도로 모자란 존재임을 드러낸다.

에덴 동산에서 가장 먼저 의혹이 제기된 교리가 하나님의 심판이었다는 사실이 과연 놀랄 일일까? 선악과를 먹어도 "너희가 결코 죽지 아니하리라"고 매혹적인 거짓말을 속삭였을 때 뱀은 하나님으로부터 독립하고 자치권을 획득하려는, 즉 "하나님과 같이 되"려는 인류의 욕망에 호소한 것이다(창 3:5). 이 목표를 달성할 최상의 방도는 하나님의 심판을 거부하는 것이었다. 심판은 자기 사랑과 자기 의존을 만끽하고 싶어하는 우리가 사실은 하나님께 전적으로 의존하는 존재임을 상기시켜주기 때문이다.

내가 회의론자와 불신자들로부터 하나님의 심판에 대해 종종 받는 두 가지 질문이 있다. 하나는 "당신도 오직 예수님을 통해서만 구원받는다고 믿는 부류인가요?"이고, 다른 하나는 "정말 하나님이 예수님에 관해 들어보지 못한 사람을 지옥에 보내신다고 생각하나요?"이다. 사실 두 번째 질문은 복음에 무지한 사람을 정죄하시는 하나님이 부당하게 느껴져 충격받은 그리스도인이 자주 던지는 질문이기도 하다. 우리는 은혜에 관한 2장에서 이 문제를 이미 다루었다.

"모든 길은 하나님으로 통한다"는 오늘날의 다원주의는 전혀 새로운 게 아니다. 예수님이 유일한 길임을 반대하는 주장의 정수에는 하나님의 심판에 대한 해묵은 거부가 있다. 뱀은 우리 최초의 부모에게 그 거짓을 팔아 넘겼고 인류는 그 후로 줄곧 그 거짓을 신봉해 왔다.

최근에 예수님을 믿게 된 아내를 못마땅하게 여기는 남자와 대화한 적이 있다. 나는 그 남자만큼 격렬히 기독교를 싫어하는 사람을 별로 보지 못했다. 그의 주된 반론은 성경의 하나님이 지나치게 심판을 좋아하신다는 것이었다. 그는 이렇게 물었다. "만일 당신의 자녀가 당신에게 뭔가 해가 될 일을 했다면 그 아이를 영영 불로 벌하시겠어요?" 그는 '사랑이 풍성하신 하나님'을 선호했고, 이는 결코 심판하시지 않는 하나님을 부르는 다른 이름이었다.

나는 그의 하나님은 공의가 결여된 채 어떤 일이든 묵인하는 분이라고 지적했다. 당신이 살인을 하건 절도를 하건 아이를 노예로 팔아넘기건 문제삼지 않는 것이다. 그의 하나님은 이런 일에 수수방관할 것이다. 사랑이 풍성한 하나님이 아니라 무관심한 하나님이다.

뿐만 아니라 그의 비유는 잘못되었다. 나는 그에게 물었다. "당신의 아이가 다른 아이들을 가차없이 괴롭힌다고 합시다. 그 아이의 행동으로 다른 아이들이 끊임없이 위험에 빠집니다. 대체 당신의 자녀가 무슨 일을 해야 당신은 '더 이상은 안 돼'라고 말할 건가요?"

이 남자의 신관은 여러 면에서 결함이 있었다. 그는 이런 신이 더 좋다고 말하겠지만 어떤 결과가 따를지 이해하지 못했다. 그의 집에 강도가 들거나 누군가 처자식을 해치려 할 때가 되어서야 비로소 공의의 결여가 어떤 결과를 낳는지 이해하게 될 것이다. 악과 눈짓을 주고받고는 고개를 끄덕이는 신은 결코 신이 아니다.

하나님의 진노가 회개치 않는 죄인에게 쏟아진다는 전통적 이해에 대한 또 다른 반론은 이 견해가 그리스도인의 폭력성을 조장한다는 것이다. 하나님이 악을 폭력적으로 짓밟으시면, 그의 추종자들 역시 점차 하나님을 모방한다는 것이다.

그러나 반대 논증도 가능하다. 세상에서 빚어지는 폭력은 대부분 하나님이 악에 대해 제대로 보응하신다는 것을 우리가 '부인'하기 때문은 아닐까? 우리는 손수 응징에 나서려고 한다. 그리스도인 중에도 복수는 하나님의 것이라는 분명한 성경의 가르침을 외면하는 이들이 있다(예: 롬 12:19). 하나님이 공의로우시다는 사실에 대한 불신은 죄악된 인간이 스스로 공의의 집행자로 나서게 만든다.

안타깝게도 오늘날 우리 교회는 여호와에 대한 두려움을 많이 상실했다. 하나님(대개는 예수님)은 그분의 참된 정체성인 영광의 여호와가 아니라 친구나 벗으로 여겨진다. 바울은 시편을 인용해 하나님에 대한 두려움의 상실이 인류가 자행하는 악의 근본 원인이라고 선포한다(롬 3:18). 여호와에 대한 두려움을 잃으면 그 당연한 결과로 경건한 지혜를 잃게 된다.

하나님은 사랑이시지만 소멸하는 불이시기도 하다(히 12:29). 그렇기에 하나님에 대한 거룩한 두려움은 죄인이 가질 수 있는 가장 합리적인 반응이다. 하나님께 허물 없이 다가가 등짝을 툭 칠 수 있다고 믿는 죄인은 하나님의 거룩하심에 대한 개념이 없는 것이다. 죄인인 우리는 하나님의 진노를 두려워해야 마땅하다. 거룩하지 않은 것이

거룩한 존재 앞에 서면 소멸된다.[8]

정신 분열증에 걸린 하나님?

하나님의 진노는 성경 속 하나님의 본성 가운데 부수적이거나 선택적인 부분이 아니다. 그것은 빠질 수 없는 요소다. 진노는 마치 하나님이 정신 분열증에 걸리시기라도 한 듯 하나님의 사랑 많은 본성에 모순되는 게 아니라 그 사랑의 당연한 귀결이다. 하나님은 사랑이시기 때문에 악을 증오하셔야만 한다. 조직 신학자 웨인 그루뎀은 이런 함의를 도출한다. "하나님의 거룩함과 공의에는 죄에 대해 값을 치러야 한다는 영원불변의 요건이 있다."[9]

성경에 하나님의 진노에 대해 경고하는 많은 구절이 있는데 어떻게 사람들은 그 진노를 축소하거나 전면적으로 무시할 수 있을까? 어떻게 하나님의 심판이 거의 존재하지 않는 듯한 신학 체계를 구축할 수 있을까? 그 답은 예수님으로 말미암아 새 시대가 도래했으니 하나님의 진노는 구시대의 유물이 되었다는 신념에서 찾을 수 있다.

오늘날 여러 교회에 떠돌아다니는 흔한 오해가 있다. "하나님은 구약에선 진노의 하나님이셨지만 신약에선 사랑의 하나님이시다." 과

---

8. 거룩의 개념은 성화에 관한 9장에서 더 상세하게 탐구할 것이다.
9. Grudem, *Systematic Theology*, 575. 『조직신학』(은성).

거에는 하나님이 가혹한 심판을 일삼으셨지만 예수님 시대에 와서는 상당히 누그러지셨다. 이러한 시각에서는 용서와 자비의 예수님을 엄하고 정죄하시는 구약의 하나님과 대치 구조로 놓는다.

물론 그리스도 안에서 만물은 새롭게 되었다. 옛 언약은 훨씬 큰 새 언약으로 대체되었다. 그래서 히브리서 기자는 새 언약의 도래로 옛 언약은 낡아지고 쇠하는 것이라고 말했던 것이다. 그러나 이를 하나님의 성품 자체가 변화했다는 발상과 혼동해선 안 된다.[10]

새 언약은 무에서 난 것이 아니다. 새 언약의 뿌리는 옛 언약에 있다. 새 언약이 옛 언약과 별개라고 암시하는 것은 꽃이 꽃씨와 본질적으로 다르다고 말하는 것과 같다. 그러나 꽃씨와 꽃은 다른 형태의 동일한 식물이다. 하나님의 구원 계획은 변하지 않았다. 다만 꽃이 폈을 뿐이다.

삼위일체에 대한 우리의 신념, 즉 동등하게 신성한 세 위격 속에 한 분 하나님이 존재하신다는 신념은 예수님의 성품이 구약에서 계시된 하나님의 성품과 정확히 똑같다는 결론으로 이어진다. 이와 다르게 말하는 것은 삼위 하나님의 위격들 간에 존재론적 차이가 있거나 시간이 흐르며 그 존재가 변했음을 내포한다. 하나님의 불변성에 의문을 제기하는 것은 하나님을 어제보다 더 나은 존재가 될 수도, 반

---

10. 하나님이 불변하시는 존재라는 사실에 대해 민 23:19, 삼상 15:29, 말 3:6, 약 1:17을 보라. 동일한 용어가 예수님에게도 사용된다(예. 히 13:8).

대로 더 나빠질 수도 있는 분으로 만든다. 양쪽 다 하나님의 말씀에서 발견되는 하나님의 자기 계시와 상충된다.

같은 방식으로 구약에 계시된 하나님의 성품보다 더 온화하고 덜 엄격한 성품을 예수님에게 덧입히면 삼위일체의 각 위격이 서로 동일하지 않은 신성을 만들어내는 것이다. 이 기괴함은 성경의 하나님보다는 힌두교나 고대 로마의 다신론에 가깝다.

하나님이 신약에 와서 온화해지셨다는 주장은 두 가지 방식으로 허위성을 입증할 수 있다. 첫째, 구약에 계시된 하나님이 일관되게 은혜와 자비의 하나님이셨음을 보이는 것이다. 둘째, 신약에서 가르치는 하나님의 진노가 하나님의 아들의 진노와 연결됨을 입증하는 것이다. 후자부터 논의를 시작해 보자.

아버지와 아들의 진노

사도행전은 기독교 신앙의 초기 수십 년을 엿볼 수 있는 창이다. 하나님의 즉각적 심판에 대한 그림이 사도행전 5장의 아나니아와 삽비라의 일화에서 발견된다. 하나님은 거짓말하고 탐욕을 부리던 이 그리스도인 부부를 죽이셨다. 이 심판 행위는 하나님이 백성을 심판하신 구약의 여러 장면들과 아주 유사하다.

사도행전 12장에는 하나님께 영광을 돌리지 않고 (자신을 가리켜 신과 같다고 외친) 사람들의 칭송을 받아들인 헤롯에게 심판이 임하는 장면이 나온다(22절). 이 이야기는 비슷한 방식으로 자신을 찬양하며 하나님을 인정하지 않은 느부갓네살의 생애(30절)를 다룬 다니엘서 4장의 사건들과 짝을 이룬다. 사실 헤롯은 하나님이 치셔서 사망했지만 느부갓네살은 7년간 정신병을 앓은 후 결국 회복된다. 이 경우 신약의 하나님이 구약의 하나님보다 더 엄중해 보인다.

신약보다 구약에 심판 일화가 더 많으므로 그리스도 이전의 하나님이 더 엄중하셨다고 결론지어선 안 된다. 구약 역사는 수천 년을 아우르지만 사도행전은 대략 35년을 다룬다. 우리는 사도행전에 기록된 것보다 수백 배 더 긴 시간 동안 하나님의 진노가 더 많이 묘사된 것을 당연하게 여겨야 한다.

현대에 와서 예수님은 관용과 사랑을 강조하는 히피족처럼 묘사되곤 했으나, 이와 달리 그분은 하늘 아버지의 진노에 대한 심각한 이야기를 숱하게 하셨다. 예수님의 다양한 비유는 대개는 하나님의 심판으로 끝맺으며[11] 허다한 설교가 지옥, 아버지의 진노, 죄에 대한 심판, 그 외 현대 독자들(그리고 일부 인기 있는 설교자들)이 외면하고 싶어하는 부정적 주제들에 관한 것이다.

산상수훈(마태복음 5-7장)과 감람산 강화(마태복음 24-25장) 둘 다 마지막 날에 임할 심판을 다룬다. 감람산 강화에서 예수님은 구약에 등장

---

11. 적어도 열댓 개의 비유가 강력한 심판의 요소를 담고 있다. 예: 양과 염소, 혼인잔치 초청, 무자비한 종, 포도밭 소작인, 알곡과 쭉정이의 비유 등.

하는 하나님의 전지구적 심판의 전형적 사례인 노아의 홍수를 말세에 임할 심판의 원형으로 사용하신다(마 24:37-39). 역설적이게도 오늘날 일부 그리스도인보다 오히려 그리스도가 히브리 성경에 계시된 진노의 하나님을 더 확고하게 믿으시는 듯하다. 예수님은 재림과 함께 임하는 심판을 홍수와 동일시하신다. "인자의 임함도 이와 같으리라"(39절).

바울 역시 믿음 때문에 핍박당하던 데살로니가 교인들을 위로하며 예수님의 재림 때 일어날 일에 관해 직설적인 어조로 말한다.

> 너희로 환난을 받게 하는 자들에게는 환난으로 갚으시고 환난을 받는 너희에게는 우리와 함께 안식으로 갚으시는 것이 하나님의 공의시니 주 예수께서 자기의 능력의 천사들과 함께 하늘로부터 불꽃 가운데에 나타나실 때에 하나님을 모르는 자들과 우리 주 예수의 복음에 복종하지 않는 자들에게 형벌을 내리시리니 이런 자들은 주의 얼굴과 그의 힘의 영광을 떠나 영원한 멸망의 형벌을 받으리로다(살후 1:6-9).

예수님이 사랑 일색인 반면 구약의 하나님은 진노 일색이라는 발상은 신약의 마지막 책인 계시록 앞에서 허물어진다. 입에서는 검이 나오고 발은 불타는 주석 같고 눈은 불꽃 같은 그리스도의 형상은 경외심을 자아내며, 그분과 함께 임할 심판을 부각한다. 이 심판이 너무 무시무시하여 "땅의 임금들과 왕족들과 장군들과 부자들과 강한 자들"이 피하여 숨을 것이다. 온순하고 나긋나긋한 예수님을 기대하던 사람들은 역설적인 "어린양의 진노"에 놀랄 것이다.[12]

예배, 그리고 속죄의 언어

예배 중에 하나님의 진노에 관한 찬양을 불렀던 적이 마지막으로 언제인가? 현대 기독교 찬양은 하나님의 사랑과 용서에 치우쳐 있다. 심판과 진노에 관한 찬양은 하나님의 은혜에 푹 젖어드는 찬양만큼 긍정적인 정서적 반응을 일으키지 못한다는 이유 때문일 것이다. 그러나 우리는 예배 가운데 더 나은 균형점을 찾아야만 한다.

더욱이 하나님의 성품에 관해 신구약 간에 모순이 없다는 점은 은혜롭고 사랑이 풍성하신 하나님에 대한 묘사로 입증된다. 구약에서는 종종 하나님에 대해 다음과 같이 묘사한다. "여호와라 여호와라 자비롭고 은혜롭고 노하기를 더디하고 인자와 진실이 많은 하나님이라"(출 34:6).[13]

구약을 훑어보기만 해도 이 점을 알 수 있다. 특히 출애굽기에 묘사된 이스라엘 백성의 광야 방황기와 "사람이 각기 자기의 소견에 옳

---

12. 계 1:14-16, 2:15-16, 6:15.
13. 또한 민 14:18, 느 9:17, 시 86:15, 103:8, 145:8, 욜 2:13, 욘 4:2을 보라.

은 대로 행하였더라"고 한 사사기 역사를 봐도 그렇다(삿 21:25). 독자는 믿음 없고 목이 뻣뻣한 백성을 다루시는 하나님의 일관된 인내에 놀라움을 금치 못할 것이다. 구약이 오로지, 또는 압도적으로 진노의 하나님을 묘사한다고 말하는 것은 히브리 성경을 상당히 치우치게 읽었음을 드러낸다. 신구약 공히 죄에 대해 화를 냈다가도 죄인을 향해 오래 참으시는 분으로 하나님을 묘사한다.

십자가에서

2004년에 개봉한 멜 깁슨의 〈패션 오브 크라이스트〉는 예수님의 최후 몇 시간을 예술적으로 묘사한 작품으로 개봉 몇 달 전부터 공격을 받았다. 비판자들은 이 영화가 반유대주의 정서를 가지고 있으며 지나치게 폭력적이라고 했다. 물론 영화는 예수님에 대한 매질과 피투성이 십자가 처형을 생생하게 묘사했다. 하지만 로마 시대의 십자가형을 충실하게 재현하려면 별 수 있겠는가?

물론 예수님은 십자가형을 당하며 유대인의 조롱과 로마인의 고문을 견디셔야 했다. 그러나 흔히들 놓치는 점은 예수님의 고난 배후에 비단 이 두 악의 세력뿐 아니라 세 번째 원인이 있었다는 것이다. 바로 그에게 쏟아진 아버지의 진노다.

이것은 참 소화하기 어려운 개념이다. 우리는 흠없는 예수님이 죄악 된 인간으로부터 부당한 대접을 받으시고 견디셨음을 쉽게 받아들인다. 그러나 아들이 분노하신, 거룩한 하나님의 진노를 감당하셨다는 말에는 흠칫 몸이 움츠러든다. 그런데 이야말로 예수님이 우리를 위해 죄가 되셨다는 의미 아닐까?(고후 5:21)

지옥에 대한 성경의 묘사는 그리 아름답지 않다. 사실 슬피 울며 이를 가는 사람들과 꺼지지 않는 불에 대한 묘사에 동정심 많은 사람들은 당혹스러워한다.[14] 지옥의 특징에 관한 이 직접적인 발언들 외에도 십자가형을 통해 지옥을 엿볼 수 있다. 지옥은 죄인이 자신의 벌을 감당하는 곳이며 구원받지 못한 자들이 하나님의 진노의 무게감 아래서 영원이란 시간을 보내는 곳이다.

이야말로 정확히 예수님이 우리의 죄를 친히 감당하셨을 때 당하셨던 바다. 거기에는 확연하게 보이는 육체의 고통도 있었지만 그만큼 확연하게 드러나지 않은 감정적 번뇌도 있었다("나의 아버지, 나의 아버지, 어찌하여 나를 버리셨나이까?" 마 27:46). 이야말로 번뇌로 가득한 지옥의 정확한 그림 아닐까? 이는 우연이 아니다. 십자가형과 무저갱 모두 하나님의 진노가 쏟아지는 곳이다. 예수님이 죄가 되셨을 때 이는 불가피한 결과였다. 우리는 십자가에서 지옥의 고초에 대한 통찰을 얻는다.

다시금 우리는 하나님이 그 무엇보다도 하나님 자신의 진노로부터 우리를 구원하셨음을 본다. 바울은 예수님이 신자들을 다가올 진

---

14. 마 25:41, 막 9:48, 눅 13:28, 살후 1:9.

노로부터 건지셨다고 했다. 분명 이 진노는 하나님 자신으로부터 오는 것이다.[15] 그러나 예수님의 제자로서 우리는 이 진노가 미치지 못하도록 보호받는다.

> 하나님이 우리를 세우심은 노하심에 이르게 하심이 아니요 오직 우리 주 예수 그리스도로 말미암아 구원을 받게 하심이라(살전 5:9).

구원을 하나님의 진노와 병치한 것을 주목하라. 진노 없는 하나님에 대한 관점이 더 유쾌하고 친근하다고 보는 사람은 자기도 모르게 십자가의 모든 의미를 헛된 것으로 만든다. 하나님의 진노 없이는 구원도 없다. 『예수와 심판』(Jesus and Judgement)의 저자이자 신약학 교수인 마리우스 라이저는 이 요구 조건에 주목한다. "심판은 구원의 이면이며 구원에 필요한 전제조건이다."[16]

회피 기제

4장에서 구속에 대해 살펴보며 죄는 사망선고와 같아서 우리 자신의 힘으로는 벗어날 수 없음을 확인했다. 속죄는 죄를 속할 수 있는 누군

---

15. 살전 1:10, 롬 5:9.
16. Reiser, *Jesus and Judgement*, 225.

가의 어깨에 구원이라는 짐을 고스란히 지우는 것이다.

물론 자기 힘으로도 속죄할 수 있다고 믿는 자칭 그리스도인도 있다. 이런 사람들은 '죄'에 관해 이야기하는 일이 드물다. 그들은 '죄'보다는 '부족함'이나 '판단상의 실수'라는 표현을 선호하는데, 그래야만 '자가 속죄'의 여지가 있기 때문이다. 죄를 대수롭지 않은 범주로 취급하는 한 우리의 문제를 해결하기 위해서는 그리스도에 의한 속죄의 죽으심이 필요하다는 사실에 늘 토를 달 것이다. 내게 성육신에 의문을 제기하는 사람을 데리고 와보라. 그가 바로 죄의 의미와 하나님의 거룩을 경홀히 여기는 사람이다.

이는 태초부터 있던 문제였다. 아담과 하와는 금지된 과일을 먹고 벌거벗었음을 깨닫고는 무화과 잎으로 수치를 가리고자 했다. 나미비아에 살 때 우리집 마당에 무화과나무 두 그루가 있었다. 무화과 잎은 땅에 떨어지면 금세 건조해져 바스러진다. 최초의 조상이 이 잎을 육신을 가릴 덮개로 선택했다는 사실이 우스꽝스러울 정도다. 하나님은 후에 그들에게 제대로 된 의복을 지어주셔야 했다(창 3:21).

오늘날에도 우리는 거대한 은폐극을 지속한다. 1단계는 우리가 범하지 않은 죄에 집중함으로써 우리 자신의 죄를 최소화하는 것이다. 살인하거나 불륜을 범하지 않았으니 우리는 선한 사람이며 선한 사람은 속죄가 필요하지 않다는 주장이다. 교회 출석이나 기부 등의 영적 자선으로 나의 허물을 꽤 많이 덮진 않았는가? 말이 난 김에 얘기하자면, 내 허물은 이웃의 것만큼 나쁘진 않다. 이처럼 죄를 경홀히 여김으로써 우리는 속죄를 경홀한 것으로 만들어버렸다.

2단계는 하나님을 만홀히 여기는 것이다. 금지된 과일 한 조각 먹었다고 에덴에서 아담과 하와를 추방하신 하나님은 오늘날 거의 어떤 것도 참아내시는 하나님으로 대체되었다. 이 견해에 따르면 하나님은 거룩보다는 진정성에 더 관심이 있으며 인간이 자유 의지와 사랑에 빠진 나머지 행하는 어떤 것도 넉넉히 관용하시는 분이다. 하나님이 사람을 지옥으로 보내시는 게 아니라 사람이 스스로 자발적으로 지옥에 간다는 이야기도 들려온다. 그러다 죄에 대한 하나님의 심판 이야기는 쑥 들어간다. 지옥은 우리 스스로 선택한 종착역이지 반역한 죄인들이 분노한 심판자에게서 괴롭힘당하는 장소가 아니다. 하나님은 결코 그런 일을 하실 분이 아니라는 것이다.

하나님의 진노를 합당한 희생제물로 달랠 수 있다는 발상은 오늘날 많은 이에게 촌스럽고 고루하게 느껴진다. 그렇기에 하나님의 진노는 그들 신학 뒷자리로 (트렁크가 아니면 다행이다!) 밀려났다. 나는 박사 논문의 상당 부분을 이 새로운 류의 복음주의자들을 다루는 데 할애했다. 이들이 너무나 자주 하나님의 사랑에 관해 말한 나머지 하나님의 진노에 관한 이야기는 아늑한 거품을 뿜는 따스한 파도와 함께 쓸려나간다. 나는 7년이란 시간의 상당 부분을 이 새롭고 개방적인 마인드의 복음주의자들의 저서를 읽으며 보냈다. 이들은 사람들에게 예수님 안에 있는 하나님의 은혜와 선하심이 아니었다면 당신들은 지옥에 갈 운명이라고 말하는, 증오에 가득찬 복음주의에서 '탈출한'(emerged) 자들이었다.

이 포스트모던 그리스도인들은 입맛에 맞지 않고 고리타분한 하나님의 진노에 대한 관념을 삭제해야 한다고 믿는다. 현대인은 원시인보다 더 교양 있고 세련되었으므로 더 온화한 창조주가 요구된다는 것이다. 그들의 저술을 아무리 뒤져봐도 거룩한 하나님을 거역하는 죄를 다루는 내용은 단 두 페이지도 찾기 어려웠다.[17]

우리가 하나님으로부터 거룩한 진노의 속성을 덜어내고 죄의 참담한 효과를 최소화함으로써 죄에 관한 이야기의 수위를 누그러뜨리면, 즉 우리 자신을 가끔씩만 그릇 행하는 선한 사람들로 가장하면, 우리는 속죄의 필요 역시 효과적으로 제거하는 것이 된다. 여기서 한 발짝만 더 가면 성육신에 의문을 제기하게 될 것이다. 왜 하나님이 우리 스스로도 얼마든지 해결할 수 있는 문제를 해결하려고 굳이 인간이 되셔야 했을까? 예수님의 신성을 축소하려는 이 현대적 추세는 죄의 본성에 대한 느슨한 접근, 그리고 하나님은 죄에 대해 우려하기에는 지나치게 관용적이고 다정한 분이라는 시각과 연결되어 있다. 그 정수에는 속죄에 대한 그릇된 이해가 있다.

---

17. 대표적인 예가 왕성한 베스트셀러 작가이자 목회자인 Brian McLaren이다. 그는 하나님을 가혹하게 묘사하는 복음주의자들을 자주 책망한다. 그는 『새로운 그리스도인이 온다』(New Kind of Christianity)(IVP) 11장에서 창세기 홍수의 하나님은 "믿음은 고사하고 예배할 가치도 거의 없다"(110)고 한 반면 비기독교 신앙에 대해선 개방적이고 따뜻한 마음을 표현하려 갖은 노력을 다한다. 그의 최근작 Why Did Jesus, Moses, the Buddha, and Mohammed Cross the Road? Christian Identity in a Multi-Faith World(New York : Jericho Books, 2012) 역시 이 주제의 연장선상에 있다.

길 모퉁이에서 확성기를 들고 지옥 갈 운명의 죄인들에게 '불신지옥'을 외치는 걸 그다지 좋아하진 않지만, 우리가 진리를 선포할 때는 힘있게 해야 한다고 굳게 믿는다. 이야말로 구약 선지자들이 목이 뻣뻣한 하나님의 언약 파기자들을 향해 행했던 일이다. 예수님이 바리새인과 율법 교사들을 "눈먼 인도자"라고 하신 것도 이러한 이유에서다. 그리고 바울 역시 개인의 이득을 위해 복음을 왜곡하는 자들을 이러한 방식으로 다뤘다.[18]

화해는 하나님의 아이디어였다

근래 들어 화해가 성부와 성자가 대립하는 인상을 준다고 이해하여 화해 개념의 재고를 촉구하는 복음주의자들이 있다. 그들이 상상하는 그림은 아버지가 죄인을 치려고 준비하시는데 예수님이 개입해 죄인을 변호하시는 것이다. 아들이 아버지의 의분에 반대함으로써 삼위일체의 하나님 내에 용납할 수 없는 긴장이 생긴 것이다.

정말 이것이 화해에 대한 참된 그림이라면 용납할 수 없는 게 맞다. 진노를 돌이키기 위해 필요한 성경의 화해는 늘 인간의 죄를 속죄할 방도를 은혜롭게 제시하시는 하나님의 뜻에 의해 임했다. 아들만 아니라면 인류를 도말하고 싶어하시는 아버지를 아들이 겨우 달래는

---

18. 렘 7:4, 11, 20, 마 23:16, 갈 1:9, 5:12.

것처럼 말하지만 삼위일체 하나님 내에는 어떤 대립도 없다. 오히려 그 반대다. 예수님은 자신이 '오직' 하나님의 뜻 외에는 어떤 것도 행하지 않는다고 누누이 밝히셨다.[19] 우리는 아버지의 사랑에 관해 먼저 이야기하지 않은 채 예수님의 사랑에 관해 말할 수 없다.

모세의 율법을 주시기 전부터 이에 관한 암시가 있었다. 일례로 아담과 하와가 범죄했을 때 하나님은 짐승 가죽으로 제대로 된 의복을 지어주셨다. 가인이 용납할 수 없는 제물을 드렸을 때 하나님은 그에게 용납할 만한 제사 방식을 가르쳐주셨다. 그러나 가인은 하나님의 방식대로 행하기를 거절하고 결국 동생 아벨을 살해했다. 마찬가지로 구약의 희생제사도 인간이 아닌 하나님이 고안하신 제도다.[20]

성육신이 기독교를 여타 종교와 구별되게 하는 기독교의 핵심인 것도 이러한 이유에서다. 죄의 참상은 결코 넘어가거나 못 본 척할 수 없는 문제다. 거룩하신 하나님을 거스른 죄는 반드시 처리되어야 한다. 하지만 죄인은 스스로 죄를 해결할 수 없다. 그렇기에 예수님의 '신성'은 우리 신앙에 핵심적이다. 오직 하나님만이 하나님의 진노를 돌이키실 수 있다.

오직 신인(God-man, 神人)만이 죄를 제대로 제거하실 수 있다. 숫소와 염소의 피는 결코 인간의 죄를 속죄할 수 없고 유한한 죄인은

---

19. 예를 들어 마 26:39, 요 4:34, 6:38 참조.
20. 창 3:21, 4:6, 레 17:11.

결코 무한한 하나님께 범한 죄를 속죄할 수 없다. 그러나 신인(神人)은 둘 다 하실 수 있다. 죄악 된 인간을 대신해 거룩한 하나님의 영원한 진노를 흡수하시는 것이다. 기독교 신앙은 죄를 심각하게 여긴 다음 죄를 치유할 만큼 충분히 강력한 치료제를 처방한다. 하나님이자 사람이 되신 분께서 이 기적적인 은혜의 사역을 수행하신다.

이러한 이유에서 복음주의자들은 그리스도의 속죄 사역이 대속적(substitutionary)이고 대리적(vicarious)이라고 이야기해 왔다. 예수님은 우리가 할 수 없는 일을 하신다. 예수님은 우리 자리에 들어가셔서 우리가 받을 벌을 대신 감당하신다. 베드로 사도는 그분이 "친히 나무에 달려 그 몸으로 우리 죄를 담당하셨으니 이는 우리로 죄에 대하여 죽고 의에 대하여 살게 하려 하심이라"고 한다. 메시아의 대속 사역은 이사야서에 예언되어 있다. "그가 많은 사람의 죄를 담당하며 범죄자를 위하여 기도하였느니라." 우리의 허물이 십자가에 못 박혔다는 바울의 말도 이와 일맥상통한다.[21]

예수님이 하나님의 진노를 담당하셨기에 바울은 "그러므로 이제 그리스도 예수 안에 있는 자에게는 결코 정죄함이 없나니"(롬 8:1)라고 말할 수 있었다. 그러나 우리가 하나님의 진노의 개념과 함께 하나님과 화해할 필요성을 없앤다면 머지 않아 십자가에서 드려진 아들의 궁극적인 희생제사까지 제거하게 될 것이다.

---

21. 벧전 2:24, 사 53:12, 골 2:13-14.

우리 대제사장의 생명의 피

신약에는 십자가나 예수님의 죽으심보다 예수님의 피에 관한 언급이 더 많다. 피는 예수님의 사역의 중요성을 설명하는 신약의 핵심이다. 옛 언약 하에서 속죄를 위해 피가 요구되었듯(출 24:8) 새 언약 하에서도 피가 요구된다. 히브리서 기자는 이렇게 말한다. "피흘림이 없은즉 사함이 없느니라"(9:22).

율법은 피 안에 생명이 있다고 한다(레 17:11). 영어 단어, lifeblood는 이 개념을 표현하고자 만들어진 16세기의 신조어다.[22] 피 속에 생명이 있고 죄의 삯은 사망이기에 속죄에는 피가 꼭 필요하다. 당신의 생명을 위해 속죄할 유일한 길은 생명을 포기하는 것이다.

예수님은 대제사장으로서 우리를 위해 이 일을 하신다. 앞에서 인용한 히브리서 구절은 성육신과 인류의 죄와 그리스도의 제사장 사역을 연결시킨다. 우리의 대제사장이신 예수님의 피 흘리심으로 신자의 죄를 해결하는 화해가 이뤄졌다.[23]

"율법은 아무것도 온전케 못하"기에(히 7:19) 더 우월한 제사장과 새 언약이 요구되었다. 예수님의 제사장직이 레위의 제사장직보다 더 위대한 이유는 예수님이 하늘에서 오셨고 죄 없는 중보자시며 "불

---

22. 창 9:5, 사 63:3, 렘 2:34을 보라(개정개역판에서 이 단어는 '생명의 피'로 번역되었다).
23. 히 2:17, 7:27. 성경은 예수님의 피가 또한 우리의 양심을 깨끗케 하고(히 9:14), 사탄을 물리치며(계 12:10-11), 하나님 앞에 담대하게 나아가게 한다(히 10:19)고 말한다.

멸의 생명의 능력"이 있고 자신의 돌봄 아래 있는 자들을 완벽히 구원하시며 단번에 백성의 죄를 위한 희생제물이 되시고 그들을 위해 영원히 중보하시기 때문이다.[24]

> 이와 같이 그리스도도 많은 사람의 죄를 담당하시려고 단번에 드리신 바 되셨고 구원에 이르게 하기 위하여 죄와 상관 없이 자기를 바라는 자들에게 두 번째 나타나시리라(히 9:28).

'구원받는다는 것'은 무슨 의미일까? 그것은 예수님의 피로 당신의 죄를 속죄함으로 하나님의 의로운 진노를 돌이킨다는 뜻이다. 그것은 대제사장이신 예수님이 하나님의 보좌 앞에서 당신을 위해 영원히 중보하신다는 뜻이다. 곧 보복에서 화해로 이동한다는 뜻이다.

> 그러면 이제 우리가 그의 피로 말미암아 의롭다 하심을 받았으니 더욱 그로 말미암아 진노하심에서 구원을 받을 것이니(롬 5:9).

성전의 언어로 표현된 구원의 핵심 용어

#속죄 #희생제 #유월절 어린양 #새 언약의 피 #화해 #대리적 #대체적 #대제사장 #중보 #진노 #거룩 #응징 #보복 #공의 #정죄

---

24. 히 4:14-15, 7:16, 25, 27, 롬 8:34.

그룹 토의 질문

1. 하나님이 죄인에 대한 보복에서 자비로 돌이키셨다면 신자들을 못마땅하게 여기는 세상에서 살아가는 그리스도인의 삶에 이것이 어떻게 구체적으로 구현되어야 하는가?
2. 당신이 믿는 하나님은 은혜와 사랑에 치우쳤는가, 아니면 진노와 심판에 치우쳤는가? 어느 쪽으로 기울었든 그 하나님은 그리스도인으로서 당신의 행보에 어떤 영향을 미치고 있는가?
3. 더 많은 복음주의 학자들이 예수님의 대속적 속죄에 의문을 제기하기 시작했다. 만일 예수님이 우리를 대신하지 않으셨다면, 그것이 구원과 우리의 책임에 관해 의미하는 바는 무엇인가?
4. 하나님의 진노에 관해 말하는 것이 복음을 전하는 좋은 전술이라고 생각하는가? 왜 그런지, 또는 왜 그렇지 않은지 설명해 보라.

7
외교의 언어
적대적 관계에서 우호적 관계로

곧 우리가 원수 되었을 때에 그의 아들의 죽으심으로 말미암아 하나님과 **화목**하게 되었은즉 화목하게 된 자로서는 더욱 그의 살아나심으로 말미암아 구원을 받을 것이니라.
로마서 5:10

화목
Reconciliation

1994년도에 나와 아내는 '아프리카 내지 선교회'의 선교사로 미국을 떠나 나미비아로 갔다. 당시 나미비아는 아파르트헤이트, 즉 인종 차별 정책을 펼치던 남아공 정권으로부터 4년 전에 독립한 상태였다. 하지만 짐작하겠지만 사회 구조는 하룻밤 사이에 바뀌는 게 아니다. 대부분의 지역이 여전히 피부색과 인종을 따라 분리되어 있었고 사람들 간에는 일정 수위의 적개심이 늘 깔려 있었다.

우리는 아파르트헤이트 하에서 흑인들이 의무적으로 거주해야 했던 예전의 '흑인 거주 지역'에서 9년간 살았다. 우리는 피부색으로 지역사회에서 눈에 띄는 존재였지만 이웃들은 우리를 환대해 주었다. 우리가 가장 큰 반발을 경험한 상대는 흑인이 아니라 의혹의 눈초리로 우리를 바라보던 백인들이었다. 백인이 자발적으로 흑인 거주 지역으로 입주하는 것은 좋게 보면 이상했고 나쁘게 보면 정신 나간 짓이었다.

시간이 흐르고 여러 교회에서 설교할 기회가 주어졌다. 그중 한 교회는 나미브 사막 한가운데 있는 아름다운 오아시스이자 해변 마을인 스와코프문트에 위치했다. 어느 주일 저녁, 바울이 고린도후서 5장에서 가르친 화목 사역에 관해 설교했다. 이 저녁 예배는 오전 예배보다는 격식이 덜한 분위기여서 화목의 예화를 든 다음 자신의 삶에서 화목에 관한 나눔을 할 사람이 있는지 물어보았다.

담임 목사의 어머니가 일어섰다. 70대의 백인 여성인 그녀는 평생 그리스도인으로 살았지만 최근 들어 비로소 자신 안에 흑인에 대한 인종 차별주의가 있음을 직면했다고 말했다. 그녀는 몇 년 전에야 처음으로 교회에서 흑인과 악수했다고 했다. 이 대목에서 그녀는 흐느끼기 시작했다. 성령에 의해 마음이 부드러워진 사람의 감동적인 간증이었다.

성경의 화목이 무엇인지 온전히 이해할 때 우리의 마음 역시 이처럼 온화해질 것이다. 이번 장에서 우리는 성경이 하나님과 인간 간의 화목을 그리는 독특한 방식과 애시당초 화목이 필요하게 된 문제가 무엇인지, 그리고 하나님과의 회복된 관계가 신자의 삶에 실제로 어떤 영향을 미치는지 살펴볼 것이다.

화목에 대한 성경적 이해

고대 헬라어에서 통상 화목(reconciliation)이란 개념은 두 단어로 표현된다. 하나는 '디알라소'(diallassō)인데, 이는 쌍방의 잘못으로 인해 회복이 필요한 관계를 말한다. 또 하나는 '카탈라소'(katallassō)로서 한쪽의 일방적인 잘못으로 인해 다른 한쪽이 피해를 입었을 때를 말한다. 바로 이 카탈라소가 신약에서 (오직 바울에 의해) 하나님과 인간 사이의 화목을 설명하기 위해 사용되었다.

원래 카탈라소는 화폐 용어로서 잔돈을 바꾸거나 환전한다는 뜻이었다. 그러나 이 단어는 외교적 용어로 용례가 확장되었고 처음에는 결혼의 맥락에서, 후에는 더 광범위하게 어느 한쪽이 대적에서 친구로 바뀔 때 사용되었다. 바울은 서신서에서 이 동사를 여섯 번 사용했는데(아울러 관련 명사 카탈라제는 네 번 사용했다), 한번은 결혼을 언급하며 사용했고(고전 7:11), 나머지 다섯 번은 하나님과 인간 사이의 깨어진 관계라는 맥락에서 사용했다.

영어 단어 'reconcile'(두 가지 이상의 생각, 요구 등을 조화시키다, 화해시키다)는 앵글로 프랑스어와 라틴어에서 유래하며 우정이나 조화를 회복시킨다는 뜻이다. 이는 바울이 사용한 헬라어 카탈라소에 대한 완벽한 번역이다. 바울이 카탈라소란 헬라어 단어를 취급한 방식이 독특한 이유는 고대 문헌에선 인간과 신의 종교적 관계를 언급할 때 이

단어가 한 번도 쓰인 적이 없기 때문이다.[1]

성경의 화목은 일방통행로다. 보통 중재하는 상황에선 쌍방이 절충의 표시로 무언가를 테이블에 올려놓는다. 그러나 성경에서 화목을 말할 땐 쌍방이 동등하게 피해를 입은 게 아니다. 한쪽 편(죄악 된 인간)이 모든 해를 입히고 다른 편(거룩한 하나님)은 전적으로 억울한 일을 당했다. 인간은 범법한 가해자고 하나님은 피해자다. 그렇기에 성경의 화목은 하나님으로부터 비롯되는 일방적인 조치다.

"우리가 사랑함은 그가 먼저 우리를 사랑하셨음이라"(요일 4:19). 만일 하나님이 화목을 향해 움직이지 않으셨다면 해결책은 없었을 것이다. 인류는 분노한 하나님을 적극적으로 거역하는 상태에 머물러 있었을 것이다.

하나님의 원수들

"하나님은 당신의 원수(enemy)입니다." 이 문장을 읽을 때 가장 먼저 머릿속에 떠오른 생각은 무엇인가? 하나님이 당신을 대적하신다는 사실에 발끈하는가, 아니면 '예전에는' 그랬지만 이젠 더이상 그렇지 않다는 사실에 안도하는가? 아니면 두려운가?

우리의 다원주의 세상에서 나타나는 가장 흔한 반응은 첫 번째일

---

1. Kittel, *Theological Dictionary of the New Testament*, 1:254-58.

것이다. 어떻게 모든 사람을 사랑하신다는 하나님이 내 원수일 수 있지? 보통 하나님의 보편적 사랑에 따라다니는 것이 하나님은 사람이 어떤 신념을 가지고 있든 진정성만 있다면 사실상 관용하실 것이라는 현대적 생각이다. 이것은 하나님을 민주화시키려는(democratization) 발상이다. 그분이 모든 사람을 평등하게 대우해야 한다는 것이다. 사정이 이렇다 보니 하나님이 우리의 원수라는 말은 비그리스도인들의 경멸감을 불러일으키곤 한다.

그러나 우리가 제일 먼저 물리쳐야 할 것이 바로 하나님이 만민을 동일하게 대하신다는 믿음이다. 이것이 오늘날 사람들 사이에 일반적인 관점일지는 몰라도, 성경적인 관점은 아니다. 사실 하나님은 악인과 의인(예: 노아), 스스로 옳다고 하는 사람과 겸손한 사람(예: 눅 18:14), 하나님이 기뻐하시는 자와 기뻐하시지 않는 자(예: 눅 2:14), 지혜롭고 학식이 있는 자와 어린 아이를 다르게 대하신다. 그래서 예수님이 이렇게 선포하신 것이다.

> 천지의 주재이신 아버지여 이것을 지혜롭고 슬기 있는 자들에게는 숨기시고 어린 아이들에게는 나타내심을 감사하나이다 옳소이다 이렇게 된 것이 아버지의 뜻이니이다(마 11:25-26).

하나님은 드러내기도 하시고 감추기도 하시는 하나님이다. 하나님은 주권적으로 선택하시는 분이다. "내가 야곱은 사랑하고 에서는 미워하였다"(롬 9:13, 또한 말 1:2-3). 하나님은 세상 모든 민족 중에서 구속의 복이 임할 통로로 '한' 민족, 이스라엘을 택하셨다. 하나님은 이 민족을 세우기 위해 갈대아 우르의 이교도 중 한 사람, 아브라함을 택하셨다(창 11:31, 수 24:2-3). 하나님은 의로운 자와 불의한 자 모두에게 비를 내리시지만(마 5:45) 그리스도의 축복 밖에 있는 자들은 죄를 용서하지 않으신다(요 20:23). 하늘 아버지를 사람들에게 계시하는 것은 전적으로 아들의 선택에 달렸다. 이는 예수님의 다음 말씀에 그대로 나타난다. "내 아버지께서 모든 것을 내게 주셨으니 아버지 외에는 아들을 아는 자가 없고 아들과 또 아들의 소원대로 계시를 받는 자 외에는 아버지를 아는 자가 없느니라"(마 11:27).

왜 사람들이 하나님의 원수로 간주되는 걸까? 역시 문제는 죄다. 바울은 로마서 5장에서 "우리가 … 했을 때" 문구로 그 명백한 연관성을 밝힌다.

- "우리가 아직 연약할 때에… 그리스도께서 경건하지 않은 자를 위하여 죽으셨도다"(6절).
- "우리가 아직 죄인 되었을 때에 그리스도께서 우리를 위하여 죽으심으로 하나님께서 우리에 대한 자기의 사랑을 확증하셨느니라"(8절).
- "우리가 원수 되었을 때에 그의 아들의 죽으심으로 말미암아 하나님과 화목하게 되었은즉 화목하게 된 자로서는 더욱 그의 살아나

심으로 말미암아 구원을 받을 것이니라"(10절).

불경건한 자. 죄인. 원수. 이는 중생하지 못한 인류를 묘사하는 단어들이다.

복음 증거, 그리고 화목의 언어

세계 각양각색의 종교가 입증하는 바는 인류가 하나님과 화목할 필요성을 인지하고 있다는 것이다. 우리는 복음을 나누면 불신자가 적개심을 가질 가능성이 크다고 예상하지만 사실 사람들 스스로 곤경에 빠졌음을 이미 아는 경우가 더 많다. 우리가 할 일은 오직 예수님 안에서 우리의 창조주와 진정한 화목이 가능함을 보여주는 것이다.

원수는 친구에 조금 못 미치는 자가 아니다. 원수는 서로 정반대편에서 대치하는 자다. 인간이 하나님의 원수라고 말할 때 바울은 우리가 거룩한 여호와께 적극적이고 완고하게 반역하는 죄인인 이상 하나님의 격렬한 반대를 예상해야 한다고 선포한다.

성경이 '원수'라는 단어를 사용했을 때의 무게감을 파악하려면 신약의 다른 용례들을 살펴보라. 이 '원수'란 단어는 마귀와 사망을 칭할 때, 의에 반대하는 누군가를 칭할 때, 예수님의 공생애 사역 중 예수님을 대적했던 사람들을 칭할 때, 그리고 "세상과 벗 된" 그리스도인들을 칭할 때 사용되었다.[2] 화목을 이루지 못한 죄인을 하나님의 원수로 칭하는 데에는 상당히 의미심장한 논점이 담겨 있다.

우리는 종종 죄가 그저 어떤 실수에 불과하다고 상정한다. 내가 길을 걷다가 깜빡 실족한 것처럼 말이다. 그러나 성경은 죄를 하나님을 향한 적개심으로 묘사한다. 앞 장에서 우리는 이 적개심이 어떻게 죄인의 생각 속에서 작동하는지 보았다(롬 8:7). 마찬가지로 이는 죄인의 행동에서도 힘을 발휘한다. 바울은 골로새 교인들에게 말할 때 이 두 가지 영향력을 함께 언급한다.

> 전에 '악한 행실'로 멀리 떠나 '마음으로 원수'가 되었던 너희를 이제는 그의 육체의 죽음으로 말미암아 화목하게 하사(골 1:21-22).

적개심을 품은 생각에서 적개심 가득한 행동이 나온다. 우리가 생각하는 바는 결국 우리의 행동으로 나온다.[3] 죄인들은 단지 실수를 하는 게 아니라 완고하게 하나님을 대적하는 선택을 한다. 따라서 우리를 하나님의 원수라고 부른 성경이 맞다. 만일 우리가 다시 하나님과 관계를 시작하려면 반드시 적개심을 제거해야 한다.

---

2. 마 13:39, 고전 15:26, 행 13:10, 마 13:25, 28, 약 4:4.
3. 이에 맞는 경구가 있다. "생각을 심으면 행동을 거두고, 행동을 심으면 습관을 거두고, 습관을 심으면 성품을 거두고, 성품을 심으면 운명을 거둔다."

새 언약의 중재자

서로 적대적인 두 분파가 화목을 시도하기 위해 중재자가 필요할 때가 있다. 양측이 중재가 필요함을 인정하고 합의 하에 중재자를 선정한다. 그러나 성경의 화목은 이 경우와 다르다. 죄인은 자신들의 반역 상태에 만족한 채 머물러 있다. 그들은 화목에 관심도 없고 화목을 시작할 역량도 없다. 그러므로 하나님이 그 과정을 시작하셔야만 한다.

이상적으로 중재자는 관련자 양측을 공평하게 대표한다. 그러나 타락한 인류의 경우, 전적으로 인간이 잘못을 저질렀기에 중재자가 인간 측에서 나올 순 없는 노릇이다. 인간이 반역을 통해 하나님의 주권적 통치를 모욕했기에 인간은 스스로 배상할 수 없다. 고로 하나님과 인간의 화목에는 아주 특별한 중재자가 필요하다. 바로 하나님 측에서 나오지만 인류를 대표하는 자다.

성육신의 아름다움은 신인神人이신 예수 그리스도가 양측을 제대로 대표할 수 있는 중재자가 되신다는 것이다. 바로 그래서 히브리서 기자는 예수님의 중재 역할과 그분이 우리처럼 되셨음을 결부시킨다(히 2:14). 그런데 이 중재자는 믿기 어려운 가장 경이로운 일을 하신다. 자신이 대변하러 온 인류를 대신해 죽으신 것이다.

죄의 형벌은 사망이다. 오직 인간의 피만 인간의 범죄를 속죄할 수 있다. 숫양과 염소의 죽음은 인간의 죄를 속할 수 없으며 궁극의 희생제가 실현될 때까지의 임시 방편에 불과하다(롬 3:25, 히 10:4). 그러나 본질상 전적으로 인간인 자는 사망 권세를 쥔 마귀는 물론이거니와 사망도 절대 극복할 수 없다. 그러나 그 안에 생명을 소유하면서도 온전한 인간이신 신인神人께서는 사망 권세와 마귀 둘 다 이기면서도 인류의 죄를 속죄해 중재를 완성하신다.

앞 장에서 보았듯 속죄(atonement)는 화목을 얻을 토대다. 만일 우리의 죄가 속함을 받지 않는다면 하나님과 화목을 이룰 가능성은 없다. 이 책이 다루는 각각의 구원 모델은 성경의 구원을 설명하는 유효한 방식으로서 나름의 독자성을 가진다. 하지만 이 모델들은 서로 조금씩 중첩되는 여러 개의 원들처럼 상호연관성을 가진다. 말하자면 이런 식이다. 화목에는 중재자가 필요하다. 이 중재자는 자신의 피를 흘림으로써 죄를 속한다. 이 속죄가 하나님의 진노를 돌이킨다. 중재자는 직접 죽음에 들어감으로써 죄악 된 인간들을 위해 죽음을 정복한다. 죄인들의 구속을 위해 지불하는 대가가 중재자의 피다.

중재자의 피로 새 언약이 발효된다(inaugurates)는 글을 읽을 때 우리는 여기서 더 많은 외교적 언어를 발견한다. 신구약 공히 언약 개념은 조약이나 동맹 체결의 개념을 담고 있기 때문이다.[4] 하나님은 노아, 아브라함, 다윗과 언약을 맺으셨고 이는 각각 노아 언약, 아브라함 언약, 다윗 언약이라고 한다. 하나님은 모세의 중재로 이스라엘 민

---

[4] 성경을 가리키는 Old/New Testament의 'Testament'는 또다른 외교 용어이자 '언약'의 유의어다.

족과 더불어 모세 언약으로 알려진, 또는 흔히 모세 율법이라 부르는 또 다른 언약을 맺으셨다.

신약이 옛 언약과 새 언약을 대조할 때는 항상 모세 언약과 예수님이 세우신 새 언약을 말한다. 예수님이 최후의 만찬에서 잔을 드시며 "내 피로 세우는 새 언약"(눅 22:20)이라고 하셨을 때 의미하신 것이 바로 이 새 언약이다. 예레미야 선지자는 이 새 언약이 하나님 백성의 마음판에 새겨질 날을 고대했다(렘 31:31-34). 이 새 언약이 죄를 제대로 처리할 수 있음에 주목하라. "내가 그들의 악행을 사하고 다시는 그 죄를 기억하지 아니하리라"(34절).

히브리서 기자는 옛 언약보다 새 언약이 우월함을 상세하게 말했고 우리는 이를 속죄와 대제사장 역할에 관한 6장에서 많이 다루었다. 그러나 히브리서는 이 언약이 '새롭다'(new)고 할 때 두 개의 다른 헬라어를 사용한다. '카이노스'(kainos)란 단어는 '연대'(chronology)를 가리킨다. 새 언약은 시간적 측면에서, 즉 옛 언약 이후에 온다는 의미에서 새롭다는 것이다. 다른 헬라어 '네오스'(neos)는 '질적'(qualitative) 차이를 가리킨다. 새 언약은 옛 언약보다 질적으로 우월하다.

실제로 이것은 단지 새롭기만 한 것이 아니라 최후의 언약이기도 하다. 추가적 언약은 필요하지 않다. 이런 의미에서 새 언약은 영원무궁할 것이다. 옛날의 일시적 언약과 그 안에 들어 있는 모든 것은 연대기적으로 미래에 임할 새 언약, 질적으로 영원한 언약을 지목하고 있다. 옛것은 그림자였고 새것이 실체다(히 10:1).

마찬가지로 바울은 고린도 교회에 보낸 두 번째 서신에서 옛 언약과 새 언약을 대조한다. 바울은 모세의 율법이 "돌에 써서 새긴 죽게 하는 율법 조문"이며 "정죄의 직분"(ministry of condemnation)이라고 한다. 율법은 정죄한다. 율법은 죽음을 초래한다. 율법은 결코 구원할 수 없다. 그러나 "새 언약의 중보자"(mediator)이신 예수 그리스도 안에서 바울은 생명을 가져오고 영원무궁한, 그렇기에 옛것을 폐기하는 "의의 직분"(ministry of righteousness)에 관해 말할 수 있었다.[5]

망가진 관계가 회복되다

아담과 하와가 금지된 과일을 먹었을 때 세 관계가 끊어졌다. 이것은 죄가 사사로운 일이라는 주장의 허위성을 드러낸다. 범죄의 내용과 무관하게 죄는 항상 공적 영향력을 가지고 있어서 범법자의 삶뿐 아니라 주변인의 삶도 손상시킨다.

아담과 하와의 경우 맨 처음 끊어진 관계는 가장 근본적인 하나님과의 연대였다. 타락 전에 아담은 아무런 걸림돌 없이 창조주와 친밀한 관계를 누렸다. 그들 간에는 소통과 사귐이 있었다. 그러나 우리 최초의 조상이 선악을 알게 하는 나무의 열매를 따먹은 직후 하나님

---

5. 고후 3:6-11, 히 9:15. 직분에 해당하는 'ministry'와 'minister'는 'administration'의 동족어로서 정부에서 봉직한다는 뜻의 정치 용어다.

이 임재하셨을 때 그들의 첫 반응은 친밀함과는 거리가 멀었다. 그들은 두려워했고 하나님으로부터 숨었다(창 3:8-10).

오늘날 우리가 죄를 지을 때도 이렇지 않은가? 죄는 우리로 하여금 하나님의 임재로부터 도피하게 하지 않는가? 죄는 생명력 있는 기도 생활과 열심히 하나님의 말씀을 읽고 하나님의 백성과 교제하려는 욕구를 가로막지 않는가?

타락에 의해 끊어진 두 번째 관계는 아담과 하와의 연대였다. 하와를 창조하기 전에 아담에겐 적합한 동반자가 없었다. 우리가 입양에 관한 3장에서 정립했듯 인간은 관계를 위해 창조되었다. 하나님과 제한 없는 관계를 가졌음에도 아담은 혼자였고 적합한 동반자를 찾지 못했으며 이것은 좋지 않았다. 이 점을 아시고 하나님은 아담에게서 갈빗대를 취해 여자를 지으셨다. "내 뼈 중의 뼈요 살 중의 살이로다"(창 2:23). 아담은 신나서 어쩔 줄 몰랐다!

그러나 아담의 희열은 오래가지 않았다. 선악과를 먹고 타락한 자로서 하나님과 대면할 때 그는 이미 회피의 대가가 되어 있었다. 하나님으로부터 숨어도 소용이 없자 제2의 회피 기제인 남탓을 시작했다. "하나님이 주셔서 나와 함께 있게 하신 여자 그가 그 나무 열매를 내게 주므로 내가 먹었나이다"(창 3:12). 누가 봐도 신혼이 끝난 게 분명하다!

놀랍게도 아담은 하와와 하나님, 둘 다 탓할 길을 찾아냈고 이야말로 우리 죄의 가장 음흉한 면일 것이다. 우리는 자주 하나님 발치에 원망거리를 내려놓는다. "하나님, 당신이 다르게 행하셨다면 제가 그렇게 행동하진 않았을 거예요." "만일 제 상황이 달랐다면 하나님을 더 잘 섬겼을 거예요." 아담은 모든 죄인 속에 있는 경향, 즉 책임을 회피하고 비난할 누군가를 찾는 경향을 밖으로 드러냈다.

아담과 하와가 동산에서 그 운명적인 날을 보낸 날 저녁 식탁에 마주앉아 무슨 대화를 했을지 상상이 가는가? 그 날이 그들에겐 낙원에서의 마지막 시간이었을 것이다. 하나님이 그들을 에덴에서 즉각 추방하셨을 테니 말이다(창 3:23). 금지된 과일을 먹음으로 여자에겐 출산의 고통이 임했고 남편과의 관계도 손상되었다(창 3:16). 결과적으로 모든 인간관계가 이 타락에 의해 엉망이 되었다.

끊어진 세 번째 관계는 인간과 환경의 연대다. 타락 전에 하나님은 아담을 동산에 두시며 동산을 돌보는 임무를 맡기셨다(창 2:15). 이는 창조 세계에 대한 통치권이 인간에게 주어졌음을 확증하는 대목이다. 동물 이름 짓기는 이 권세를 나타내는 한 가지 표시다(창 1:28, 2:19-20).

그러나 타락 이후에 뱀과 땅 모두 저주를 받았다(창 3:14, 17-19). 물론 우리는 뱀이 처벌받은 데 대해선 크게 신경쓰지 않는다. 뱀은 유혹을 통해 인류의 파멸에 일조했기 때문이다. 하지만 땅마저 아담의 반역으로 말미암아 고초를 당했다. 땅을 경작하는 것은 이제 "고통스런 수고"(painful toil)가 되었다(17절 NIV).

예수님의 중재 사역의 아름다움은 세 관계 모두를 복원한다는 데 있다. 바울은 우리와 하나님과의 관계에서 예수님의 속죄 사역의 기념비적인 결과를 고찰하며 경탄을 금치 못한다.

> 곧 우리가 원수 되었을 때에 그의 아들의 죽으심으로 말미암아 하나님과 화목하게 되었은즉 화목하게 된 자로서는 더욱 그의 살아나심으로 말미암아 구원을 받을 것이니라 그뿐 아니라 이제 우리로 화목하게 하신 우리 주 예수 그리스도로 말미암아 하나님 안에서 또한 즐거워하느니라(롬 5:10-11).

하나님의 원수였던 우리가 화목을 이루고 구원받은 자가 되었다. 후에 바울은 값없는 "의의 선물"(17절)에 관해 이야기한다. 그는 이미 로마서 5장 앞 부분에서 우리에게 화평, 사랑, 소망, 은혜가 있다고 선언했다. 하나님으로부터 온 이 선물은 우리 안에 기쁨을 샘솟게 해야 마땅하다. 우리의 상황은 실로 변화되었다. 하나님의 원수였던 우리는 하늘의 시혜자로부터 선물을 받는 자가 되었다.

인간 사이의 관계 회복은 잠시 후에 논할 것이다. 중복을 피하고자 인간과 환경의 관계는 변화에 관한 11장에서 논할 것이다.

수직적 화목의 실천적 함의

우리가 하나님과 화목을 경험할 수 있는 것은 오직 이천 년 전 우리를 위해 객관적으로 행해진 어떤 일 덕분이다. L. L. 모리스는 예수님의 속죄 사역의 범위와 그 후속 결과에 관해 이렇게 말한다. "어떤 의미에서 화목은 인간 내면에서 어떤 일도 일어나지 않았을 때 인간 밖에서 이루어졌다."[6] 그렇기에 하나님과의 관계가 회복되는 '수직적 화목'은 다른 사람들과의 관계 회복이라는 '수평적 화목'으로 나타나야 한다. 두 종류의 화목 모두 바울이 에베소 신자들에게 보낸 편지에 나타난다.

> 그는 우리의 화평이신지라 둘로 하나를 만드사 원수 된 것 곧 중간에 막힌 담을 자기 육체로 허시고 법조문으로 된 계명의 율법을 폐하셨으니 이는 이 둘로 자기 안에서 한 새 사람을 지어 화평하게 하시고 또 십자가로 이 둘을 한 몸으로 하나님과 화목하게 하려 하심이라(엡 2:14-16).

바울이 "원수 된 것"(hostility)과 "화평"(peace)을 두 차례 언급했음에 주목하라. 인간과 하나님, 유대인과 이방인 간에 존재하던 적개심은 십자가를 통해 임하는 화평으로 대체되었다.

복음주의권에선 복음 메시지 중 은혜를 마땅히 강조하고 은혜는 구원에 대한 성경적 이해에 중추적 역할을 한다. 그러나 은혜가 기독

---

6. L. L. Morris, "Reconciliation" in *New Bible Dictionary*, 1003.

교 메시지의 유일한 강조점은 아니다. 신약의 모든 서신서의 서두를 보라. 문안 인사에서 은혜는 거의 항상 평강(peace)과 짝을 이뤄 나온다. '화평/평화/평강'은 신약에서 백 번 가까이 등장하는 기독교 메시지의 중심 화두다.

세상은 평화를 갈구한다. 평화는 모든 UN 외교관과 미인대회 출전자들의 한결 같은 소원이다. 그러나 세상은 "평강의 왕"(사 9:6)을 거부했고, 그렇기에 하나님의 아들을 통해 주어지는 진정한 화평을 경험하지 못할 것이다.

예수님의 제자는 평화를 사랑하고 화평을 이루는 사람이어야 한다. 하나님 나라의 시민은 단지 평화를 수호하는 게 아니라 평화를 만든다. "화평하게 하는 자(peacemakers)는 복이 있나니 그들이 하나님의 아들이라 일컬음을 받을 것임이요"(마 5:9). 하나님이 예수님 안에서 유대인과 이방인을 화목케 하셨듯이 그리스도인은 인종적 화목과 조화에 관심을 가져야 한다.

예수님의 제자로서 우리는 타인과의 관계에서 해를 입었을 때 다른 쪽 뺨을 돌리고 이용당했을 때 십 리를 더 동행하고 원수를 사랑하며 원수를 위해 기도해야 한다(마 5:39-44). 예수님의 제자들은 악을 선으로 갚고 복수는 하나님께 맡긴다(롬 12:19-21).

바울은 "할 수 있거든 너희로서는 모든 사람과 더불어 화목하라 (peaceably with all)"(롬 12:18)고 말한다. "모든 사람과 더불어 화평함…을 따르라"(히 12:14)고 한 히브리서 기자도 같은 의견이다. 우리는 하나님과 화목한 삶을 사는 것이 의미하는 바를 불신자와의 관계에서 전달해야 한다.

마찬가지로 우리와 지체들과의 관계에서도 이 점이 드러나야 한다. 예수님은 이렇게 명하신다.

> 그러므로 예물을 제단에 드리려다가 거기서 네 형제에게 원망들을 만한 일이 있는 것이 생각나거든 예물을 제단 앞에 두고 먼저 가서 형제와 화목하고[7] 그 후에 와서 예물을 드리라(마 5:23-24).

안타깝게도 논쟁을 좋아하고 무례한 자로 알려진 그리스도인이 많다. 화평을 이루는 자가 아니라 문제를 일으키는 자가 된 것이다. 이럴 때 그들은 그리스도보다 사탄의 본을 따른다.

모든 신자가 대사다

우리의 관계가 변하면 그에 따라 우리가 감당해야 하는 책임 역시 달라진다. 바울은 그리스도인이 화목의 메시지를 전하는 사신, 즉 대사라고 부른다(고후 5:20). 1세기에 대사(ambassador)가 무슨 일을 했는지 이해하면 바울이 왜 하나님과 화목을 이룬 사람의 역할을 설명하기

---

7. 여기 마태복음 5:24은 신약에서 '디알라소'란 단어가 등장한 유일한 구절이다.

위해 이 단어를 택했는지 더 잘 알게 될 것이다.

로마 제국의 지배를 받는 속주는 두 가지로 나뉘었다. 바로 원로원 통치 지역과 황제의 관할 하에 있는 황제 통치 지역이었다. 두 지역은 순전히 군사적 사안에 근거해 구분되었다. 위험이 상존하여 군대가 주둔한 지역은 황제 통치 지역이었다. 황제가 직접 관할하는 그 지역으로 속주 행정을 감독하기 위해 파견된 사람이 대사였다. 대사는 황제가 직접 파견한, 황제의 직속 대리 통치자였다. 이것이 1세기 대사를 설명하는 주된 그림이다.

그러나 이게 다가 아니다. 원로원이 피정복 국가나 영토를 제국 안으로 편입해 속주화하기로 결정하면 새로운 합의 조건을 결정하고 경계를 정하고 새로운 법을 제정하기 위해 대사들로 이루어진 사절단을 파견했다. 달리 말하면 이 대사들에게 주어진 책임은 새 백성을 제국 안으로 편입시키는 것이었다.

당시의 이런 사례들을 이해한다면, 바울이 자신을 그리스도의 대사로 여겼다는 사실에 대해 큰 통찰을 얻는다. 우선 대사는 자신이 대표하는 측을 대변한다. 로마 대사가 황제의 직속 대표였던 것과 흡사하게 그리스도인은 예수님을 대표한다. 둘째, 대사에겐 사람들을 제국으로, 바울의 경우에는 하나님 나라로 편입시킬 책임이 있었다.

오늘날의 예를 살펴보자. 미국은 남아공에 상주하는 대사를 파견했다. 그 대사는 미국 행정부를 대표한다. 그는 자신의 입장이 아닌 행정부의 입장을 대변한다. 그가 대표하는 나라의 명예가 오롯이 그에게 달려 있다. 미국 대사는 남아공 대통령이 개별적으로 만남을 가질 유일한 미국인일 가능성이 크다. 만일 그가 나쁜 인상을 남긴다면 미국에 대한 남아공 대통령의 견해에 악영향을 미칠 것이다. 역사는 나쁜 대사들이 형편없이 고국을 대표하는 바람에 초래한 부정적 결과의 사례들로 넘쳐난다.

그리스도인은 예수님의 대사이며 그 일은 나라를 대표하는 것만큼이나 어렵다. 우리는 무언가 더 위대한 일, 즉 화목하게 하는 직분(ministry of reconciliation, 고후 5:18)을 감당하는 대사다. 사람들은 우리를 볼 때 예수님을 본다. 우리는 우리 자신이 아닌 그리스도의 대의를 위해 말한다. 우리의 행동 방식은 우리가 대표하는 분을 향한 다른 이들의 시선에 직접적인 영향을 미칠 수 있다. 결론은 우리가 "새 언약의 일꾼"(고후 3:6)이라는 것이다.

바울은 고린도후서 5:20에서 이 점을 분명히 한다. "그러므로 우리는 그리스도의 전권 대사입니다. 하나님은 우리를 통해 여러분에게 말씀하고 계시는 것입니다"(현대인의성경). 하나님은 이미 예수님을 통해 인류에게 호소하셨지만 이제 신자들을 통해 호소하고 계신다. 왜 그런가? 그리스도가 우리에게 대표 자격을 위임하셨기 때문이다. 이 얼마나 대단한 특권이며 책임인가? 결코 가볍게 여겨선 안 된다.

그러나 우리는 이 의무를 심각하게 여기지 않을 때가 많다. 우리는 불신자와 복음을 나누는 임무를 게을리하거나 우리의 대사 자격을 의심케 할 만한 불성실한 삶을 산다. 장 칼뱅은 이사야 2:3과 마태복음 16:19에 언급된 이 의무에 관해 각각 아래와 같이 썼다.

> 믿음의 본질과 가장 모순되는 것이 있다면 그것은 무감각하게 자신의 지체를 무시하는 것과 지식의 빛을 자신의 가슴속에 가두는 것이다… 그러므로 그리스도는 복음 전파를 통해 하나님의 천국 심판이 이 땅에 계시되며 이것 외에는 생명과 죽음의 확실성을 얻을 다른 원천이 없다고 선포하신다. 우리가 세상에 구원을 전할 하나님의 사자가 된다는 것은 위대한 영예다.[8]

우리가 참으로 하나님과 화목을 이뤘다면 어떻게 그리스도의 대사로서 충성스럽게 섬기지 않을 수 있을까?

예배, 그리고 화목의 언어

"죄짐 맡은 우리 구주 어찌 좋은 친군지"라는 찬송가는 오랫동안 사랑을 받았으며 충분히 그럴 만하다. 이 찬송가는 죄인이 새롭게 발견한 창조주와의 관계를 강조한다. 다른 곳에서 나는 교회에 팽배한 '경박한' 예배 스타일을 개탄하며 하나님을 향해 더 엄숙함

---

8. John Calvin, *Commentary on the Prophet Isaiah*, vol. 1, 이사야 2:3에 대한 주석, http://www.ccel.org/ccel/calvin/calcom13.ix.i.html, 2014년 6월 22일 접속; John Calvin, *Commentary on a Harmony of the Evangelists, Mattew, Mark, and Luke*, Vol. 2, 마 16:19에 대한 주석, http://www.ccel.org/ccel/calvin/calcom32.ii.lii.html, 2014년 12월 22일 접속.

을 가져야 한다고 했지만 예수님이 자신을 따르는 자들을 친구로 여기신다는 점을 배제하자는 뜻은 아니었다.

당신의 벗은 누구인가?

야고보는 아브라함이 하나님의 친구로 불렸다고 말한다.[9] 만일 우리에게 아브라함과 동일한 믿음이 있다면, 우리 역시 아브라함의 자손으로 인정받게 될 것이다(로마서 4장, 갈라디아서 3장). 야고보는 4장에서 벗에 관해 뭔가 다른 이야기를 하는데, 이번에는 부정적인 내용이다.

> 간음한 여인들아 세상과 벗 된 것이 하나님과 원수 됨을 알지 못하느냐 그런즉 누구든지 세상과 벗이 되고자 하는 자는 스스로 하나님과 원수 되는 것이니라(약 4:4).

화목이라는 역사를 낳는 진정한 '믿음'은 우리가 창조주와 벗 되었다는 징표다. 예수님은 "너희는 내가 명하는 대로 행하면 곧 나의 친구라"(요 15:14)고 하셨다. 당신은 하나님의 벗이든지 아니면 세상의 벗, 즉 하나님의 원수다.

---

9. 약 2:23, 또한 대하 20:7, 사 41:8.

'구원받는다는 것'은 무엇을 의미하는가? 그것은 당신과 하나님 사이의 적대적 장벽이 제거되었다는 것을 뜻한다. 그것은 하나님의 화목케 하는 은혜의 직분을 맡은 대사가 되어 다른 이들을 그리스도로 이끌어온다는 뜻이다. 그것은 하나님의 원수 됨에서 벗 됨으로 이동한다는 뜻이다.

> 하나님은 한 분이시요 또 하나님과 사람 사이에 중보자도 한 분이시니 곧 사람이신 그리스도 예수라(딤전 2:5).

외교의 언어로 표현된 구원의 핵심 용어

#화목 #중재자 #대사 #적대감 #적개심 #원수 #벗 #평화 #화평 #평강 #언약 #화평케 하는 자 #일꾼 #화목케 하는 직분

그룹 토의 질문

1. 당신은 누구를 당신의 원수로 간주하는가? 그리고 그리스도의 화목 사역에 비추어볼 때 어떻게 그들을 대해야 할까? 당신의 삶에서 신자가 하나님의 죄사함의 사랑을 통해 누리는 '화목'을 삶으로 제대로 구현해야 할 영역이 있는가?
2. 당신은 자신이 예수님의 대사라고 생각하는가? 그렇다면 근래에 이 역할을 어떻게 수행했는가?
3. 죄로 망가진 세 관계를 생각해 보자. 당신의 교회는 이 관계에서 화목을 도모하기 위해 어떻게 섬기고 있는가? 개인적으로 당신은 어떤 역할을 할 수 있는가?
4. 평화를 지키는 자와 화평케 하는 자, 그리고 문제를 일으키는 자의 차이에 대해 토론해 보자. 당신은 어디에 해당하는가?

8
천문학의 언어
어둠에서 빛으로

조명
Illumination

너희 마음의 눈을 **밝히사**(enlightened) 그의 부르심의 소망이 무엇이며 성도 안에서 그 기업의 영광의 풍성함이 무엇이며 그의 힘의 위력으로 역사하심을 따라 믿는 우리에게 베푸신 능력의 지극히 크심이 어떠한 것을 너희로 알게 하시기를 구하노라.
에베소서 1:18-19

우리는 앞서 어떤 신학적 용어는 성경에서 드물게 사용되지만 일련의 성경의 가르침을 이해하는 데 유익하다는 점을 고찰했다. 구원이란 주제를 언급할 때 나오는 것은 아니지만, 성경에 영어로 한 번 등장하는(계 18:1) 조명(illumination)이 그런 용어다. 그렇다면 왜 구원이란 주제에 관해 이야기할 때 이 단어를 다루려는 걸까?

헬라어 동사 '포티조'(phōtizō)(영어 단어 'photo'의 어원이 된 명사 '포스'[phōs]와 관련이 있다)는 신약에 수차례 등장한다. 이 동사는 보통 '빛을 비추다'(to give light) 또는 '밝히다'(to enlighten)로 번역된다. 종종 '포티조'는 복음에서 발견되는 진리의 빛을 본 사람에게 일어나는 일을 비유적으로 말할 때 사용되며, 여기에서 신학 용어인 '조명'(illumination)이 유래했다. 세속 헬라어에서 '포티조'(그리고 빛을 뜻하는 명사, '포스')는 태양과 별들의 빛을 가리키는 천문학 용어다.¹

조명이란 용어는 신자들에게 임하는 하나님의 영의 역사를 논할 때 유용하다. 성경적으로 말하면 구원은 한 사람을 어둠에서 빛으로, 무지에서 깨달음으로 데려가는 것이다. 이 주제를 고찰하면서 우리는 아담의 타락으로 상실한 것이 무엇인지 살펴본 다음 어떻게 예수님을 믿는 믿음으로 이를 되찾을 수 있는지 살펴볼 것이다. 우리는 또한 계시, 지혜, 신비/비밀을 비롯한 관련 용어들을 고찰할 것이다.

왜 조명이 필요할까?

세인들의 대중적 사고에서 인류는 기본적으로 선한 존재다. 문제는 타락이나 인격의 부패가 아니라 교육 부족이라는 것이다. 한 사람을 제대로 교육하기만 하면 선한 쪽의 편에서 행동하게 되어 있다.

그런데 인간 본성에 대한 기독교적 이해는 영 딴판이다. 인류는 부패하고 타락했으며 어떤 최상의 교육을 해도 이 문제를 해결할 수 없다. 이것은 개인이 삶을 어떻게 사는가 하는 것뿐 아니라 하나님에 대한 인식 같은 근본적인 것에도 영향을 미친다.

인류의 압도적 다수가 절대자(supreme being)라 부를 수 있는 이 세

---

1. Kittel, *Theological Dictionary of the New Testament*, 9:310-12.

상 바깥의 존재를 믿는다. 무신론은 광대한 인류 역사의 스펙트럼 안에선 소수에 속하며 가장 원시적인 사회부터 가장 고도화된 사회까지 죄다 신 또는 신들을 긍정한다. 현실이 이러한데 왜 기독교 역사의 전통은 줄기차게 인류의 '하나님에 대한 인식'이 왜곡되고 부패했다는 입장일까?

역시 답은 죄다. 죄의 여파는 단순히 인간의 행동뿐 아니라 인간의 사고가 작동하는 모든 방식에서 발견된다. 죄는 은밀하게 퍼져 인간이 생각하고 말하고 행하는 모든 것에 영향을 미치는 암세포다. 이는 계시(revelation)의 개념과 더불어 우리가 어떻게 하나님을 인식하는가의 문제를 고려할 때 특히 중요하다.

기독교 교리의 토대에는 하나님이 스스로를 계시하지 않으시는 한 인간은 하나님을 알 수 없다는 이해가 있다. 나 자신의 신학 훈련에 있어서도 이 깨달음보다 더 중요한 진리는 별로 없었다. 우리는 하나님이 우리에게 계시하기로 선택하신 것만 긍정할 수 있다. 하나님에 대한 인류의 올바른 인식은 오직 하나님으로부터 비롯된다. 우리는 이것을 하나님의 '자기 계시'라고 한다.

계시에는 두 가지 범주가 있다. 먼저, 모든 사람에게 동일하게 계시되는 이른바 '일반 계시'가 있다. 모든 인간이 접할 수 있는 일반 계시의 예로 자연이 있다.

다른 종류는 '특별 계시'인데, 이는 특정 사람들에게 국한된 지식이다. 어떤 특정한 정보가 있는데 그것이 분명하게 계시되지 않을 경우 우리는 알 도리가 없다. 이러한 형태의 계시에 대한 대표적 사례로 하나님의 말씀에서 발견되는, 주님이자 구세주이신 예수님에 대한 복음이 있다.

두 종류의 계시를 구분하는 데 도움이 되는 예가 있다. 나미비아 빈트후크에서 길을 거닐 때 내 피부색은 쉽게 눈에 띈다. 이것은 세상을 향한, 나에 대한 일반 계시의 한 형태다. 그러나 내가 제일 좋아하는 음식은? 이것은 일반적으로 드러나지 않는, 나에 관한 개인적인 사실이다. 다른 이가 이것을 알 수 있는 유일한 길은 내가 그들에게 구체적으로 밝히는 것이다. 이것이 특별 계시의 예다.

하나님과 하나님에 관한 지식을 논할 때도 동일한 방식이 적용된다. 모든 인류에게 뚜렷하게 드러나는 하나님에 관한 일반적 진리가 있고 특별 계시를 통해서만 얻을 수 있는 특별한 진리도 있다.

일가족을 태운 배가 난파되어 유일한 생존자인 아기가 무인도 해변으로 떠밀려갔다고 가정해 보자. 섬의 유인원 무리가 아이를 거둬 성인이 될 때까지 키운다. 어느 날 유인원 무리에 있던 이 사람이 섬 주변을 둘러보다가 나무와 물과 자신의 무리들과 자신 자신에 대해 곰곰이 숙고했고 이 모든 것들이 우연히 생겨나지 않았다는 추론에 자연스럽게 도달한다. 그것은 인류 역사상 거의 모든 문명이 도달한 결론이기도 하다. 바로 이 세상을 창조한 존재가 있다는 것이다. 자신이란 존재의 근원 역시 이 창조주에게서 찾아야만 한다.

그러나 이 존재에 관해 그가 아는 바는? 그는 이 존재가 강력하며 어쩌면 아주 크고 상당히 똑똑하다는 인식을 얻을 수 있을지 모른다. 만일 우리의 조난자가 철학적 기질을 가지고 있다면 이런 존재가 다수가 아니라 세상에서 유일하며 더 나아가 인격을 가지고 있다는 추정까지 다다를 수 있다.

그러나 막상 '이 존재가 내게 관심이 있거나 나를 사랑할까?'와 같은 아주 단순한 질문에도 답하기는 쉽지 않다. 남자는 꽃을 바라보고 비를 묵상하다가 이 존재가 사랑이 풍성한 공급자라고 결론 내릴 수 있다. 그러나 섬에 사정없이 휘몰아치는 풍랑과 태풍에 놀랐다면 이 존재는 사랑보다는 분노가 많다는 결론에 다다를 것이다. 우리의 조난자는 이 존재에 관한 일부 명백한 사실을 인식할 순 있지만 이에 어떻게 반응해야 할지 단서조차 찾을 수 없다. 이 존재는 기도를 듣고 응답할까? 이 존재에 제물을 바치거나 어떤 형상을 따라 우상을 만들어야 할까? 어느 질문에도 흡족하게 답할 수 없다.

그러나 한 가지는 확실하다. 그가 어느 날 아침 일어나 하늘과 산과 자신의 피부를 보고 '예수님이 나의 죄 때문에 돌아가셨구나'라는 결론에 도달할 순 없다는 것이다. 우리의 조난자는 읽을 책도 전혀 없고 그에게 말해 줄 다른 인간도 없기에 복음을 알 수 없다.

그런데 다른 인간이 조난 당해 섬에 왔다고 가정해 보자. 이 새로운 조난자가 그에게 말하는 법을 가르치고 예수님을 보내신 하나님에 관해 이야기해 준다. 이것은 누군가 그에게 일러주지 않고선 획득할 수 없는 특정한 정보다. 이제 그는 하나님과 어떻게 관계를 맺을지 인식할 수 있다. 그는 하나님께 범죄한다는 것의 의미를 알고 하나님과 화목하는 방법도 안다.

일반 계시를 통해 우리는 하나님이 창조주임을 깨달을 수 있지만 그분이 또한 구세주란 사실을 인식하는 것은 오로지 특별 계시를 통해서다. 특별 계시가 있어야만 일반 계시를 제대로 해석할 수 있다.[2]

인간은 본래 하나님이란 존재에 대한 인식을 타고난다. 학자들은 이것을 '세멘 릴리조니스'(semen religionis)라 부르는데, 이는 인간으로 하여금 절대자가 존재한다고 결론짓도록 이끌어가는 (인간 내면에 존재하는) 종교의 씨앗이나 직관적 지식을 뜻한다. 이것을 17세기 수학자, 블레이즈 파스칼은 각 사람의 영혼 안에 있는 "하나님에 의해서만 채워질 수 있는 빈 공간"(God-shaped vacuum)이라 이름 붙였다.

더욱이 인간에겐 본원적으로 신 존재에 대한 기본 인식뿐 아니라 선악에 대한 어렴풋한 이해도 있다. 우리는 이것을 양심이라 부른다. 사람들은 뭔가 잘못을 저지를 때 특별히 금지하는 법이 없어도 자신을 정죄하는 내면의 목소리가 있는데 이것이 양심이라고 생각한다(롬 2:14-15).

---

2. 마르틴 루터는 일반 계시가 특별 계시에 의존하고 있음을 다음과 같이 설명한다. "하나님의 존재에 대한 지식과 하나님이 어떤 분인지에 대한 지식 사이에는 거대한 간격이 있다. 전자에 대한 지식은 자연 역시 가지고 있으며 모든 사람의 마음속에 새겨져 있다. 반면 후자에 대한 지식은 성령께서만 가르치실 수 있다"(*Lectures on the Minor Prophets: Part II: Jonah, Habakkuk*, comments on Jonah 1, in *Luther's Works*, 19:54-55, Demarest, *General Revelation*, 48에 인용됨).

마지막으로 하나님에 대한 이해는 창조 세계의 데이터를 합리적으로 성찰하면 얻을 수 있다. 시편 기자가 "하늘이 하나님의 영광을 선포하고 궁창이 그의 손으로 하신 일을 나타내는도다"(시 19:1)라고 감탄할 수 있었던 것은 (손수 빚으신) 창조 세계 안에 하나님이 계시되었기 때문이다. 바울은 만물에 하나님의 "영원하신 능력과 신성"이 계시되며(롬 1:20) 그렇기에 인간이 창조 세계를 깊이 궁구하면 하나님과 그분의 본성에 관한 어떤 이해에 도달할 수 있다고 했다.

간단히 말하면 모든 인간의 내면에는 하나님의 존재를 알 만한 충분한 데이터가 있다. 현실이 이런데 왜 사람들은 하나님의 존재에 의문을 제기하거나(불가지론자) 전면적으로 거부하는(무신론자) 걸까? 아울러 왜 하나님과 그분의 본성에 관한 믿음에는 분량의 차이가 있는 걸까? 만일 만물의 질서 속에 확연히 드러나는 하나님에 대한 지식이 모든 인간의 마음속에 있고 인간 양심에 각인되어 있다면 어째서 하나님의 본질에 관해 의견이 분분할까?

바울이 이 문제를 명료하게 언급한 단락은 전문을 인용할 만한 가치가 있다.

> 하나님의 진노가 불의로 진리를 막는 사람들의 모든 경건하지 않음과 불의에 대하여 하늘로부터 나타나나니 이는 하나님을 알 만한 것이 그들 속에 보임이라 하나님께서 이를 그들에게 보이셨느니라 창세로부터 그의 보이지 아니하는 것들 곧 그의 영원하신 능력과 신성이 그

가 만드신 만물에 분명히 보여 알려졌나니 그러므로 그들이 핑계하지 못할지니라(롬 1:18-20).

죄악 된 인간은 하나님의 존재에 대한 본원적 이해를 억누른다. 위 구절에 대한 R. C. 스프로울의 주석은 문제의 뿌리를 건드리고 있다. "추방되어야 할 변명, 모든 이교도가 헛되이 사용하는 변명, 하나님의 자연 속 자기 계시에 의해 박살나는 변명은 '무지'에 대한 가식적이고 멍청하고 부정직한 호소다…문제는 증거 부족이나 지식 부족이나 타고난 인지력 부족이 아니다. 문제는 '도덕적 결함'이다."[3]

하나님과 그 존재에 대한 타고난 지식을 억누르는 것은 그들의 '불의'다. 그 결과는 하나님의 존재에 대한 거부이지만 그 원인은 죄다.

어둠에서 나오다

비록 하나님이 일반 계시 속에 자신을 위한 허다한 증거들을 남겨두셨지만 죄악 된 인간은 하나님을 거부한다. 그렇기에 조명이 필요하다. 그러나 조명이라 할 때 우리는 단순한 교육을 말하는 게 아니다. 우리가 말하는 조명은 영적 계몽(spiritual enlightenment), 즉 죄인의 마음과 사고 속에 하나님의 영이 기적적으로 역사하시는 것이다.

---

3. Sproul, Gerstner, and Lindsley, *Classical Apologetics*, 46.

예배, 그리고 조명의 언어

많은 교회에서 성경 사용률이 크게 줄고 있다. 이러한 영향으로 기독교 국가라면서 성경을 제대로 읽지 않는 곳이 생겼으며, 사람들은 날이 갈수록 성경을 읽지 않고 심지어 교회에 갈 때에도 성경을 가져가지 않는다. 우리의 예배는 하나님의 말씀으로 휩싸여야 한다. 그럴 때에야 교회는 젖이 아닌 단단한 영적 음식을 소화할 수 있다.

11세기 이탈리아의 철학자이자 신학자인 안셀무스는 "나는 이해하기 위해 믿는다"란 말로 유명하다. 안셀무스는 하나님에 대한 참 지식이 오직 참 믿음에서만 흘러나온다고 보았다. 그보다 6세기 전 북아프리카의 주교 아우구스티누스도 비슷한 이야기를 했다. "믿지 않으면 이해하지 못할 것이다." 나는 완고하고 종속되지 않으려는 인간 본성을 헤아린 아우구스티누스의 선언이 더 마음에 와 닿는다. 이것은 성경이 인정하는 수동적 무지가 아니라 죄악 된 본성에서 발동되는 능동적이고도 반항적인 무지다. 바로 그래서 바울은 "육신의 생각은 하나님과 원수가 되나니 이는 하나님의 법에 굴복하지 아니할 뿐 아니라 할 수도 없음이라"고 말했던 것이다(롬 8:7). 이는 완고한 반역으로 촉발된 무능이다.

이러한 도덕적 맥락에서 비롯된 '어둠'(darkness)이란 주제는 구원을 조명 또는 계몽으로 이해하는 데 결정적이다. 잃어버린 바 된 인류에 대해 성경은 일관적으로 어둠 가운데 있다고 묘사한다. 이 어둠은 인간 존재의 다양한 면에 영향을 미친다. 하지만 다행히도 피폐해진 각 요소에 대한 대응책이 있다. 여섯 가지 영역을 살펴보자.

1. 마음

하나님의 말씀은 죄인의 마음을 암담한 어조로 묘사한다. 예레미야 선지자는 "만물보다 거짓되고 심히 부패한 것은 마음이라"고 강력하게 고발한다. 하나님은 창세기에서 홍수 전에도 후에도 인간 마음의 모든 의도가 항상 악할 뿐이라고 말씀하신다. 한 사람의 중심 요소인 마음이 전적으로 부패했다는 묘사가 곳곳에 등장한다. 바울은 어두워진 마음과 굳어진 마음으로 인해 하나님을 거부하게 된다고 이야기한다.[4]

잠언 4:23은 마음을 "생명의 샘"(현대인의성경)이라고 하지만 이는 더러워진 샘이다. 예수님은 자신이 비유로 말씀하시는 이유가 듣는 이의 마음의 둔함 때문이며(마 13:15) 마음이 인간 악의 근원이라고 거듭 말씀하셨다.

> 입에서 나오는 것들은 마음에서 나오나니 이것이야말로 사람을 더럽게 하느니라 마음에서 나오는 것은 악한 생각과 살인과 간음과 음란

---

4. 렘 17:9, 창 6:5, 8:21, 롬 1:21, 엡 4:18.

과 도둑질과 거짓 증언과 비방이니(마 15:18-19).

이 '어두워진 마음'으로부터 악행이 흘러나온다. 인간의 부패는 피상적인 문제가 아니다. 이는 본성의 문제이며 인류라는 구조물에 내재된 것이다.

구원은 이 어둠을 물리치는 것으로 나타난다. 구약에서 하나님은 자신의 백성에게 새 마음을 주되 돌같이 굳은 마음을 없애고 살갗처럼 부드러운 마음을 주겠다고 약속하셨다(겔 36:26, 새번역). 이전에는 악에 집착하던 인간의 부패한 마음이 정결케 되고 하나님을 향하게 될 것이다. 이것은 구약에서 예언되고 다가올 세대에서 완성된 새 언약 안에 드러난다.

> 그러나 그 날 후에 내가 이스라엘 집과 맺을 언약은 이러하니 곧 내가 나의 법을 그들의 속에 두며 그들의 마음에 기록하여 나는 그들의 하나님이 되고 그들은 내 백성이 될 것이라 여호와의 말씀이니라(렘 31:33, 또한 히 8:10, 10:16 참조).

전에는 인간 악의 도구였던 마음이 이젠 하나님의 법이 기록되기에 적합한 양피지가 된다. 그래서 다윗은 하나님께 자신의 악행에도 불구하고 자기 안에 "정한 마음"(시 51:10)을 창조해 달라고 구했던 것이다. 죄인들은 자신의 존재 가장 깊숙한 곳으로 조명해 들어오는 하나님의 진리의 빛을 발견할 수 있다. "어두운 데에 빛이 비치라 말씀하셨던 그 하나님께서 예수 그리스도의 얼굴에 있는 하나님의 영광을 아는 빛을 우리 마음에 비추셨느니라"(고후 4:6).

2. 생각 또는 지성

성경은 인간의 어두워진(darkened) 지각에 대해 많은 언급을 하지만, 반대로 인간의 계몽된(enlightened) 생각에서 발현되는 유익에 관해서도 언급한다.

인간의 지각(understanding)은, 특히 영적 문제에 관해선 죄로 물들어 있다. 바울은 하나님의 생명으로부터 분리된 결과 생각이 허망해지고 지각(총명)이 어두워졌다고 말한다(엡 4:17-18). 이것은 특별히 경건한 삶을 사는 것과 관련하여 합리적 판단을 할 수 없는 무능력으로 나타난다.

이와 관련해 어리석음과 지혜에 관한 성경의 통찰을 찾아볼 수 있다. "어리석은 자는 그의 마음에 이르기를 하나님이 없다 하는도다"(시 14:1). 제아무리 놀라운 지성을 소유한 개인일지라도 모든 진리를 지배하는 단 하나의 진리를 부인하는 한 성경적 잣대로는 어리석을 뿐이다.

바울이 고린도전서의 서두에서 작성한 정교한 논증 역시 이와 맥을 같이한다. 불신자들은 하나님의 능력 그 자체인 복음의 메시지를 어리석다고 본다. 세상 지혜와 하나님으로부터 온 지혜는 확연히 대비된다. 바울은 경건한 지혜는 영적으로만 인식할 수 있으며, 자연스럽게 얻는 게 아님을 분명하게 밝힌다.

> 이와 같이 하나님의 일도 하나님의 영 외에는 아무도 알지 못하느니라… 육에 속한 사람은 하나님의 성령의 일들을 받지 아니하나니 이는 그것들이 그에게는 어리석게 보임이요 또 그는 그것들을 알 수도 없나니 그러한 일은 영적으로 분별되기 때문이라(고전 2:11, 14).

하나님의 영을 소유하지 않은 사람은 영적 지혜를 분별(인식)할 수 없다. 그에겐 예수 그리스도 안에 있는 소망과 구원의 메시지가 어리석게 들릴 뿐이다.

이 진리에서 비롯되는 실천적인 함의는 어마어마하다. 종종 우리는 최신 마케팅 기법을 사용해야 전도에 성공할 것처럼 생각한다. 매력적인 도구에 성공이 달려 있다고 여기는 것이다. 그러나 하나님의 영이 불신자의 생각을 깨우쳐서 진리를 이해하게 하시지 않는 한, 우리가 복음을 분명하게 제시한다 해도 불신자가 그 메시지를 거부할 것은 불 보듯 뻔하다. 단언하건대 우리는 결코 사람들을 설득해 천국에 들어가게 할 수 없다. 성경에 보면, 심지어 예수님이 친히 기적을 베푸셔도 믿지 않는 사람들이 있었다. 그런데도 우리는 왜 좀더 영리한 수법을 동원하면 더 잘할 수 있을 거라 생각하는가?

복음 증거, 그리고 조명의 언어

복음 전도와 변증의 모델이 불신자와의 논증에서 이기는 법에 집중되는 경우가 많다. 물론 우리는 마땅히 우리가 가진 소망에 대해 답할 준비를 갖춰야 한다(벧전 3:15). 하지만 영적으로 분별된 진리를 드러낼 때 성령의 권능을 의지하지 않는다면 비그리스도인과의 어떠한 만남도 열매를 맺지 못할 것이다. 복음을 증거할 때 합리적 논쟁에서 이기는 것보다 더 중요한 것은 기도다.

영적인 메시지는 영적인 사람들만 이해할 수 있다. 육신은 그저 계속 육적 반응만 불러올 것이다. 영적 메시지에 대한 영적 반응은 하나님의 영에 의해 살아난 사람들 안에서만 일어난다. 죄로 부패한 자연 상태의 생각으로는 예수 그리스도 안에 있는 구원의 메시지를 이해하거나 용납할 수 없다.

모든 회심은 그 하나하나가 성령의 기적적인 역사다. 죄인들의 생각이 어두워졌기에 이 어둠을 몰아내기 위해선 하나님의 영의 일하심이 필수다. 바울은 이 어두움을 수건에 빗댄다. 불신자들의 생각과 마음을 덮고 있는 이 수건을 그리스도께서 벗기신다(고후 3:14, 16).

새 언약이 주어졌을 때 하나님의 법은 하나님 백성의 마음과 생각 위에 기록된다. 이전에 지각(총명)이 어두웠던 자들을 위해 하나님은 마음을 새롭게 하신다(롬 12:2). 어리석게 보이던 것이 이젠 합리적으로 보인다. 영적 진리를 분별하는 능력이 부여된 것이다.

이는 성경 전반에 걸쳐 신비(mystery)와 비밀(secret)의 개념으로 묘사된다. 가령 예수님은 제자들에게 "하나님 나라의 비밀"을 말씀하셨는데, 이 비밀은 제자들에겐 허락되었으나 다른 사람들에겐 감춰졌다(막 4:11). 바울은 "은밀한 가운데 있는 하나님의 지혜"와 "하나님의 비밀"에 관해 이야기한다(고전 2:7, 4:1). 성경이 제공하는 '신비'와 '비밀'에 대한 인식은 전에는 감춰졌지만 이젠 계시된 어떤 것들을 가리킨다. 영적 조명은 이제껏 알 수 없던 것에 대한 지식을 얻게 한다.

기독교에는 몇 가지 신비가 있다. 하나님이 인간이 되는 성육신의 신비, 신인神人께서 인류의 죄를 위해 죽으신 속죄의 신비, 유대인과 이방인이 한 몸인 교회로 연합하는 신비, 만유가 그리스도 아래 놓이는 신비, 신자의 부활 때 일어날 육신의 변화의 신비.[5] 신비에 관한 이야기가 신약 전체를 관통한다.

이 신비는 전에는 감추어졌던 것이다. 구약이 실마리를 제공하지만 하나님의 아들이 오시기 전까지 신비는 온전히 계시되지 않는다. 그렇기에 "만세와 만대로부터 감추어졌던 것인데 이제는 그의 성도들에게 나타"난 이 신비를 진정으로 이해할 수 있는 사람은 예수님의 영으로 조명되어 예수님을 믿는 자들밖에 없다(골 1:26). 그들은 "그리

---

5. 딤전 3:16, 고전 2:1, 엡 1:9, 3:3-6, 고전 15:51. 한글 개역개정 성경은 '신비'와 '비밀', 이 두 단어를 혼용한다.

스도의 마음"을 가진 자들이다(고전 2:16).

3. 의지

인간의 의지는 죄의 노예가 되었고 하나님께 순종할 수도 없고, 순종하려 하지도 않는다. 의지에는 동기, 의도, 욕구까지 포함된다. 이런 것들이 각 사람의 잇따른 선택에 영향을 주기 때문이다. 불신자의 의지는 부패했지만 예수님에 대한 믿음을 소유하면 자유케 된다. 우리는 4장에서 이 주제를 다루었다.

4. 우리의 양심

하나님을 아는 한 가지 길은 양심을 통해서다. 우리의 행실이 심판받는다는 의식은 심판자의 존재를 암시한다. 만일 법규가 있다면 법을 정한 통치자가 있어야 한다. 수세기에 걸쳐 기독교 학자들은 양심이 하나님의 존재를 계시한다고 논증했다.

그러나 다양한 도덕적 상황에서 양심의 반응은 뒤죽박죽이고 혼선을 빚을 때가 많기에 이른바 양심의 목소리만 신뢰하는 것은 어리석다. 순전하고 부패하지 않은 양심을 소유한 사람은 하나도 없다. 죄는 인류의 양심에도 영향을 미쳤다. 바울은 이 점을 인정하며 "나는 양심에 거리끼는 것이 없습니다 그러나 이런 일로 내가 의롭게 된 것은 아닙니다 나를 심판하시는 분은 주님이십니다"(고전 4:4, 새번역)라고 말했다. 양심에 거리낌이 없다는 인식 자체로는 우리 행위에 죄가 없음을 입증하지 못한다. 같은 고린도전서에서 바울은 양심이 약하고 더러워졌다고 언급한다(고전 8:7, 10, 12). 그러므로 우리는 양심을 틀림없는 길잡이로 삼아선 안 된다.

가령 상습적으로 죄를 지으면 화인 맞은 양심이 될 수 있다(딤전 4:2). 시간이 흐를수록 죄는 용납할 만한 것이 되고 개인의 양심은 죄악 된 행실에 대해 무뎌진다. 우리 모두 처음 죄악 된 행위를 범했을 때 양심이 찔린 경험을 떠올릴 수 있을 것이다. 그러나 시간이 흐르고 반복해 죄를 범하다 보면 더이상 첫 실족이 야기한 죄책감이나 후회가 느껴지지 않는다. 이 사실을 놓고 볼 때 우리 삶의 확실한 길잡이로 세우기에는 양심의 연약함을 인정할 수밖에 없다.

디도서 1:15은 불신자의 마음과 양심이 "더럽다"고 말한다. 진리에 대한 그들의 인식력이 무뎌진 탓에 양심으로는 순결과 불순을 분별할 수 없다. 어둠 가운데 있는 불순한 양심이 제 기능을 수행하려면 죄인의 (마음과 생각 등) 다른 것들과 함께 하나님의 조명하심이 있어야 한다.

이것이야말로 정확히 복음을 통해 일어나는 일이다. 히브리서는 옛 희생 제사 제도로는 죄인의 양심을 효과적으로 깨끗케 할 수 없다고 선언한다. 그러나 우리의 완전한 대제사장이신 예수님의 피를 통해 양심을 온전케 할 수 있다(히 9:9, 10:19-22). 오직 성령의 내주하시는 권능을 힘입어 신자는 (말씀에서 찾은 하나님의 뜻에 대한 복종을 실행한다는 전제 아래) 양심을 신뢰할 만한 길잡이로 사용할 수 있다.

5. 눈

성경뿐 아니라 일반 사람들도 우리의 눈을 영혼과 연결짓곤 한다. 성경은 종종 죄인의 눈이 감겨 있다고 말한다. 이것은 익히 알려진 바와 같이 예수님이 당대의 종교 지도자들을 겨냥해 하신 말씀이었다. 예수님은 이 영적 소경의 비유를 즐겨 사용하셨다. 구약의 선지자들 역시 보지 못하는 눈과 듣지 못하는 귀에 관해 거듭 이야기했다. 구약의 가르침을 정리한 신약 본문에서 우리는 이 진리를 선명하게 본다.

> 기록된 바 하나님이 오늘까지 그들에게 혼미한 심령과 보지 못할 눈과 듣지 못할 귀를 주셨다 함과 같으니라 또 다윗이 이르되 그들의 밥상이 올무와 덫과 거치는 것과 보응이 되게 하시옵고 그들의 눈은 흐려 보지 못하고 그들의 등은 항상 굽게 하옵소서 하였느니라(롬 11:8-10).

바울은 죄의 권세 아래 있는 인류의 보편적 환난에 관한 로마서 3장의 연설에서 그 근본 원인을 밝힌다. "그들의 눈 앞에 하나님을 두려워함이 없느니라"(18절). 예수님도 비슷하게 눈의 중요성을 언급하신다.

> 네 몸의 등불은 눈이라 네 눈이 성하면 온 몸이 밝을 것이요 만일 나쁘면 네 몸도 어두우리라(눅 11:34, 또한 마 6:22-23 참조).

흥미롭게도 뱀은 동산에서 사용한 거짓말로 진리를 뒤집어놓았다. 뱀은 아담과 하와가 하나님께 복종하면 그들의 눈이 감긴 채로 있을 것이라고 암시했다. "너희가 그것을 먹는 날에는 너희 눈이 밝아져 하나님과 같이 되어 선악을 알 줄 하나님이 아심이니라"(창 3:5) 물론 결과는 정확히 반대였다. 우리 최초의 조상이 금지된 과일을 먹었을 때 그들은 영적 어둠 속으로 추락했다.

모든 인류가 한 사람도 예외 없이 영적으로 눈이 멀어 있음에도 불구하고, 하나님의 말씀에서 비롯되는 계시의 빛은 어두워진 눈을 뜨게 하는 권능이 있다. 하나님에 대한 믿음으로 시편 기자는 여호와께 "내 눈을 열어서 주의 율법에서 놀라운 것을 보게 하소서"(시 119:18)라고 간구한다. 하나님의 말씀은 종종 죄인을 어둠에서 끌어낼 빛과 등불로 묘사된다.[6]

부활하신 주님이 바울에게 주신 이방인에 대한 사명은 "그 눈을 뜨게 하여 어둠에서 빛으로 사탄의 권세에서 하나님께로 돌아오게"(행 26:18) 하는 것이었다. 하나님의 자녀는 영적 빛을 감지할 수 있는 능력을 받았다. "우리가 주목하는 것은 보이는 것이 아니요 보이지 않는 것이니 보이는 것은 잠깐이요 보이지 않는 것은 영원함이라"(고후 4:18). 영적 세계는 존재한다. 오직 진리에 눈뜬 자들만이 그 세계를 감지할 수 있다.

---

6. 시 119:105, 130, 잠 20:27, 벧후 1:19.

6. 우리의 행동

우리는 죄인이 악행을 사랑하기에 하나님에 관한 진리를 억누른다는 점을 이미 보았다. 예수님은 이 행실을 어둠에 빗대셨고 바울은 "열매 없는 어둠의 일"(엡 5:11)이라고 했다. 죄인의 존재 전체가 부패했다면 그의 행위 역시 병들었다고 보아야 마땅하다. 나쁜 뿌리를 가진 나무처럼 우리는 부패한 사람에게서 건강한 열매를 기대할 수 없다. 만일 영적으로 죽은 사람이 무언가를 생산할 수 있다면 그 행위는 영적으로 결함이 있을 것이다. 우리는 열매에 관한 10장에서 이를 더 상세히 살펴볼 것이다.

성경이 묘사하는 구원은 한 사람의 존재의 여러 영역(마음, 생각, 의지, 양심, 눈, 행동)이 어둠에서 빛으로 옮겨지며 존재의 가장 깊숙한 곳까지 하나님의 영으로 조명되는 것이다.

조명의 원천

예수님은 자신이 세상의 빛이라 하셨고, 참된 조명은 오직 예수님 안에서만 찾을 수 있다. 그리스도와 살아 있는 관계를 맺지 않는 사람은 여전히 어둠 가운데 거하며 그로 인한 온갖 결과가 나타난다. 더러워진 사고, 어두워진 마음, 타락한 행실 등은 흑암에 사는 백성이 드러내는 전형적 특징이다.

우리 모두 선량한 불신자들을 알고 있기에 이 점을 납득하기 어려울 수도 있다. 그들은 가족을 돌보고 세금을 납부하고 친절하고 정직한 시민이다.[7] 그러나 성경은 이런 중립 지대를 남기지 않는다. 당신이 빛과 관계가 있든지 없든지, 둘 중 하나다. 전등 플러그가 콘센트에 연결되어 있든지 연결되지 않았든지, 둘 중 하나다.

흥미롭게도 신자들은 "빛의 자녀들"이며 세상에서 빛의 근원으로 여겨지는 듯하다. 달이 햇빛을 반사하는 것과 흡사하게 신자는 하나님의 아들의 영광을 반사한다.[8]

또 다른 조명의 원천은 성령이다. 폭넓은 의미에서 성령은 모든 중생한 사람을 조명하지만 좁은 의미에서 성령의 임무는 독자에게 성경을 이해시키는 것이다. 이것 역시 조명이라 할 수 있다. 하나님의 영에 의해 조명된 사람만 하나님의 영적 진리를 이해할 수 있다.

하나님의 말씀 역시 조명의 원천이다. 성령의 조명 사역은 성경과 별개로 임할 수 있으며 기독교가 아닌 종교에서도 발견된다고 주장

---

7. 우리는 4장의 '죄악 된 육신의 속박' 단원에서 '일반 은총'을 간략하게 언급했다. 일반 은총은 하나님이 모든 인간에게 '일반적'으로 주시는 은혜다. 이는 하나님이 창조하신 만유에 보여주시는 선하심뿐 아니라 인류의 죄를 억제하심으로 죄의 집단적 효과를 감소하는 작용, 둘 다를 가리킨다. 달리 표현하면 만일 하나님이 우리가 알아서 하도록 내버려두었다면 인류는 엄청난 규모로 금세 타락의 격랑에 휩쓸려 들어갔을 것이다. 노아 시대의 인류에 대해 생각해 보면 상상이 될 것이다. 이를 '은총'이라 하는 이유는 반역적인 죄인은 거룩하신 하나님이 보여주신 이런 호의를 받을 자격이 없기 때문이다. 이 일반 은총에 대한 성경의 단서로는 시편 145:9, 마태복음 5:45, 누가복음 6:35, 사도행전 14:17 등이 있다. 일반 은총에 대한 이야기는 통상 '구원하는 은혜'란 개념과 짝을 이루는데, 구원하는 은혜는 아들을 믿는 각 사람에게 하나님이 주시는 은혜다.

8. 마 5:14, 엡 5:8, 빌 2:15.

하는 학자들도 더러 있다. 하지만 복음주의의 전통적 가르침은 성경을 통한 특별 계시가 구원에 이르게 하는 하나님에 대한 지식에 필수적이라는 것이다. 물론 이 지식은 복음 증거 활동을 통해 가르칠 수도 있다. 하지만 선교사의 메시지가 진실하다고 인정되는 것은 먼저 하나님의 말씀이 그 메시지의 진실성을 확증하기 때문이다.

선지자들이 전한 말씀은 "어두운 데를 비추는 등불"(벧후 1:19)로 규정된다. 참된 영적 조명은 성경에서 비롯되며, 이 성경은 "교훈과 책망과 바르게 함과 의로 교육하기에 유익"하고 "하나님의 사람으로 온전하게 하며 모든 선한 일을 행할 능력을 갖추게"(딤후 3:16-17)한다. 하나님의 사람은 (성경으로 인해) '모든' 선한 일을 행할 능력을 갖추게 된다고 하니, 우리는 성경이 필요조건일 뿐 아니라 충분조건임을 확인할 수 있다. 구원에 필요한 영적 조명을 받기 위해 진리의 원천이라고 주장하는 다른 어떤 것도 고려할 필요가 없는 것이다.

조명의 유익

조명의 유익은 허다하다. 거듭나지 못한 자는 감지할 수 없는 영적 현실을 인지할 수 있는 마음과 눈, 구원에 이르게 하는 창조주와의 의미 있는 관계, 또 이와 관련된 하나님의 깊은 신비에 대한 이해, 의로운 일을 할 역량과 하나님의 법에 복종하려는 욕구와 능력 등이 바로 그 유익이다.

이번 장 서두에서 인용한, 에베소 신자들을 위한 바울의 기도에는 "[그들의] 마음의 눈을 밝히사"라는 간구가 있다. 이 얼마나 흥미로운 비유인가? 바울은 마음의 눈이 밝아질 때 얻는 세 가지 유익이 있다고 말한다. 에베소인들은 그리스도 예수 안에서 그들이 가진 소망을 이해하고, 그들이 이미 그리스도 안에서 "기업의 영광"을 소유하고 있음을 알며, 하나님이 "우리에게 베푸신 능력의 지극히 크심"을 깨닫게 될 것이다. 이 얼마나 대단한 유익인가!

'구원받는다는 것'은 무엇을 의미하는가? 그것은 전에는 소경이었다가 보게 되고, 어리석은 자였다가 지혜를 얻어 하나님의 진리로 조명된 사고와 양심과 의지를 가지게 됨을 뜻한다. 그것은 어둠에서 빛으로 걸어 나오는 것을 뜻한다.

> 나는 세상의 빛이니 나를 따르는 자는 어둠에 다니지 아니하고 생명의 빛을 얻으리라(요 8:12).

천문학의 언어로 표현된 구원의 핵심 용어

#조명 #계몽 #신비 #비밀 #계시 #지혜 #어리석음 #양심 #빛 #어둠

그룹 토의 질문

1. 바울은 신자를 "빛의 자녀"라 부른다. 지난 한 주 동안 당신은 자신이 빛의 자녀임을 어떻게 드러냈는가?
2. 반대로 당신 삶에서 아직 회심 이전에 머물던 '어둠'의 흔적이라 말할 수 있는 부분은 무엇인가?
3. 신자가 하나님의 말씀을 읽고 공부하고 이해하려 할 때 성령이 하시는 역할은 무엇인가? 불신자가 성경의 메시지를 이해할 수 있는가? 설명해 보라.
4. 만일 하나님의 모든 지혜가 그리스도 안에 감춰져 있다면 세상 지혜에 관해선 어떤 결론을 내릴 수 있는가? 세상이 그리스도와 별개로 만들어 내는 모든 좋은 것을 무가치하다고 결론지어야 하는가?

9
산업의 언어
불순함에서 순전함으로

평강의 하나님이 친히 너희를 온전히
거룩하게(sanctify) 하시고
또 너희의 온 영과 혼과 몸이 우리 주 예수 그리스도께서
강림하실 때에 흠 없게 보전되기를 원하노라.
데살로니가전서 5:23

성화
Sanctification

나는 대학 졸업 후 8년간 철강 회사에서 일했다. 20대에 화공학 학사 학위를 취득했고 20대의 나머지 몇 년은 미국 중서부에서 기술 영업을 했다. 나의 주업무는 웨스트 버지니아 주 오하이오 강변에 있는 본사 제철소를 방문하고 인디애나 주 북서부의 철강업체들과 중서부 여러 주의 제철소에 영업 방문을 하는 것이었다.

금속을 정련(purify)하려면 용해하고 재용해해야 한다. 우리가 생산한 어떤 제품은 니켈 함량이 99퍼센트가 넘었다. 이것이 의미하는 바는 수차례 재용해 과정을 거쳐 가능한 많은 불순물을 제거했다는 것이다. 특히 재활용 금속일 경우 더 그렇다. 철 제품을 생산하는 제철소에 가보면 큰 가마솥 같은 용광로가 눈에 띈다. 이 용광로에 폐금

속을 집어넣고 녹을 때까지 가열한다. (불필요한 금속 성분 및 제거하려는 불순물인) 슬래그 또는 찌꺼기가 위로 떠오르면 떠낸다. 금속은 재용해 과정을 더 많이 반복할수록 순도가 높아진다.

이 이미지는 성화(sanctification)를 설명하기에 안성맞춤이다. 그리스도인은 그 성품과 행실 면에서 삶의 찌꺼기 제거를 위해 용광로 안에 담겨 용해 및 재용해 과정을 거친다. 이것이 성경이 신자의 삶에 대해 일관되게 말하는 방식이다. 성화는 말과 생각과 행실이 점점 거룩해짐에 따라 불순물이 제거되는 것이다. 이번 장에서 우리는 이 성화의 언어를 탐구할 것이다. 그러나 이번 장과 다음 장은 동전의 양면임을 유념해야 한다. 한 면에서 하나님은 당신을 수세미로 닦아 깨끗하게 하시고, 다른 면에선 당신을 생산적으로(productive) 만드신다. 그렇기에 성화의 열매는 10장에서 논할 것이다.

성화의 언어

성화는 정화하다(purify), 제련하다(refine), 세척하다(wash), 불순물을 내보내다(purge) 등의 개념을 포괄하기에 산업(industry) 용어다. 성경 기자들은 신자가 거룩하게 빚어지는 과정을 이야기할 때 자주 제련소의 언어를 사용했다. 이 개념을 전달하기 위해 두 개의 범주에서 가져온 헬라어 단어가 있다. 첫 번째는 동사 '하그니조'(hagnizō)와 '하기아조'(hagiazō)인데, 둘 다 '거룩하다'(holy)란 뜻의 '하기오스'(hagios)를 어원으로 한다. 고대 헬라어에서 하기오스의 가장 초기 용례를 보면 대중이 범접할 수 없는 것, 곧 평범한 것으로부터 구별되는 것을 의미했다. '성화하다'(sanctify) 또는 '정화하다'(purify)로 번역되는 동사들의 헬라어 어원은 그 일차적 의미가 '구별되다'(to be set apart)이다.

우리는 '거룩'이란 단어를 볼 때 보통 '죄 없는 상태'를 떠올리지만 그것은 사실상 이차적 의미다. 이 점을 분명히 하려면 성경이 거룩하다고 칭하는 것들을 살펴보라. 모세가 불타는 덤불에 다가갔을 때 그곳은 거룩한 땅으로 불렸다. 거룩하다고 여기는 날도 있으며, 거룩한 과일도, 거룩한 물도 있다. 성막과 성전처럼 거룩한 건축물도 있다. 이 건축물 내부의 공간에서도 (지성소처럼) 다른 곳보다 거룩하다고 여겨지는 곳이 있다. 성막에는 거룩한 뜰과 내실과 기구와 그릇이 있다. 십일조와 헌물은 거룩하다. 예루살렘은 거룩한 도시로 여겨진다.[1]

이들 중 어떤 것도 도덕적 특성을 가진 것은 없다. 땅이 거룩하다고 할 때 죄 없다는 뜻일 리 만무하다. 오히려 그것은 특별한 목적을 위해 구별되었음을 뜻한다. 이런 의미에서 거룩은 하나님의 근본적 속성이다. 하나님은 다른 모든 것들로부터 구별되신다. 이에 관해선 거룩을 다루며 더 논할 것이다.

두 번째 범주에는 종종 '정화하다'(purify)로 번역되는 헬라어, '카

---

1. 출 3:5, 16:23, 레 19:24, 출 40:9, 대상 29:3, 출 26:33-34, 사 62:9, 겔 42:13, 대상 9:29, 레 27:30, 느 11:1, 사 52:1.

타리조'(katharizō)가 포함된다. 이 헬라어에서 정서적 긴장을 방출한다는 뜻의 영어 단어 '카타르시스'(catharsis)가 유래했다. '카타리조'는 구약의 헬라어 역인 칠십인 역에서 말라기 3:3의 '연단하다'와 '깨끗하게 하다'에 사용되었다.[2]

그가 은을 연단하여 깨끗하게 하는 자 같이 앉아서 레위 자손을 깨끗하게 하되(purify) 금, 은 같이 그들을 연단하리니(refine) 그들이 공의로운 제물을 나 여호와께 바칠 것이라.

신약에서 '카타리조'(와 그 파생어)는 광범위한 의미를 가진다. 이것은 나병 환자의 병을 낫게 하는 것이나 집기를 깨끗케 하는 것, 심지어 가지치기에도 사용된다.[3] 동일한 어원이 타작마당을 깨끗케 하는 데에도(마 3:12), 반죽에서 누룩을 제하는 데에도(고전 5:7) 사용되었다. 그런데 신약에서 '카타리조'는 주로 도덕적 의미로 사용되었다.

죄인들아 손을 깨끗이 하라 두 마음을 품은 자들아 마음을 성결하게 하라(약 4:8).

---

2. '카타리조'는 또한 땅에서 우상숭배(대하 34:3)와 반역(겔 20:38)을 근절하는 의미로 사용되었다.
3. 마 8:2-3, 23:25-26. 동일한 헬라어 어근(카타리오)가 '가지치기'에 사용되었지만(요 15:2) 이는 다음 장에서 다룰 것이다.

이 도덕적 용례에 대해선 뒤에 가서 검토할 것이다. 여기선 성화를 의미하는 여러 헬라어 단어가 함께 사용된 구절을 소개하겠다. 괄호 안에 각각의 헬라어 어원을 제시했다.

> 남편들아 아내 사랑하기를 그리스도께서 교회를 사랑하시고 그 교회를 위하여 자신을 주심 같이 하라 이는 곧 물로 씻어 말씀으로 깨끗하게 하사(카타리조) 거룩하게 하시고(하기오조) 자기 앞에 영광스러운 교회로 세우사 티나 주름 잡힌 것이나 이런 것들이 없이 거룩하고(하기오스) 흠이 없게 하려 하심이라(엡 5:25-27).

이것이 바로 그리스도께서 교회에 하시는 일이다. 그리스도는 신자를 거룩하게 만드신다. 그렇다면 그 목적은 무엇일까? "우리를 깨끗하게 하사 선한 일을 열심히 하는 자기 백성이 되게 하려 하심"이다(딛 2:14). 신자는 하나님을 섬기기 위해 구별된 자들이다.

'교회'를 뜻하는 핵심 성경 단어도 이 의미를 드러낸다. '에클레시아'(ekklēsia)는 문자적으로 '불러내다'(called out)를 뜻하는 두 헬라어 단어를 결합한 것이다. 이 단어에서 '기독교의'를 뜻하는 ecclesiastical을 비롯한 여러 동족어가 유래했다. 그렇기에 신자들을 '성도'(하기오이), 즉 말 그대로 '거룩한 자들'이라 하는 것이다(예: 롬 1:7, 엡 1:1).[4]

---

4. 신자를 거룩한 제사장과 거룩한 족속으로 칭하기도 한다(벧전 2:5, 9).

복음 증거, 그리고 성화의 언어

복음 증거 활동은 순전하지 못한 그리스도인의 삶에 의해 힘을 잃는다. 입으로는 예수님을 구세주로 고백하고 이면에선 거룩하지 않은 삶을 살며 세상에 충성하는 것은 "내 삶은 보지 말고 내 말만 본받으라"는 메시지를 전하는 셈이다. 위선적인 그리스도인은 세상이 우리의 메시지를 거부하는 것을 놀랍게 여겨선 안 된다.

로마 가톨릭 교회는 '특정' 그리스도인들을 가리켜 '성자'(saints)라고 가르친다. 이들은 충분한 공로를 획득했기에 죽으면 즉각 천국에 간다. 그러나 신약은 엄선한 신자들만 '성도'(saints)라고 하지 않는다. 신약은 예수님을 믿는 사람 모두를 성도라고 칭한다. 모든 신자가 '불러낸 자들'에 속한다.

칭의와 성화의 연관성

아래 중 당신의 구원과 관련해 참인 진술은 무엇인가?

- "나는 과거에 구원받았다."
- "나는 현재 구원받았다."
- "나는 지금 구원받는 중이다."

- "나는 장래에 구원받을 것이다."

이 질문에 함정이 있음을 알아차렸길 바란다. 당신이 구원의 어떤 면을 강조하는지에 따라 각 명제는 참이 될 수 있다. 예수님은 이천 년 전에 하신 일로 자신을 믿는 모든 이의 구원을 확보하셨다. 바울은 우리 모든 죄가 십자가에 못 박혔다고 말한다(골 2:13-14). 일부 교회가 가르치듯 우리가 회심 때까지 지은 죄나 세례 때 깨끗하게 된 죄나 성찬 때 가리운 죄만이 아니라 모든 죄가 못 박힌 것이다. 우리가 과거에 지었고 또 앞으로 지을 낱낱의 죄들이 십자가에 못박혔다. 신자는 오래 전에 객관적으로 구원받았다.

모든 그리스도인의 구원이 십자가에서 객관적으로 이루어졌지만 주관적으론 회심(conversion)의 순간에 구원이 시작된다. 복음주의자들은 종종 구원을 '미래의 현실'이라고 표현한다. 즉, 우리가 죽어서 천국에 갈 때 구원받을 것이라는 이야기다. 그때 우리의 구원이 완성되는 건 맞지만 만일 '구원받는다'는 것이 오직 천국만 의미한다면 그건 미흡한 구원관이다. 기독교의 구원은 미래의 현실을 훨씬 능가하는 것이다. 즉, 기독교적 구원은 '지금' 시작된다. '나는 현재 구원받았다'와 '나는 장래에 구원받을 것이다'는 둘 다 참이다.

성화를 가장 잘 표현하는 것은 세 번째 명제, '나는 지금 구원받는 중이다'이다. 그러나 이 선언은 똑같이 유효한 다른 세 주장과 별개로 이해할 순 없다.

칭의는 당신이 무죄라는 법적 선포다. 성화는 당신이 죄 없는 상태에 이르는 실제 과정이다. 칭의는 과거로부터 비롯된 객관적 현실이다. 성화는 신자의 삶 가운데 지속적으로 일어나다가 미래에 정점에 도달할 현재 진행형 과정이다. 칭의는 하나님이 당신을 대신해 행하신 것이다. 신자들은 칭의에 영향을 미치거나 뭔가를 더할 수 없다. 한편 성화는 하나님과 인간이 협업하는 것이다. 이 긴장은 교회사 내내 문제를 야기했으며 이에 관해선 조금 후에 다시 살펴볼 것이다.

칭의와 성화는 종종 혼동된다. 일례로 잘 알려진 기독교 작가이자 강사인 조이스 마이어의 글을 인용한다.

> 여러분이 좋든 싫든, 인정하길 원하든 원치 않든, 그대로 행하길 원하든 원치 않든, 여러분은 예수 그리스도 안에서 하나님의 의가 되었습니다. 교회에 다니는 사람들 대부분 이런 소리를 한 번도 못 들어봤습니다! 한 번도 못 들었다구요! 한 번도요! 가르치는 사람들에게서 늘 이런 소리를 들었겠지요. "나는 불쌍하고 비참한 죄인입니다." 나는 불쌍하지 않아요. 나는 비참하지도 않고, 나는 죄인도 아니에요. 그건 지옥 구덩이에서 나오는 거짓말이에요. 그건 예전 나의 상태이고 만일 내가 아직도 그 상태라면 예수님이 헛되게 돌아가신 겁니다. 아멘? … 나는 여러분에게 뭔가를 알려주려고 합니다. 나는 마침내 내가 더 이상 죄인이 아니라는 걸 이 아둔한 머리로 이해하기 전까진 죄 짓기를 멈추지 않았어요. 그리고 종교계는 이게 이단이고 이 말을 하는 사람

을 죽이려 들죠. 하지만 성경은 내가 의롭다고 말합니다. 내가 의인인 동시에 죄인일 순 없는 거죠.[5]

마이어가 지금도 이 발언을 고수하는지와 무관하게, 그녀의 이 발언은 모든 신자들이 받는 의에 대한 사법적 선포와 칭의된 죄인이 현재 통과하는 성화의 구분을 혼탁하게 만들었다. 이 인용문에는 절반의 진실이 있다. 그렇다, 나는 "예수 그리스도 안에서 하나님의 의가 되었다"(칭의). 그러나 나는 여전히 성화가 필요한 죄인이다.

우리는 (예를 들어 영원한 정죄나 하나님의 진노 등) 우리 죄의 악영향으로부터 구원받았다. 그러나 우리는 또한 성화되고 거룩하게 빚어지는 과정 중에 있다. 하나님은 우리를 무언가로부터 구원하시지만 또 무언가로 빚어가신다.

이런 의미에서 성화는 단순히 구원의 부산물이 아니라 그 자체로 구원이다. 오직 예수 그리스도에 대한 참된 믿음을 가진 자만이 거룩하게 빚어진다. 불신자들은 혼탁하고 오염된 상태로 계속 남아 있다. 그러므로 세상엔 두 부류의 사람들이 존재한다. 하나님을 위해 구별된 자들과 그렇지 않은 자들이다.

---

5. Joyce Meyer, "From the Cross to the throne"(sermon, Life Christian Center, St. Louis, MO, n.d.), 녹음된 오디오 클립을 다음 사이트에서 확인했다. https://craig-brownsreformedtheology.files.wordpress.com/2011/09/clip-9-joycemeyer.mp3, 2014년 12월 29일 접속. 온라인 녹취록에 저 단락들이 포함되어 있으나 순서는 반대로 되어 있다. 인용문은 오디오 클립 순서를 따랐으며 전문을 인용하지는 않았다.

현재-미래 시제

안타깝게도 기독교는 역사 내내 대치 구조에 놓인 두 구원관 사이에서 진자 운동을 했다. 다음 두 관점 사이에 이러한 긴장이 존재한다. "천국이야말로 기독교의 유일무이한 목표다." "'지금' 세상을 발전시키는 것이 그리스도인의 목표다."

이는 그릇된 이분법이다. 진정한 성경적 구원의 일면만을 끄집어내 구원의 다른 면과 대치시키는 것이다. 우리는 이 갈등이 존재하는 두 가지 방식을 살펴볼 것이다.

1. 완벽주의(율법주의) 대 반율법주의

반율법주의(Antinomianism)는 법(헬라어 'nomos') 없이 산다는 단순한 뜻을 가진 고급 어휘다. 일부 그리스도인은 구원이 은혜로 되었기에 행위는 중요하지 않다면서 믿음과 선행을 대조시킨다.

이 주장은 단순한 경로를 밟고 있다. 율법은 나를 정죄하고 나의 죄성을 확인시켜 하나님의 은혜로 몰아가기 위해 도입되었다. 그러나 이제 내가 신자가 되었으니 율법은 할 일을 다했고 내겐 더이상 중요하지 않다. 나는 기본적으로 용서받은 죄인이므로 이제 내가 원하는 방식대로 살 수 있다. 이는 성화를 배제한 채 칭의를 강조하는 입장이다. 독일, 스칸디나비아, 미국, 남아프리카의 자유주의 루터교가 이런 불균형을 앓고 있다.

이런 태도는 전혀 새로울 게 없다. 1세기 고린도 교인들이 그리스도 안에서 만끽한 자유가 어느 정도였는가 하면 한 지체가 아버지의 처와 성관계를 가졌는데 교회는 이 사실을 상당히 편하게 받아들인 듯했다. 어쨌거나 우리는 그리스도 안에서 율법으로부터 자유롭지 않은가?

바울은 이 범법한 형제를 교회에서 "내쫓으라"(purging, 고전 5:13)고 명했다. 달리 말하면 교회를 성화하라는 것이다. 교회를 연단하고, 교회를 정결케 하라는 것이다.

이렇듯 하나님의 은혜를 '방탕할 자유'(a license for immorality, 유 1:4 NIV)로 여겨 악용하는 경향에 반발한 탓에, 진자는 반대 방향으로 너무 멀리 이동했다. 거룩한 삶을 지나치게 강조한 나머지 사람이 선행으로 구원받는 듯 보일 정도로 완벽주의와 율법주의가 기독교 왕국에서 움트기 시작했다.

이 정서는 유구한 역사를 가지고 있다. 3세기의 노바티아누스파와 4세기의 도나투스파는 죄를 비호하려는 다른 그리스도인들의 성향을 견디다 못해 스스로를 '순전한 자들'(pure ones)이라고 불렀다. 모라비안파와 메노나이트파 같은 경건주의 집단들, 존 웨슬리의 '완전한 사랑'(perfect love) 가르침에 영향을 받은 교회들, 20세기의 오순절파 모두 논쟁의 한쪽으로 편향되어 있다. 그들은 칭의를 외면하고 성화를 강조한다.

나의 삼촌이 해준 이야기가 기억난다. 삼촌이 출석하던 교회에서 주일 저녁예배 간증 시간에 한 여성이 일어나 지난 7년간 죄를 짓지 않게 해주신 주님께 감사를 올렸다고 한다. 이 여성의 죄에 대한 이해가 다소 편협하여 계수하고 기억할 수 있는 외적이고 의식적인 선택에 국한되어 있다는 점은 잠시 잊자. 죄는 외적 행동 이상의 것이다. 진짜 문제는 그녀 스스로 죄가 없다고 실제로 믿었다는 점이다. 이는 웨슬리적 배경의 산물이었다.

신자들은 이 두 편향 사이에 서 있다. 우리에겐 우리의 자유를 육신에 탐닉할 구실로 삼지 말라(반율법주의)는 명령이 있다. 그러나 많은 그리스도인은 이 가능성을 경계하기 위해 인간에 근거한 일련의 규정을 만들었고(율법주의) 이는 하나님의 계명을 완벽히 준수하는 데 목적이 있다.

다들 인정하듯이 두 편향 간에 균형을 유지하는 것이 쉽지 않다. 복음주의자로서 때때로 의식적으로 죄를 지어놓고는 어깨를 한번 으쓱한 다음 하나님의 용서에 의지하는 편이 더 쉽게 느껴진다. 또 어떤 이들은 자신이 모든 그리스도인 가운데 순전하고 더럽혀지지 않은 자라는 자기 의에 빠져 있다.

2. 근본주의 대 자유주의

어떤 그리스도인은 구원을 직선 위의 두 점으로 본다. 첫 번째 점은 회심이고 두 번째 점은 천국이다. 두 점 사이의 모든 것은 그럭저럭 외면해도 된다. 이런 그리스도인에 의하면 구원의 유일무이한 목표는 천국 입성이며 이는 회심 당시에 보장된 것이다. 나는 이것을 근본주의적 구원관이라고 부른다.

근본주의 기독교는 믿음의 교리적 순수성에 집착하는 경향이 있고 선행을 대수롭지 않게 여기는 듯하다. 그 결과 이들은 자기들끼리만 모여 교제하면서 타락한 세상에 대해선 거의 관심을 두지 않게 된다. 어쨌거나 중요한 것은 다음 생으로 진입하는 것 아닌가? 이런 태도를 빗대어 "천국에만 관심 있는 사람은 이 세상에선 무익하다"는 경구가 생긴 것이다.

"죽으면 천국에 가고 싶습니까?"는 분명 적절한 질문이지만 이와 함께 똑같이 유의미한 질문을 던져야 한다. "'지금' 당신의 삶이 영원한 가치를 지닌 것이 되길 원하십니까?" 신학적으로 말하면 근본주의자들은 성화를 희생하면서 칭의에만 집중한다.

이는 불신자 전도를 유일무이한 목적으로 삼는 선교 사업에서도 발견된다. 복음 전파는 모든 신자에게 중요한 의무이지만 우리는 회심자가 아닌 제자를 삼으라는 명령을 받았다. 때로 이러한 선교 운동은 머릿수를 세고 다음의 미전도지역으로 이동하는 데 더 관심을 두는 듯하다.

기차가 기적을 울리며 미전도지역의 시골 마을을 통과하고 있다고 상상해 보자. 두 남자가 기차의 창가에 서 있다. 한 사람은 펜과 메모장을 들고 있고 다른 사람은 쌓아 놓은 성경책 옆에 서 있다. 기차가 그 지역을 통과할 때 남자가 창밖의 사람들에게 성경책을 하나씩

내던진다. 퍽! 성경책이 사람들의 가슴 정중앙에 부딪혀 충격음이 들릴 때마다 펜을 든 남자가 계수하며 미소 띤 얼굴로 말한다. "또 한 사람을 예수님께로 전도했군."

오직 사람들을 천국에 보내는 데만 골몰하는 복음주의 사업을 희화한 이 글은 사실 현실과 동떨어지지 않았다. 나는 적절한 제자훈련이 없다면 처음에 전도되었던 사람 중 다수를 잃을 것이라고 감히 말한다. 현세에 대해 별 관심이 없는 근본주의자들에겐 오직 한 사람을 회심시키는 것만 중요하다.

그러나 이와 대등하지만 정반대의 문제가 존재한다. 통상 자유주의 기독교 교파에서 발견되는 문제로, 이생에 너무 집중한 나머지 다음 생을 잊어버리는 것이다. 자유주의자는 전적으로 이 땅의 관점으로 '구원'을 바라보면서, 빈곤, 고독, 무의미로부터의 구원을 뜻하는 것으로 재포장한다. 죄와 영생에 관한 이야기는 거의 찾기 힘들다. 대신 피부에 와닿는 고민들이 그 자리를 차지한다. 신학적으로 말하면 자유주의자는 칭의를 희생하면서 성화에만 집중한다.

그리스도인으로서 우리가 이 세상을 보다 나은 곳으로 만들어야 한다는 발상에 대해 근본주의자들은 어차피 다가오는 심판 때 불살라질 세상을 걱정하는 것은 별 의미가 없다고 한다. 그리스도인으로서 하나님과의 영원한 다음 생이 우리를 기다리고 있다고 하면 자유주의 그리스도인들은 이런 사고방식 때문에 이 세상에서 현재 행해야 할 일, 예를 들어 가난한 자를 돌보거나 배고픈 자를 먹이고 헐벗은 자를 입히는 일을 못하게 되는 거라고 말할 것이다.

근본주의자에게 세상을 구원하자는 이야기는 완전히 잘못된 호소로 들린다. 영원한 것보다 한시적인 것을 강조하기 때문이다. 자유주의자에게 천국에 대한 이야기는 지금 이곳에서 환난당하는 자들의 고통을 외면하고 무관심하게 만드는 것으로 들린다. '이 세상의 그리스도'가 되어야 할 현실을 외면한 채 영원한 환희만을 강조하기 때문이다.

이 이분법의 양편은 둘 다 맞으면서도 둘 다 틀리다. 물론 영원한 문제가 한시적인 문제를 능가한다고 주장할 수 있을 것이다. 가난한 자의 끼니를 해결한다 해도 그가 지옥에서 영원을 보내게 된다면 무슨 의미가 있겠는가? 가난한 자의 곤궁함을 채우는 것보단 복음을 전해 그리스도에 대한 지식을 갖게 하는 편이 훨씬 더 중요하다. 그러나 그의 육적 필요를 채우는 것은 결코 사소한 일이 아니다. 자유주의 그리스도인의 잘못은 덜 중요한 단면을 전체 그림으로 만든 것이고, 근본주의자의 잘못은 주요한 단면을 전체 이야기로 만든 것이다. 이런 의미에서 근본주의자가 범한 오류가 조금 가볍다 할 수 있지만 그럼에도 오류는 오류다.

예를 들면 좋겠다. 당신이 거리의 아동들을 돕고자 무료 급식소를 운영한다고 가정해 보자. 그리스도인으로서 의심의 여지 없이 숭고한 대의가 맞지만 이 노력에 영적인 접근이 없다면, 즉 음식과 함께 복음이나 성경 이야기를 나누지 않는다면, 아이들의 영적, 육적 필요를 고루 채울 기회를 허비한 셈이다. 야고보와 요한은 우리가 다른 사람을 어떻게 대하는가 하는 데서 우리 믿음의 실체가 드러난다고 말한다.[6] 자유주의자는 믿음 없이 행하는 데 반해 근본주의자는 행함 없는 믿음을 가지고 있다.

근본주의자는 그리스도인의 삶의 목표가 천국이 아니라 예수님처럼 되는 것임을 배워야 한다. 천국은 케이크 위의 크림이다. "만일 그리스도 안에서 우리가 바라는 것이 다만 이 세상의 삶뿐이면"(고전 15:19)이라고 했을 때 바울은 다가올 내세뿐 아니라 현세를 향한 소망이 있음을 암시한다. 그는 오로지 지금 여기를 위해서만 소망이 있는 건 아님을 강조하고 있다.

한편 자유주의적 그리스도인은 이생이 중요한 전부인 양 포장하는 일을 그만두어야 한다. 가난한 자를 먹이는 것은 진실로 가치 있는 일이지만 이생의 영원한 결과를 같이 다룰 때에만 그러하다.

기독교적 구원에 대한 적절한 관점은 다음 생뿐 아니라 이번 생 둘 다 아우르는 것이다. 분명 칭의의 관점에서 우리가 죄를 용서받고 영생의 소망을 얻었다고 말할 수 있지만 우리의 구원이 사망 시점에 시작되는 것은 아니다. 구원은 그리스도 안에서 새 삶을 시작하는 순간 시작된다. 구원은 삶으로 살아내야만 하는 것이다. 야고보는 "행함이 없는 믿음은 죽은 것이니라"(2:26)고 단언한다.

---

6. 약 2:15-16, 요일 3:17.

> 그러나 이제는 너희가 죄로부터 해방되고 하나님께 종이 되어 거룩함에 이르는 열매를 맺었으니 그 마지막은 영생이라(롬 6:23).

간혹 그리스도인이 전체 인구 가운데 높은 비율을 차지하는 아프리카 대륙이 왜 그리 문제투성이냐는 질문을 받는다. 그러나 그리 오래되지 않은 과거에 유럽은 두 차례의 세계대전을 일으켰는데, 그것도 소위 기독교 국가들 사이의 전쟁이었다. 과거 수 세기간 기독교 역사는 상당 부분 그리스도인이 그리스도인을 죽이는 것으로 규정된다. 어쩌면 그 원인은 칭의를 지나치게 많이 강조하고 성화를 지나치게 적게 강조하는 왜곡된 구원관에 있는지도 모른다. 그렇게 우리는 성화 과정에서 우리 자신이 기여해야 할 바를 최소화하려는 경향을 가지고 있다.

누가 성화를 하는가?

성화의 일차적(primary) 주체는 하나님이다. 이는 부인할 수 없는 사실이다. 불완전한 피조물은 스스로를 완전하게 만들 수 없고, 완전한 존재에 의해 완전해져야 한다. 이런 의미에서 성화는 수동적 활동이다. 다음 구절의 수동형 동사에 주목하라.

> 그러나 여러분은 주 예수 그리스도의 이름과 우리 하나님의 성령으로

씻겨지고, 거룩하게 되고, 의롭게 되었습니다(고전 6:11, 새번역).

바울은 에베소서 서두에서 신자는 세상의 기초가 놓이기 전 "그 앞에 거룩하고 흠이 없게 하시려고"(엡 1:4) 예정된 자들이라고 썼다. 하나님이 이 일을 이루시는 두 가지 주된 수단은 성령과 성경이다. 그렇기에 우리 삶에서 성경의 역할을 가벼이 여기거나 성령의 역사를 하나님의 말씀과 대립하는 것으로 보는 것은 무책임하다.[7] 성령이 어떻게 역사하시는지 이해하는 확실한 길잡이는 영의 말씀을 아는 것이다.[8]

예수님은 대제사장적 기도에서 성경의 성화 능력을 강조하신다.

> 내가 세상에 속하지 아니함 같이 그들도 세상에 속하지 아니하였사옵나이다 그들을 진리로 거룩하게(하기오조) 하옵소서 아버지의 말씀은 진리니이다 아버지께서 나를 세상에 보내신 것 같이 나도 그들을 세상에 보내었고 또 그들을 위하여 내가 나를 거룩하게(하기오조) 하오니 이는 그들도 진리로 거룩함을(하기오조) 얻게 하려 함이니이다(요 17:16-19).

---

[7]. 이러한 이유에서 성경을 "성령의 검"이라고 하는 것이다(엡 6:17).
[8]. 신자의 성화에 있어 성령이 하시는 역할에 관한 구절로는 롬 15:16, 살후 2:13, 벧전 1:2 등이 있다.

위 구절은 하나님의 말씀에 관한 구약의 한 선언을 상기시키는데, 이 말씀 역시 산업의 언어로 표현되었다.

> 여호와의 말씀은 순결함이여
> 흙 도가니에 일곱 번 단련한 은 같도다(시 12:6).

많은 그리스도인이 즉각 성화의 효과를 거두려고 속성 해법이나 요행을 찾지만 경건에 이르는 확실한 수단은 유구한 세월의 검증을 통과한 방법으로 하나님의 말씀을 읽고 암송하고 묵상하는 것이다. 우리가 성경을 가까이 할 때 하나님의 영이 우리를 거룩하게 빚어가신다.[9]

그러나 성화는 또한 신자의 능동적 참여를 요한다. 불완전한 피조물은 완전한 존재의 역사에 복종함으로써 자신의 성화에 참여할 수 있다. 구약의 이스라엘 백성과 신약의 그리스도인 공히 거룩하라는 명령을 받았다(레 11:44, 벧전 1:15-16). 하나님의 백성은 스스로를 구별해야 한다. 그들은 죄를 삼가하여 스스로를 구별한다.

가령 베드로는 신자에게 현재의 세상은 멸망할 것이므로 거룩하고 경건한 삶을 살라고 명한다(벧후 3:11). 바울은 성도에게 "온갖 더러운 것에서 자신을 깨끗하게 하자"(고후 7:1)고 당부한다. 데살로니가

---

9. 예수님의 피 역시 "우리를 모든 죄에서 깨끗하게(카타리조) 하실 것"이다(요일 1:7).

교인들에게 쓴 서신에서 바울은 내주하는 성령과 신도로서 거룩한 삶을 살아야 하는 우리의 책임 간에 밀접한 관계가 있다고 한다. 성령을 무시하는 것은 하나님의 성화의 능력을 스스로 차단하는 것이다(살전 4:1-8).

하지만 가장 강력한 논증은 바울의 성전 비유에서 찾을 수 있지 않을까? 하나님의 영이 신자들 속에 거하시는데 어찌 신자가 스스로를 거룩히 하지 않을 수 있겠는가?

> 너희는 너희가 하나님의 성전인 것과 하나님의 성령이 너희 안에 계시는 것을 알지 못하느냐 누구든지 하나님의 성전을 더럽히면 하나님이 그 사람을 멸하시리라 하나님의 성전은 거룩하니 너희도 그러하니라(고전 3:16-17).

예루살렘에 있던 물리적 성전이 하나님이 백성을 만나시는 특별한 장소였던 것처럼 하나님은 우리 몸속에 계신 그분의 영을 통해 우리와 만나신다. 그러므로 우리는 그 영적 동거에 걸맞은 삶을 살아야 한다.[10]

어떤 의미에서 그리스도인은 하나님 앞에서 이미 거룩한 존재다.

---

10. 바울은 다른 구절에서 비슷한 말을 하는데, 곧 우리의 몸이 성전이라는 개념과 창녀를 찾는 것(고전 6:12-20), 믿지 않는 자와 멍에를 함께 메는 것(고후 6:14-16)을 금하는 것을 결부시킨다.

또 어떤 의미에선 거룩하게 만들어져 가는 중이다. 성화는 능동성과 수동성을 둘 다 가진 과정이다. 아래 바울 서신의 구절은 성화의 양면성을 멋지게 표현하고 있다.

> 두렵고 떨림으로 너희 구원을 이루라 너희 안에서 행하시는 이는 하나님이시니 자기의 기쁘신 뜻을 위하여 너희에게 소원을 두고 행하게 하시나니(빌 2:12-13).

더 많은 산업의 언어

성화와 관련해 불사르다(burning), 불순물을 내보내다(purging), 시험하다(testing), 닦다(wiping), 걸러내다(filtering) 등 성화의 정서를 전달하는 폭넓은 성경 단어들이 있다. 이번 장을 맺으며 그중 몇 가지를 간단히 살펴보고자 한다.

하나님은 백성으로부터 특정한 행실을 기대하며 그것을 발견하지 못하실 때 연단(제련, refining)이란 방법을 쓰신다. 가령 하나님은 에스겔 선지자에게 자신과의 언약을 깬 이스라엘을 기뻐하지 않으신다고 말씀하셨다.

> 인자야 이스라엘 족속이 내게 찌꺼기가 되었나니 곧 풀무 불 가운데에 있는 놋이나 주석이나 쇠나 납이며 은의 찌꺼기로다(겔 22:18).

금속을 땅에서 캐내면 십중팔구 불순물이 섞여 있다. 은에 철이나 납 같은 금속이 섞여 있기도 하다. 하나님은 자신의 백성이 순도 높은 금속이기를 기대하셨으나 찌꺼기로 오염된 은을 발견하셨다.[11] 그러므로 하나님은 그 백성을 연단하실 것이다. 하나님이 연단하시는 방법 중에는 고난이 있다.

> 보라 내가 너를 연단하였으나 은처럼 하지 아니하고 너를 고난의 풀무 불에서 택하였노라 (사 48:10).

이는 우리가 입양에 관한 3장에서 살펴본 징계/훈육(discipline)의 개념과 비슷하다. 하나님은 우리의 하늘 아버지로서 자녀인 우리를 바로잡고자 징계하신다. 히브리서 기자가 분명히 밝힌 것처럼 고난은 신자의 삶에서 원치 않는 찌꺼기를 분리하는(separating) 효과적 수단이다(히 12:7).

신구약 공히 이 연단이나 분리의 개념을 전하기 위해 줄기차게 사용하는 단어들이 있다. '시험하다'와 '불사르다'가 이에 해당하는 두 개념이다. 가령 시편 기자는 요셉이 고난을 통해 '시험당했다'(tested, 시 105:19, ESV)고 썼다. 이에 해당하는 히브리어와 칠십인 역의 헬라어 번역 모두 불로 태운다는 발상을 내포하고 있다.

---

11. 또한 시 119:119, 사 1:25.

우리는 야곱의 편애를 받던 아들 입장에선 형들의 시기 때문에 노예로 팔려 가고 보디발의 아내의 모함을 당한 것이 단순히 '운이 없는 일'이라고 생각할 수 있다. 그러나 이 사건들은 하나님이 요셉의 믿음을 시험하신 수단이었다. 시험당하고 가치가 입증된 뒤 요셉은 애굽에서 야곱 일가를 보존하는 사역에 하나님의 쓰임을 받았다.[12]

> 내가 그 삼분의 일을 불 가운데에 던져
> 은 같이 연단하며
> 금 같이 시험할 것이라(슥 13:9).

그리스도인은 이와 유사한 불사름을 예상해야 한다. 베드로는 하나님이 고난을 사용하시는 이유를 다음과 같이 설명한다. "하나님께서는 여러분의 믿음을 단련하셔서, 불로 단련하지만 결국 없어지고 마는 금보다 더 귀한 것이 되게 하시며, 예수 그리스도께서 나타나실 때에 여러분에게 칭찬과 영광과 존귀를 얻게 해주십니다"(벧전 1:7, 새번역).

이러한 불시험은 이생에서만 일어나진 않는다. 바울은 고린도 교인들에게 그리스도의 기초 위에 믿음을 건축하면 마지막 날에 공적

---

12. 유사한 개념으로 기드온이 미디안 군대와 싸우기 전 하나님이 1만 명에서 3백 명으로 병력을 추려내실 때 군사를 "시험"하신 일이 있다(삿 7:4-8).

이 불시험을 견딜 것이라고 말한다. "만일 누구든지 그 위에 세운 공적이 그대로 있으면 상을 받고 누구든지 그 공적이 불타면 해를 받으리니 그러나 자신은 구원을 받되 불 가운데서 받은 것 같으리라"(고전 3:14-15).

예배, 그리고 성화의 언어

주께서 보좌에 앉으신 환상을 보았을 때 이사야는 자신이 입술이 부정한 사람이라고 부르짖었다(사 6:5). 주일 공예배 가운데 드리는 우리의 예배 행위는 나머지 엿새 동안의 삶이 부정하다면 별 의미가 없을 것이다.

이 현재와 미래의 시험은 신자들에게 성화의 열매를 맺고픈 동기를 부여할 것이다. 우리는 다음 장에서 그 열매에 대해 자세히 살펴볼 것이다.

그러나 이러한 성경의 경고에도 불구하고 그리스도인은 죄를 짓는다. 성화의 진전은 대다수 신자들에겐 굴곡진 여정이다. 우리 자신의 행동으로 종종 우리의 성화가 지연된다는 것을 알기에 우리는 끊임없이 회개로 주님 앞에 나아가야 한다.

이 점을 절감했던 이가 다윗 왕이었다. 밧세바와 죄를 지은 후 그는 여호와 앞으로 나아와 정결케 됨을 구했다. 이는 모든 신자의 가슴

절절한 부르짖음이 되어야 할 것이다.

> 하나님이여 주의 인자를 따라
> 내게 은혜를 베푸시며
> 주의 많은 긍휼을 따라
> 내 죄악을 지워 주소서
> 나의 죄악을 말갛게 씻으시며
> 나의 죄를 깨끗이 제하소서(시 51:1-2).

거룩, 거룩, 거룩

성경은 반복적으로 거룩한 것에 관해 이야기한다. 성경의 등장인물 중 모든 주인공은 거룩하다고 불린다. 하나님, 예수님, 성령님, 이스라엘, 교회, 천사, 신자 모두 '구별'되어 있다. 주기도문은 이렇게 시작한다. "하늘에 계신 우리 아버지여 이름이 거룩히 여김(하기오조)을 받으시오며"(마 6:9). 거룩은 성경 전체를 꿰뚫는 핵심 개념이다.

> 거룩함을 따르라 이것이 없이는 아무도 주를 보지 못하리라(히 12:14).

성화는 모든 신자에게 응당 기대할 바다. 하나님은 단지 우리를 의롭다 하신 뒤에 우리 마음대로 살도록 내버려두지 않으신다. 하나님은 우리를 거룩하게 만들고자 하시며 그 과정에 참여할 방편을 우리에게 제공하신다.

'구원받는다는 것'은 무슨 의미일까? 그것은 하나님을 섬기기 위해 구별되는 것을 뜻한다. 그것은 (하나님 말씀에 순종하기 위해 성령에 복종하는 과정 가운데) 당신의 삶에서 죄라는 불순물이 제거되고 연단이 일어나는 것을 뜻한다. 그것은 성도라고 선포되는 것을 뜻한다. 그것은 불순함에서 순전함으로 옮겨가는 것을 뜻한다.

> 그런즉 사랑하는 자들아 이 약속을 가진 우리는 하나님을 두려워하는 가운데서 거룩함을 온전히 이루어 육과 영의 온갖 더러운 것에서 자신을 깨끗하게 하자 (고후 7:1).

산업의 언어로 표현된 구원의 핵심 용어

#성화 #성결케 하다 #정결케 하다 #연단하다 #불사르다 #불순물을 제거하다 #거룩하다 #거룩 #성도 #성전 #성령 #물로 씻다 #깨끗케 하다 #시험하다 #찌꺼기

그룹 토의 질문

1. 그리스도인으로서 당신의 행보를 돌아볼 때 이전의 죄가 제거되었다는 분명한 증거를 찾을 수 있는가? 당신 삶에선 어떤 찌꺼기가 하나님에 의해 제거되고 연단되었는가?
2. 성도라고 불릴 때 불편함을 느끼는가? 불편하다면 왜 그런가? 불편하지 않다면, 왜 그런가?
3. 만일 근본주의자, 율법주의자, 완벽주의자, 자유주의자 중 하나의 꼬리표로 당신을 설명해야 한다면 어떤 것이 되겠는가? 왜 그것을 선택했는지 설명하라.
4. 하나님의 거룩하심을 종종 묵상하는가? 그러한 묵상이 당신 삶에서 죄를 억제하는 효과를 거두고 있는가?

10
농업의 언어
열매 없는 삶에서
열매 맺는 삶으로

그러므로 내 형제들아 너희도 그리스도의 몸으로 말미암아
율법에 대하여 죽임을 당하였으니 이는 다른 이
곧 죽은 자 가운데서 살아나신 이에게 가서
우리가 하나님을 위하여 **열매를 맺게** 하려 함이라.
로마서 7:4

열매 맺음
Fruitfulness

아내와 나는 나미비아에서 처음 2년간 그루트폰테인이라는 북서부의 농경 마을에 살았다. 나미비아는 사막 국가이고 우리가 살던 농경 지대에서도 비를 보기는 쉽지 않았다. 어릴 적 미국에서 내가 살던 지역은 '가든 스테이트'라 불리던 뉴저지로 울창한 녹지가 특징이었던 반면, 나미비아는 척박하고 황토빛이다. 물 부족은 식물의 생장에 영향을 미쳤고 이 나라에 도착하고 제일 먼저 받은 인상은 잔디가 없다는 것이었다. 집 주인들은 고무 갈퀴로 흙마당을 골랐다. 마당을 고르고 나면 흡사 야구 경기 시작 전 다이아몬드 구장처럼 꽤 보기 좋았다. 그래 봤자 흙 마당이지만 말이다.

잔디를 원한다면 심어야 했다. 유의할 점은 여기선 카페트처럼 깔

기만 하면 되는 잔디 묘판이 없다는 것이다. 나는 유일하게 풀을 공짜로 얻을 수 있는 하수처리장에 가서 노지의 어린 풀을 캐왔다. 가로 4미터, 세로 6미터의 텃밭을 고르고 어린 풀을 심었다. 날마다 물을 듬뿍듬뿍 주었다. 이렇게 하는 사람이 적은 이유는 그 비싼 물을 낭비하는 게 비합리적이기 때문이었다. 그래도 나는 내 마당에서 작은 땅뙈기라도 녹색을 보길 원했다.

풀은 멋지게 자랐지만 그만큼 잡초도 무성했다. 날마다 나는 나가서 원치 않는 식물을 뽑아냈다. 수 주간의 돌봄 끝에 드디어 앞마당에 잔디깎기가 필요할 정도의 풍성한 잔디밭을 가지게 되었다. 나는 이 24제곱미터의 녹지를 반년간 보살폈다. 하지만 나미비아에 겨울이 오자 너무 건조해졌고 풀의 생명을 유지하는 것이 거의 불가능했다. 솔직히 잔디를 유지하는 데 드는 시간과 비용을 생각하면 아까운 게 사실이다. 잔디는 어떤 값어치 있는 것도 생산하지 못한다. 그저 관상용일 뿐이다. 그러나 잔디밭은 온통 흙과 먼지 천지인 곳에서 맨발로 살아 있는 무언가의 감촉을 느낄 수 있는 장소였다. 그곳은 나에게 고향을 연상케 하는 작용도 했다.

신약성경은 신자의 삶에 관해 말하기 위해 농업의 언어를 아낌없이 빌려다 쓴다. 씨 뿌리다(sow), 심다(plant), 거두다(reap), 추수하다(harvest), 가지치다(prune), 물 주다(water), 자라다(grow) 등이 일관되게 사용되었다.[1] 그 작은 초록색 땅뙈기를 보며 나는 우리를 돌보시고 양육하시는 하나님을 묵상하게 되었다. 하나님은 흙을 가져다 그 위에 풀을 심으신다. 이전에 황무하던 것이 이제 생명으로 약동한다. 언젠가 열매를 맺을 수 있는, 뭔가 값어치 있는 땅이 된 것이다.

혹자는 열매 맺는 상태가 한 사람의 칭의 이후에 임하는 것으로 전형적으로 이해한 나머지 내가 칭의와 성화 사이에 혼란을 일으킨다고 반대할지 모르겠다. 그 구분에 반대하는 건 아니지만 내가 제기하고 싶은 논점은 당신이 구원받지 못하면 어떤 가치 있는 것도 생산하지 못한다는 것이다. 그러나 당신이 구원받았다면 풍성한 열매를 생산할 것이다. 한 사람의 구원을 생명 대 죽음, 또는 무죄 대 유죄로 규정할 수 있는 것처럼 생산적인 삶과 비생산적인 삶의 차이로 규정할 수도 있다.

열매 맺는 것(bearing fruit)은 구원에 부가된 무언가가 아니다. 구원은 죄를 용서받는다거나 사탄과 사망의 지배로부터 자유케 됨을 의미할 뿐 아니라 하나님이 받으실 만한 선행(good works)을 생산할 능력을 갖추는 것을 의미한다. 오직 그리스도인만이 영원한 의미가 있는, 영적으로 칭찬 받을 만한 일들을 산출할 수 있다. 죄사함, 자유, 그리고 열매 맺음은 모두 성경의 구원을 표현하는 다른 방식들이다.

---

1. 이번 장의 범위를 농업에서 목축업으로까지 확장했다면 목자와 양에 관한 성경 내용도 포함시킬 수 있었을 것이다.

각각의 구원 모델이 하나의 문제와 그에 동반하는 해결책을 제시하는 패턴임을 알아차렸을지 모르겠다. 그런데 일단 장애물이 제거되면 결과가 생산되는 패턴도 있다. 가령 입양 모델에서 우리는 하나님의 가족 밖에 있다가 아들로 입적되었음을 보았다. 결과는 우리가 하나님의 권속에 합당한 임무를 수행해야 한다는 것이다.

구속도 매한가지다. 죄, 사망, 마귀로부터 벗어나는 우리 자유는 값을 주고 산 것으로, 그 이후엔 모두 제 뜻대로 살기 위한 것은 아니다. 오히려 그 반대로 자유자인 우리에겐 "의의 종"(롬 6:18, 새번역)으로서의 의무가 있다. 우리는 하나님이 기뻐하시는 일을 위해 몸값이 지불된 존재다.

열매 맺음에 관한 이번 장을 쓰면서 가진 고충은 할 말이 너무 많다는 것이다. 어느 성경 세미나에서 들은 말처럼 그리스도인의 머리는 그리스도께서 생각하시는 통로이며 마음은 그리스도께서 느끼시는 통로이고 손은 그리스도께서 일하시는 통로이며 음성은 그리스도께서 말씀하시는 통로다. 이 모든 것이 하나님이 아들의 제자들에게 기대하시는 열매다. 이 한 면만 가지고도 족히 책 한 권을 쓸 수 있을 것이다. 그러나 이 책 전반에서 나의 목표는 신자와 불신자를 대조하는 것이기에 이번 장에서도 그렇게 할 것이다. 나는 "모든 사람에게, 아니 심지어 이웃집 개에게도 친절하십시오" 하는 식으로 누구나 할 수 있는 일반적인 것들에 관해 말하려는 게 아니다.

근래에 한 설교자로부터 그리스도인이 다른 사람에게 그리스도의 사랑을 어떻게 보여야 하는지에 대한 이야기를 들었다. 그는 한 슈퍼마켓에서의 경험을 나누었다. 그가 계산대에 서 있는 동안 계산원은 바구니를 비우고 물품을 하나씩 스캐너로 찍었다. 그들은 한 번도 눈을 마주치지 않았고 한마디도 하지 않았다. 목사는 이 만남이 얼마나 비인격적인지 깨달았다. 그는 이 만남을 더 중요하게 여기기로 마음먹었다. 계산대를 나서려는 순간 그는 계산원의 눈을 들여다보며 "좋은 하루 되세요"라고 말했다. 그녀는 빙긋 웃었다.

이 이야기를 들으며 좀 아쉽다는 생각이 들었음을 고백해야겠다. 다른 이에게 그리스도의 사랑을 보여주어야 한다는 메시지에서 나는 뭔가 예수님에 대한 실제적인 이야기를 하리라 기대했다. 내가 그린 그림은 감상주의가 아니라 복음 전도였던 것 같다. 나는 요한이 "성도들의 옳은 행실"(계 19:8)이라고 칭한, 신자와 비신자를 구별하는 행위에 집중하고자 한다. 계산원에게 미소 짓는 건 누구나 할 수 있다. 우리는 오직 예수님의 제자들만 맺을 수 있는 열매가 무엇인지 살펴볼 것이다.

둘 중 하나다

시편은 경건한 자와 경건하지 않은 자, 둘의 대조로 시작된다. 시편 기자는 두 부류의 사람을 농사와 연관 짓는다. 의인은 건강하고 생산성이 높은 나무와 같다. 이 나무는 물가에 심겼고 잎사귀가 시들지 않으며 시절을 좇아 과실을 맺는다. 그가 하는 모든 일이 형통하다.

악인은 겨에 비교된다. 겨는 추수한 곡식을 탈곡한 후 내다버리는 허섭스레기다. 옛날에는 탈곡하기 위해 곡식을 공중에 터는 행위를 반복했다. 알곡은 다시 땅으로 떨어지지만 겨는 바람에 날아간다. 시편 기자는 악인을 "바람에 나는"(시 1:4) 곡식 찌꺼기와 동일시한다. 뚜렷한 대조다. 하나님이 인정하시는 사람은 무엇을 하든 형통하지만 하나님이 거부하시는 사람은 어떤 가치 있는 일도 하지 못한다. "무릇 의인들의 길은 여호와께서 인정하시나 악인들의 길은 망하리로다"(6절).

신약에 이르러서도 이 가르침은 근저에 깔려 있다. 성경은 두 갈래 길을 말한다. 세상에는 오직 의인과 악인이 있다. 중립적인 사람은 없다. 지금까지의 내용을 통해 나는 이 점을 분명히 밝혔다. 당신은 죽었거나 살았거나 둘 중 하나다. 반쯤 죽었거나 반쯤 살았거나 그런 건 없다. 당신은 죄사함을 받았거나 유죄이거나 둘 중 하나다. 성령이 당신을 다스리든지 죄악 된 육신이 당신을 다스리든지 둘 중 하나다. 당신은 하나님의 벗이든지 대적이든지 둘 중 하나다. 당신은 자유인이든지 여전히 속박되어 있든지 둘 중 하나다.

예수님도 비유로 이런 말씀을 자주 하셨다. 분리가 일어날 것이다. 알곡과 잡초, 좋은 물고기와 나쁜 물고기, 양과 염소, 두 길과 두 문 끝에 있는 두 개의 영원한 종착지. 모두 예수님이 하신 말씀이다.[2] 시편 기자처럼 예수님도 사람들이 맺는 열매로 그들을 알아볼 수 있음을 보이고자 믿음을 나무에 비유하셨다.

> 그들의 열매로 그들을 알지니 가시나무에서 포도를 또는 엉겅퀴에서 무화과를 따겠느냐 이와 같이 좋은 나무마다 아름다운 열매를 맺고 못된 나무가 나쁜 열매를 맺나니 좋은 나무가 나쁜 열매를 맺을 수 없고 못된 나무가 아름다운 열매를 맺을 수 없느니라 아름다운 열매를 맺지 아니하는 나무마다 찍혀 불에 던져지느니라 이러므로 그들의 열매로 그들을 알리라(마 7:16-20).

열매 없는 과실수를 보고 좋은 과실수라고 할 순 없다. 열매를 맺어야 좋은 나무라고 하는 것이다. 열매 없는 과실수는 쓸데없고 오직 불사를 땔감으로만 소용이 있다. 예수님은 나쁜 나무가 좋은 열매를 낼 수 없다고 하셨다. 의인은 생산적인 나무이고 악인은 열매 없는 나무다. 오늘날 이 관념에 대해 발끈할 그리스도인이 많이 있을 것이다. 그들은 이 가르침이 '우리 대 저들'의 정서를 야기할 것이라고 한다. 예수님은 하나되게 하기 위해 오셨지 분리하고 분열케 하고자 오신 게 아니라는 것이다. 그러나 세상은 실로 둘 중 하나이며 예수님도 이

---

2. 마 13:37-43, 13:47-50, 25:32-33, 7:13-14.

점을 분명히 밝히셨다.

> 내가 세상에 화평을 주러 온 줄로 생각하지 말라 화평이 아니요 검을 주러 왔노라 내가 온 것은 사람이 그 아버지와, 딸이 어머니와, 며느리가 시어머니와 불화하게 하려 함이니 사람의 원수가 자기 집안 식구리라 (마 10:34-36).

예수님은 영원한 결과를 낳을 신성한 분리가 자신의 도래와 함께 일어났음을 아신다. 사실 이야말로 좋은 농부가 꼭 해야 할 일이다. 농부는 알곡과 잡초를 분리한다. 능숙한 어부는 좋은 고기와 나쁜 고기를 나눈다. 유능한 동산지기는 열매 맺는 나무와 열매 없는 나무를 분리한다. '선한 목자'로서 우리의 여호와도 마찬가지다. 선한 목자는 양을 염소로부터 분리한다.[3]

성경이 말하는 선한 일(good works)은 장성한 사람은 누구나 할 수 있는 그런 게 아니다. 성경은 선한 일을 "의의 열매"라고 하며, 그렇기

---

[3] 예수님 당시 중동의 양과 염소는 놀랄 정도로 겉모습이 비슷해서 둘을 구별하려면 눈이 예리해야 했다. 양과 염소를 구분해야 했던 몇 가지 이유가 있다. 염소는 천방지축인 동물인 데 반해 양은 온순하다. 둘의 풀 뜯는 습성은 상충되어 비생산성을 초래한다(양은 밑에서 위로 풀을 뜯고 염소는 위에서 아래로 뜯는다). 마지막으로 모세의 율법을 근거로 두 짐승을 분리했을 수 있다. 율법은 가축을 뒤섞는 것과 섬유를 혼합한 의복의 착용을 금했다(신 22:11, 레 19:19). 이 두 가지를 금지한 데는 실제적인 이유가 있는 것으로 보인다. 만일 양과 염소의 풀 뜯는 습성이 서로에게 비생산성을 초래한다면, 의복의 섬유 혼합을 금하는 것도 합리적이다. 섬유 혼합을 금지함으로써 이스라엘 백성이 짐승을 분리해 키우도록 장려할 수 있었을 것이며, 이는 더 나은 방식으로 풀을 뜯게 했을 것이다.

에 오직 의인만이 행할 수 있다. 영적으로 죽은 사람은 영적으로 가치 있는 어떤 것도 생산할 수 없다. 바울은 빛의 열매와 "열매 없는 어둠의 일"에 관해 비슷한 말을 한다.[4]

> 심은 것마다 내 하늘 아버지께서 심으시지 않은 것은 뽑힐 것이니(마 15:13).

포도나무에 붙어 있기

어떻게 악인이 비생산적인 삶에서 탈피할 수 있을까? 여기서 우리는 회개와 고백의 초보적 개념을 살펴보아야 한다. 회개(repentance)와 고백(confession)은 그리스도인의 삶에서 맺는 "첫 열매"(firstfruits)다.

회개는 세례 요한의 메시지였다. 이는 예수님의 메시지요, 베드로가 유대인에게, 바울이 이방인에게 전한 메시지이기도 했다.[5] 회개는 당신의 옛 방식에서 하나님의 방식으로 바꾸는 것이다. 당신의 가치관과 삶의 목적이 완전히 바뀌는 것이다. 이는 죄인이 경건하고 신령한 열매를 맺을 수 있는 유일한 길이다. 참된 회개를 하려면 자신의 죄에 대한 관점이 바뀌는 마음의 변화가 있어야 한다. 사실 죄를 미워

---

4. 빌 1:11, 히 12:11, 엡 5:9-11.
5. 마 3:2, 4:17, 행 3:19, 17:30.

하는 것은 진정한 회개의 징표이며 여기에는 거룩한 삶을 살려는 노력이 뒤따른다.

바로 그렇기에 바울은 "회개하고 하나님께로 돌아와서 회개에 합당한 일을 하라"(행 26:20)는 메시지를 이방인에게 전한 것이다. 그렇다면 우리도 여기에서 출발해야 한다. 만일 우리가 열매를 풍성히 맺는 날을 보기 원한다면 회개해야만 한다.

물론 회개는 일회성 활동이 아니다. 신자의 삶에는 꾸준한 회개가 수반되어야 한다. 종종 우리가 본받아야 할 거룩으로의 부르심에 못 미치는 것을 깨닫기 때문이다. 날마다 우리는 우리가 되어야 할 모습과 우리의 현재 모습 간의 격차를 인정한다. 하나님은 우리를 깨끗케 하셔서(요일 1:9) 우리가 하나님을 섬길 수 있게 하신다. 이런 의미에서 우리는 예수님과 연결되어야 한다.

> 예수께서 대답하여 이르시되 하나님께서 보내신 이를 믿는 것이 하나님의 일이니라 하시니(요 6:29).

회개와 밀접하게 연관된 것이 고백이다. '고백'에 해당하는 헬라어는 앞의 두 장의 주제와 연결되어 있다. 이는 법정에서 한 사람의 유죄나(칭의에 관한 2장) 왕의 언약에 대한 충성 맹세를(시민권에 관한 5장) 공개적으로 선포하는 것이다. 영적으로는, 우리가 입술로 고백할 때 그것은 예수님과 인격적 관계를 맺고 예수님께 순종하겠다고 공개적으로 서약을 하는 것이다. 그러므로 고백은 한 사람의 구원에 필수불가결하다.

> 당신이 만일 예수는 주님이라고 입으로 고백하고, 하나님께서 그를 죽은 사람들 가운데서 살리신 것을 마음으로 믿으면 구원을 얻을 것입니다(롬 10:9, 새번역).

불신자들은 이런 일을 하지 않는다. 고로 그들은 하나님이 기뻐하실 만한 열매를 생산할 수 없다. 예수님은 자신 안에 거하는 제자들에 관해 말씀하시면서 이 점을 설득력 있게 제시하신다.

> 나는 참 포도나무요 내 아버지는 농부라 무릇 내게 붙어 있어 열매를 맺지 아니하는 가지는 아버지께서 그것을 제거해 버리시고 무릇 열매를 맺는 가지는 더 열매를 맺게 하려 하여 그것을 깨끗하게 하시느니라…가지가 포도나무에 붙어 있지 아니하면 스스로 열매를 맺을 수 없음 같이 너희도 내 안에 있지 아니하면 그러하리라 나는 포도나무요 너희는 가지라 그가 내 안에, 내가 그 안에 거하면 사람이 열매를 많이 맺나니 나를 떠나서는 너희가 아무것도 할 수 없음이라 사람이 내 안에 거하지 아니하면 가지처럼 밖에 버려져 마르나니 사람들이 그것을 모아다가 불에 던져 사르느니라…너희가 열매를 많이 맺으면 내 아버지께서 영광을 받으실 것이요 너희는 내 제자가 되리라… 내

가 아버지의 계명을 지켜 그의 사랑 안에 거하는 것 같이 너희도 내 계명을 지키면 내 사랑 안에 거하리라(요 15:1-2, 4-6, 8, 10).

예수님의 제자들조차 예수님 안에 머무르지 않는 한 열매를 맺을 수 없음에 주목하라.[6] 우리는 예수 그리스도와 떨어져선 어떤 것이든 신령하거나 영원한 의미를 가지는 일을 할 수 없다. 줄기로부터 떨어져나간 가지는 불살라버리기만 할 뿐이다. 그렇다면 애당초 한 번도 나무에 붙은 적이 없는 가지에 대해선 어떤 결론을 내려야 할까?

하나님의 집에서 심판을 시작할 때가 되었나니 만일 우리에게 먼저 하면 하나님의 복음을 순종하지 아니하는 자들의 그 마지막은 어떠하며(벧전 4:17).

그리스도 안에 거하는 것은 그리스도인의 열매 맺는 삶에 필수적이다. 예수님은 지상 계명에서 "볼지어다 내가 세상 끝날까지 너희와 항상 함께 있으리라"(마 28:20)고 선포하며 이 점을 암시하신다. 이는 분명 위로가 되지만 단지 우리를 위로할 목적으로 하신 말씀은 아니다. 예수님이 이 말씀을 하신 이유는 우리가 예수님의 임재 없이는 예수님이 우리에게 당부하신 임무를 제대로 수행할 수 없기 때문이다.

---

6. 이 구절은 예수님께 참여한다는 것의 의미를 내포하는데, 이는 12장에서 논할 내용이다.

복음 증거, 그리고 열매 맺음의 언어

예수님과 떨어져선 우리는 아무것도 할 수 없다. 모든 노력의 열매가 오직 그리스도로부터 비롯되기에 이 진리는 우리로 하여금 전도할 때 담대함을 가지게 한다. 우리의 책임은 죄인의 마음을 변화시키는 것이 아니라 그저 복음을 나누는 것이다. 성령을 통해 자라게 하시는 이는 하나님이다.

포도나무에 순종하기

누군가를 사랑하면 상대에게 나의 헌신을 표현하고자 요리를 해주거나 함께 영화관에 가거나 선물을 한다. 물론 하나님께 이런 애정 표현을 할 순 없다. 그래서 예수님은 우리가 하나님을 사랑한다면 그분의 계명에 순종할 거라고 말씀하신다. 순종은 우리의 신성한 연인을 향한 애정 표현이다.

> 또 사랑은 이것이니 우리가 그 계명을 따라 행하는 것이요(요이 1:6, 또한 요일 2:5-6 참조).

그러나 죄인의 기본 상태는 자율(autonomy)이다. 헬라어로 '자기법'(self law)을 뜻하는 자율은 자기 스스로 결정하고 자치적으로 살려는 우리의 욕망을 일컫는다. 죄인인 우리는 하나님이 우리 등 뒤에서 이래라저래라 하시는 것을 별로 달가워하지 않는다. 우리는 오직 우리 자신에게만 대답하는 편을 선호한다.

하지만 그리스도인의 삶은 그리스도의 뜻에 복종하는 삶이다. 우리가 그리스도를 주님으로 부르면 당연히 그분에게 순종해야 한다. 순종하지 않는다면 우리의 말은 공허한 충성 서약이 될 것이다.[7]

> 너희가 나를 사랑하면 나의 계명을 지키리라(요 14:15, 또한 21, 23-24 참조).

예수님은 율법 전체가 사랑에 관한 두 가지 계명으로 압축된다고 말씀하신다(막 12:28-31). 세상에 대한 우리의 증거, 곧 우리 최고의 변증조차 사랑이란 언어로 묘사된다.

> 너희가 서로 사랑하면 이로써 모든 사람이 너희가 내 제자인 줄 알리라(요 13:35).

만일 우리가 열매 맺기를 원한다면 우리에게서 성경이 정의하는

---

7. 이것이 산상수훈 끝부분의 "주여 주여" 단락에서 소화하기 어려운 진실이다. 오직 하늘 아버지의 뜻대로 행한 자만이 예수님을 "주"라고 부를 권리가 있다(마 7:21-23).

사랑이 우러나와야 한다. 세상은 습관적으로 사랑을 매료(infatuation)나 관용(tolerance)이나 욕망(lust)과 동일시한다. 그러나 예수님은 자신이 기대하시는 사랑은 상대를 위해 자신의 생명을 내려놓게 하는 형태의 것이라고 말씀하신다(요 15:13). 이 가르침은 위에서 예수님과 포도나무에 관해 인용한 구절 직후에 나온다.

바울은 고린도전서 13장에서 경건한 사랑에 관해 상세히 이야기한다. 거기서 바울은 신자에게 나타나야 하는 사랑의 열여섯 가지 특징을 제시한다(4-8절).[8] 그러나 다른 구절에서 바울은 사랑과 풍성한 열매 간에 직접적인 연관성이 있다고 한다.

> 내가 기도하노라 너희 사랑을 지식과 모든 총명으로 점점 더 풍성하게 하사 너희로 지극히 선한 것을 분별하며 또 진실하여 허물 없이 그리스도의 날까지 이르고 예수 그리스도로 말미암아 의의 열매가 가득하여 하나님의 영광과 찬송이 되기를 원하노라(빌 1:9-11).

우리에게 사랑이 없다면 의의 열매도 낼 수 없다.

---

8. 이 단락에 대한 대부분의 영어 번역은 사랑을 각종 형용사로(가령 patient, kind 등으로) 묘사하지만 헬라어는 실제로 열여섯 개의 동사로(사랑은 쉽게 성내지 아니하며 친절하며 등으로) 서술되어 있다. 참으로 경건한 사랑은 행동으로 드러난다.

성령의 열매

보통 우리는 '성령의 열매'를 바울이 갈라디아서 5:22-23에서 제시한 아홉 가지 속성으로 생각한다. 바울의 목록은 사랑으로 시작한다. 그러나 우리는 성령의 열매에 대해 좀더 폭넓게 접근해 볼 수 있다. 즉 신자가 행하는, 하나님이 칭찬하실 만한 모든 일로 생각할 수 있다. 달리 말해, 하나님이 기뻐하실 만한 일은 오직 성령의 권능에 의해 이루어진 일뿐이다.

> 이는 힘으로 되지 아니하며 능력으로 되지 아니하고 오직 나의 영으로 되느니라(슥 4:6).

나란히 붙어 있는 밭이 있다고 하자. 둘 다 똑같은 양의 햇빛과 비를 누린다. 추수할 때가 이르자 나는 좀 날이 무딘 낫을 손에 들고 밭으로 나간다. 내 약한 팔로 곡식의 밑둥을 벤다. 그다지 많이 추수하지 못한다.

그런데 내 이웃은 가스 엔진 콤바인을 끌고 밭으로 나간다. 내 손으로 하루 종일 거둔 양을 그는 반 시간도 못 되어 뚝딱 해치운다. 이것이 자신의 힘으로 일하는 것과 성령의 권능으로 일하는 것의 차이다. 많은 그리스도인이 힘겹게 일하고 훌륭한 성과를 거두기도 하지만 성령보다는 자신의 재능과 능력에 더 의지한다. 결과적으로 그들은 자신이 거둘 수 있는 양에 비해 아주 적은 열매를 낸다.

> 자기의 육체를 위하여 심는 자는 육체로부터 썩어질 것을 거두고 성령을 위하여 심는 자는 성령으로부터 영생을 거두리라(갈 6:8).

불신자는 그들이 심은 육신의 씨에서 난 것만 거둔다. 그러나 신자 역시 종종 썩어질 씨를 심는다. 바로 그래서 예수님은 제자들에게 이렇게 당부하신다.

> 살리는 것은 영이니 육은 무익하니라(요 6:63).

성령의 열매와 더불어 오는 것이 영적 훈련이다. 여기에는 기도, 금식, 말씀 묵상, 정기적 예배, 그리스도인의 교제, 우리의 돈과 시간을 넉넉하게 나누는 것 등이 포함된다. 이런 활동을 통해 신자의 생산성이 높아진다. 바울은 이 중 한 예를 거론하며 그리스도인의 베풂에 대해 다음처럼 말한다.

> 이것이 곧 적게 심는 자는 적게 거두고 많이 심는 자는 많이 거둔다 하는 말이로다(고후 9:6).

영적 훈련으로부터 영적 소출이 생산되는데, 이는 성령의 권능을 힘입은 자들에게만 가능한 수확이다.

성령에 의해 비롯되는 다른 열매로는 우리가 영적 은사라 부르는 것들이 있다. 성령이 내주하시는 모든 신자에게 주어지는 것들이다. 신약에는 스무 가지가 넘는 영적 은사가 망라되어 있으며, 모든 신자는 적어도 한 가지 은사를 가지고 있다.[9] 이 지점에서 그리스도인과 비그리스도인을 비교하며 혼동이 생길 수 있다.

이제껏 나는 신자와 불신자 간의 차이점을 공들여 설명했다. 하지만 뭔가 찜찜한 게 남는다. 우리는 재능 있고 근면하며 도덕적으로 올곧은 비그리스도인을 숱하게 알고 있기 때문이다. 분명 그들은 하나님이 기뻐하실 것 같은 일들을 하고 있다. 그렇지 않은가?

그러나 우리는 좋은 일과 영적으로 칭찬 받을 만한 일을 끝까지 구별해야 한다. 제 아무리 재능과 재주가 뛰어난 불신자라 하더라도 신령하거나 영원한 의미가 있는 열매를 전혀 생산하지 못한다.

마찬가지로 불신자 역시 사랑이 많고 오래 참고 친절할 수 있다. 그러나 육으로 심은 열매와 영으로 심은 열매에는 질적 차이가 있다. 우리가 이미 살펴본 바와 같이 성경의 사랑은 예수님께 순종하는 것으로 구현되며 이는 불신자들이 할 수 없는 일이다.

영적 열매를 생산하는 유일한 길은 성령께 순복하는 것이다. 신자는 성령으로 행하고 성령으로 인도함 받으며 성령으로 살고 성령과

---

9. 주요 목록은 롬 12:3-8, 고전 12:8-10, 28-30, 엡 4:11에 있다.

동행하며 성령으로 충만하라는 명령을 받는다.[10] 경건한 열매를 맺는 것은 삼위일체적 활동이다. 우리가 아들 안에 거할 때 우리는 성령의 권능을 통해 아버지가 기뻐하실 열매를 맺는다.

예배, 그리고 열매 맺음의 언어

그리스도인의 삶의 모든 것이 곧 예배다. 하지만 때론 신자들은 어떻게 살 것인가보다 교회에서 주일 오전에 어떤 곡을 노래할 것인가에 더 신경 쓴다. 우리의 삶 자체가 24시간 내내 예배의 선포여야 한다.

성화의 열매

9장에서 고찰했듯 성화와 열매는 동전의 양면이다. 하나님은 우리를 그냥 깨끗하게 하시는 게(성화) 아니라 하나님 나라를 위한 생산적인 일꾼으로 빚어가신다(열매 맺음).

성화는 나무가 자라는 것을 지켜보는 것과 같다. 당신이 며칠간 꼼짝 않고 나무를 지켜보아도 어떤 변화도 발견하지 못할 수 있다. 그러나 일 년 후에 보면 눈에 띄는 성장이 있다. 신자로서 우리는 그리스

---

10. 갈 5:16, 18, 25, 엡 5:18.

도와 더 오래 동행할수록 우리 삶에 거룩이 증가하는 것을 목격해야 한다.

우리는 두 가지 범주에서 죄에 대해 말할 수 있다. 하나는 우리가 가장 빈번하게 말하는 죄다. 이는 그릇된 일을 하는 것, 즉 '행함으로 짓는 죄'다. 그러나 또한 우리가 마땅히 해야 하는데 하지 않는 것, 즉, '행하지 않음으로 짓는 죄'도 있다. 우리는 진짜 악행을 피했다고 스스로 자축하는 경향이 있다. 그러나 정작 우리가 해야 하는데 하지 못한 많은 선행은 외면한다.

그리스도인이 피해야 하는 금기 목록을 작성하는 것은 쉬운 일이다. 신약에서 '하지 말라'를 검색하니 366건이 조회되었다. 훔치지 말라, 근심하지 말라, 교만하지 말라, 낙심하지 말라, 부끄러워하지 말라, 악으로 악을 갚지 말라 등. 이 모든 것은 하나님이 우리에게서 회심 이전에 젖어 있던 악습과 행동을 제하시는 것과 관련이 있다.

그런데 우리가 해야 하는 일들도 있다. 씨 뿌리는 자의 비유에서 예수님은 네 가지 유형의 땅을 말씀하신다(막 4:3-8). 처음 세 종류의 땅은 편차는 있지만 하나같이 비생산성의 표상이다. 네 번째 땅만이 소출을 낸다. 예수님은 단지 잡초와 덤불과 원치 않는 것들을 제거하여 깨끗해진 밭을 원하시는 게 아니다. 예수님이 원하시는 것은 소출을 내는 밭이며, 그 소출은 그저 그런 수준이 아니다. 예수님은 투자에 대한 건실한 회수, 즉 30배, 60배, 100배를 생산하는 곡물을 기대하신다. 예수님은 "의의 열매"(harvest of righteousness, 약 3:18)를 기대하신다.

우리에게 있는 죄의 성향이라는 불순물 제거할 때 우리는 예수님의 제자에게 기대되는 선한 일을 행할 의지와 능력을 갖추게 된다. 생산적인 식물이 되는 것은 비생산적인 부분을 가지치기하는 것을 의미한다.

나미비아에 살 때 과실수 경작에 손을 댔는데 그리 성과가 좋지 못했다. 나미비아는 척박한 환경이며 비가 반년씩 안 내리는 경우도 많다. 아홉 개의 댐이 수도를 에워싸고 있는데, 강우가 아예 없는 해를 대비해 물을 비축하는 저수지 용도다. 그 해의 물 가용량에 문제가 없는지 보여주는 척도로 저수 용량이 몇 퍼센트라는 이야기를 자주 듣는다.

사정이 이렇다 보니 나미비아의 나무들은 대체로 굽고 휘어져 짧달막하다. 물이 풍성해 나무가 쭉쭉 뻗고 튼실하게 자라는 남아공에 여행갈 때마다 그 대비가 한눈에 들어온다.

나는 과실수를 가지치기하는 법을 배우려고 노력했다. 때론 좋은 가지라도 잘라내 다른 가지들이 제대로 자라게 해줘야 했다. 간혹 열매를 너무 많이 맺어 다른 가지로 갈 양분까지 독차지하는 가지를 쳐야 하는 경우도 있었다. 물론 예수님이 포도나무와 가지에 관해 말씀하신 것처럼 죽은 가지를 잘라내는 것도 가지치기에 포함된다.

내게 붙어 있으면서도 열매를 맺지 못하는 가지는, 아버지께서 다 잘

라버리시고, 열매를 맺는 가지는 더 많은 열매를 맺게 하시려고 손질하신다(카타이로, kathairō)(요 15:2, 새번역).

나는 가지치기에 아주 서툴렀지만 예수님은 가지치기의 달인이셨다. 의심의 여지 없이 신자 입장에선 이 가지치기가 견디기 어려울 수도 있다. 이것은 징계를 주고 받는 문제에 관해 앞서 다뤘던 내용과 일맥상통한다.

무릇 징계가 당시에는 즐거워 보이지 않고 슬퍼 보이나 후에 그로 말미암아 연단받은 자들은 의와 평강의 열매를 맺느니라(히 12:11).

하나님께 가지치기 당하는 것은 고통스럽지만 하나님은 우리가 "오직 우리 주 곧 구주 예수 그리스도의 은혜와 그를 아는 지식에서 자라"도록 가지치기를 하신다(벧후 3:18).[11]

우리는 보통 '훌륭한 그리스도인'이라고 하면 저명한 강사나 전도자, TV에 나오는 대형 교회 목회자 등 유명 인사들을 떠올린다. 그러나 우리가 '어떻게' 주의 일을 하는가는 주를 위해 무엇을 하는가만큼 중요하다. 그렇기에 신약은 이 방면에서 허다한 권고를 준다. 가령 성

---

11. 더 심도 깊은 원예 언어로 유대인의 감람나무에 이방인이 '접붙여졌다'(grafted)는 바울의 논의가 있다(롬 11:17-24).

경은 하나님 나라와 의를 구하며 기쁜 마음으로 섬기며 환난을 길이 참고 근면하라고 한다.[12] 마지막 사항과 관련해 바울은 그리스도인의 삶을 근면한 농부에 비유했다(딤후 2:6). 야고보도 같은 말을 한다.

> 그러므로 형제들아 주께서 강림하시기까지 길이 참으라 보라 농부가 땅에서 나는 귀한 열매를 바라고 길이 참아 이른 비와 늦은 비를 기다리나니(약 5:7).

예수님은 농업의 언어를 사용하셔서 예수님이 요구하시는 일꾼에 관해 결정적인 말씀을 하신다.

> 손에 쟁기를 잡고 뒤를 돌아보는 자는 하나님의 나라에 합당하지 아니하니라 하시니라(눅 9:62).

예수님은 제자들에게 절대 헌신을 요구하신다. 우리가 곧 살펴보겠지만 하나님은 성장을 책임지는 분이시다. 그렇기에 하나님의 밭에선 주의 교훈과 훈계로 자녀를 신실하게 양육하는 겸손한 주부가 인지도 높은 전도자나 목사만큼 열매가 풍성한 일꾼이다.

---

12. 마 6:33, 엡 6:7, 살후 1:4, 3:6-10, 살전 4:11.

희어진 밭과 포도원

만일 우리 삶에 회개, 고백, 포도나무에 붙어 있기, 성령의 인도하심, 오래 참고 근면한 일꾼이 되려는 노력이 작동하고 있다면 우리는 하나님을 위한 의의 열매를 맺게 될 것이다. 열매는 세상에 만연한 부패한 일을 삼가는 것뿐 아니라 하나님이 우리에게 기대하시는 일을 하는 것을 아우른다. 바울은 우리가 "그리스도 예수 안에서 선한 일을 위하여 지으심을 받은 자"라고 하며 이는 하나님이 우리가 행하도록 "전에 예비"하신 일이라고 한다(엡 2:10).

'우리가 어떻게 살아가는가'와 '우리가 선포하는 내용'은 똑같이 중요하다. 바울은 디모데에게 "그대의 삶과 가르치는 일을 잘 살펴" 보라고 당부했다(딤전 4:16, 현대인의성경). 그런데 때로는 하나를 강조하려다 다른 하나를 희생할 때가 있다.

가령 그리스도인들이 아시시의 프란치스코(1181-1226)의 유명한 말을 그릇되게 적용하는 이야기를 들었다. "모든 순간마다 복음을 전하되 필요하면 말을 사용하라." 한마디로 당신이 그리스도인답게 살고 있는 한 노골적으로 예수 신앙을 선포할 필요는 없다는 식으로 해석한다.[13]

---

13. 프란치스코가 이 말을 했는지 여부조차 논란이 분분하다. 이건 마치 "배고픈 자를 먹이고 필요하다면 음식을 사용하라"는 것과 같다는 익살스러운 말도 있다.

이는 '그리스도인다운 삶을 사는 것'과 '말로 예수 구원을 선포하는 것'을 이분법적으로 구분한 것으로 터무니없는 주장이다. 우리 주님은 두 가지 모두를 요구하셨다. 앞의 주장이 마음에 든다면, 불신자에게 대놓고 구원에 대해 말해야 하는 불편한 의무감을 덜어주기 때문이 아닐까? 종종 우리는 우리의 신앙을 적극적으로 선포하는 게 아니라 비그리스도인이 그리스도에 관해 물어볼 때까지 기다리는 수동적 전도를 한다. 이것은 안타깝게도 오늘날 교회에 만연한, 긴박감 실종의 산물이다.

만일 누군가 사막에서 목말라 죽어가는데 당신이 그를 죽음에서 건질 오아시스를 발견했다면 그 사람에게 물 있는 쪽을 가리키는 것을 부끄러워하거나 주저하겠는가? 임박한 심판에 관해 사람들에게 경고하는 것은 예수님이 가장 즐겨 쓰시던 방법이었다. 우리 역시 불신자에게 그리스도 안에 구원이 있다고 알리는 행동을 가장 좋아해야 한다.

바로 그렇기에 많은 사람이 그리스도인을 싫어한다. "왜 우리가 선택한 대로 살도록 내버려두지 않지? 왜 그리스도인은 항상 자신이 믿는 바를 다른 사람도 믿게 하려고 애쓰는 걸까?" 그러나 예수님이 이 땅을 떠나시기 전 제자들에게 마지막으로 주신 말씀은 제자를 삼으라는 것이었다(마 28:18-20, 행 1:8). '전도하지 않는 그리스도인'은 어불성설이다. 자신의 믿음을 나누지 않는 그리스도인은 헤엄치지 않는 물고기, 또는 날지 않는 비행기와 같다. 신자에게 전도는 선택적인 활동이 아니다. 전도는 여가 생활이 아니라 소명이다.

악한 소작인의 비유(마 21:33-46)에서 예수님은 주인이 과실 생산을 위해 만든 포도원에서 소출을 가져가지 못하게 끈질기게 막았던 소작인 이야기를 하신다. 결국 악한 소작인들은 죽임을 당하고 포도원은 "열매 맺는 백성이 받"게 된다(43절). 유대 종교 지도자들은 예수님의 이야기가 자신들을 향한 것임을 알았다.

예수님만 열매 없는 포도원 이야기를 하신 게 아니다. 하나님도 이스라엘에 관해 비슷한 이야기를 하신다(사 5:1-7). 하나님의 택함받은 백성은 주변 이방 나라들에게 공의의 모델이 되어야 했다. 하지만 하나님이 발견하신 건 공의가 아니라 살육뿐이었다(7절).[14]

이제 하나님의 공의를 선포하는 백성은 그리스도인이다. 이러한 이유로 베드로는 신자야말로 "어두운 데서 불러 내어 그의 기이한 빛에 들어가게 하신 이의 아름다운 덕을 선포"할 "왕 같은 제사장들이요 거룩한 나라"라고 한다(벧전 2:9). 안타깝게도 우리는 종종 이 책임으로부터 뒷걸음질친다.

만일 그리스도인으로서 당신이 어떤 식으로든, 즉 적극적으로 믿음을 나누거나 선교사에게 재정 지원을 하거나 불신자와 기독교 사역자를 위해 기도하는 등으로 전도와 선교에 참여하지 않는다면 죄

---

14. 예수님이 무화과나무를 저주하신 것은 이 열매 없음의 메시지를 행동으로 시연하신 것으로 보인다(마 21:18-22).

를 짓고 있는 것이다. 복음 증거는 예수님의 모든 제자가 감당해야 하는 기본 의무다. 복음 증거는 예수님이 승천하시기 전 제자들에게 주신 마지막 명령이다. 또한 오늘날 신자들이 행해야 할 첫 번째 일이어야 한다.

> 너희 눈을 들어 밭을 보라 희어져 추수하게 되었도다 거두는 자가 이미 삯도 받고 영생에 이르는 열매를 모으나니 이는 뿌리는 자와 거두는 자가 함께 즐거워하게 하려 함이라(요 4:35-36).

자라게 하시는 하나님

모든 신자는 하나님 나라의 밭을 가꿀 책임이 있지만 실제 성장은 하나님으로부터 비롯된다.

> 나는 심었고 아볼로는 물을 주었으되 오직 하나님께서 자라나게 하셨나니 그런즉 심는 이나 물 주는 이는 아무것도 아니로되 오직 자라게 하시는 이는 하나님뿐이니라 심는 이와 물 주는 이는 한가지이나 각각 자기가 일한 대로 자기의 상을 받으리라 우리는 하나님의 동역자들이요 너희는 하나님의 밭이요 하나님의 집이니라(고전 3:6-9).

하나님은 자녀들로부터 열매를 기대하시고 하나님의 포도원에서 파종하고 심고 물 주는 데 필요한 모든 도구를 제공하신다. 하나님은 끊임없이 우리를 가지치기하셔서 우리가 풍성한 소출, 곧 의의 열매를 내게 하신다.

'구원받는다는 것'은 무슨 의미일까? 그것은 이전의 공허한 삶을 회개하고 예수 신앙을 고백하는 것을 뜻한다. 그것은 예수님에게 붙어 있으며 성령과 동행함으로써 하나님이 기뻐하실 만한 일을 하는 것을 뜻한다. 그것은 열매 없는 삶에서 열매 맺는 삶으로 이동하는 것을 뜻한다.

> 심는 자에게 씨와 먹을 양식을 주시는 이가 너희 심을 것을 주사 풍성하게 하시고 너희 의의 열매를 더하게 하시리니(고후 9:10).

농업의 언어로 표현된 구원의 핵심 용어

#열매 #결실 #참 포도나무이신 예수 #가지 #거두다 #씨 뿌리다 #추수 #곡식 #가지치기 #성장 #접붙임 #포도원 #나무 #성령의 열매 #의의 열매

그룹 토의 질문

1. 지난 한 주 동안 당신이 "이 세상의 그리스도"로 행한 일을 모두 열거해 보라. 당신이 행한 일과 전한 말을 통해 불신자에게 복음을 전했던 것을 목록으로 작성해 보라. 행함의 목록과 말의 목록 중 어느 쪽이 더 긴가? 양자 간의 균형이 필요한가?
2. 신자가 어떻게 예수님의 포도나무에 붙어 있을 수 있는지 토론해 보라. 당신이 다른 사람보다 쉽게 감당하는 영적 훈련이 있는가? 그리스도인의 행보에서 완전히 건너뛰고 있는 영적 훈련이 있는가?
3. 하나님이 그분의 나라에서 섬길 수 있게 당신에게 주신 영적 은사가 무엇인지 말할 수 있는가? 그 은사를 자주 사용하고 있는가? 그렇지 않다면, 왜 그런가?
4. 복음을 증거하는 것 외에 신자가 생산해야 하는 다른 열매는 무엇인가? 여기서는 그리스도인이 삼가야 하는 것이 아니라 해야 하는 것을 생각해 보라.

11
과학의 언어
결함에서 영화로

> 우리가 다 수건을 벗은 얼굴로 거울을 보는 것 같이 주의 영광을 보매 그와 같은 형상으로 **변화하여** 영광에서 영광에 이르니.
> 고린도후서 3:18

변화
Transformation

어린 시절 잡지에서 자주 보던 보디빌딩 광고가 있었다. 그 광고에는 조각 같은 몸을 가진 찰스 아틀라스라는 보디빌더가 등장했는데, 그는 잔뜩 힘을 주어 근육을 과시하고 있었다. 이 광고에는 이런 약속이 딸려 있었다. "당신도 찰스 아틀라스처럼 될 수 있습니다. 몸 때문에 고민하거나 괴로움을 겪는 일은 더 이상 없을 겁니다." 사춘기 직전의 깡마른 소년이었던 나에겐 위력적인 약속이었다.

광고에는 만족한 고객의 후기가 있었고 너무도 익숙한 운동 전후 비교 사진들이 있었다. "예전에 저는 깡마르고 왜소했어요. 1갤런(약 3.7리터) 우유도 낑낑대며 들 정도로 깡마르고 왜소했던 제가 이젠 여자들의 동경 어린 시선을 받으며 150킬로그램 벤치 프레스를 합니다." 그리고 이 모든 걸 단 8주 만에 이룰 수 있다니!

오늘날에도 우리는 비슷한 광고들을 본다. 또 많은 이들이 다이어트에 집착하며 체중 관리에 온 신경을 쓴다. "초코 셰이크만 마시면 체중을 효과적으로 감량할 수 있어요." "당신에게 감춰진 최적의 몸매를 확인해 보세요." "체중 감량이 기적처럼 제게 일어났어요." 그리고 늘 비포/애프터 사진이 나온다.

혹은 '대변신'에 열광하는 현대인을 생각해 보라. 평범한 외모의 여성이 영화배우처럼 치장한 후 확 달라진 모습을 보며 많은 이들이 흥분한다. 우리는 심지어 집과 자동차와 애완동물에 대해서도 대변신을 추구한다.

성경 역시 나름의 비포/애프터를 말하고 있는데 이는 다른 어느 것보다 위대한 변화(transformation)에 대한 이야기다. 성경에서 우리는 하나님의 뜻에 합당치 않았던 사람들이 하나님의 완전하신 아들을 닮은 모습으로 빚어져가는 것을 본다. 이번 장에서 우리는 하나님의 형상으로 만들어진다는 것이 어떤 의미인지, 어떻게 그 형상이 죄로 인해 손상되었는지, 그리고 그리스도의 형상으로 변화될 때 어떤 긍정적인 효과가 나타나는지 살펴볼 것이다.

헬라어는 어려워

대화 도중 어떤 생각이나 의미를 표현할 적절한 단어를 찾지 못해 고민한 적이 있는가? 작가들은 특정 개념을 담은 여러 유의어 중에서 맥락의 정곡을 찌를 한 단어를 찾기 위해 씨름하는 경우가 많다.

이 책 전반에 걸쳐 우리는 주요 기독교 교리를 이해하는 데 유익한 핵심 성경 헬라어들을 다루었다. 물론 헬라어를 모르는 독자에겐 다소 따분했을 수 있다. 하지만 이런 용어 이해는 성경 기자들이 구원의 의미를 전달하기 위해 이 단어를 왜 골랐는지 파악하는 데 매우 중요하다. 구원을 이해하는 변화(transformation) 모델에서도 정확한 단어 선택은 결정적이다. 예화를 들면 도움이 될 것이다.

영어로 'form'(본체, 빌 2:6)으로 번역되는 헬라어 '모르페'(morphē)는 고대 사회에서 다양한 방식으로 사용되었다. 식물학에서 모르페는 다양한 유형(types)의 식물들을 일컫는다(여기서 'morphology'[형태학]이라는 단어가 유래했다). 모르페는 다양한 동물 형태(forms)를 칭할 때, 혈관과 피부의 해부학적 구조를 비교할 때, 형태(form)와 물질(matter)의 철학적 묘사에 사용된다. 이러한 이유로 이번 장 제목을 '과학의 언어'로 지은 것이다. 모르페가 다양한 학문 분야를 넘나들며 사용되기 때문이다.

모르페란 단어의 다른 형태로 '메타모르포오'(metamorphoō, 참고. 마 17:2, 막 9:2)가 있는데, 이 단어와 관련된 명사로부터 영어 '메타모르포시스'(변태, metamorphosis)가 유래했다. '메타모르포시스'는 내면부터 외면까지 환골탈태하는, 진정한 탈바꿈(genuine change)을 말한다. 이 탈바꿈(변태)의 완벽한 예로는 애벌레가 나비로, 올챙이가 개구리로 변하는 과정이 있다. 헬라어에서 메타모르포시스는 종종 뚜렷한 종교적 함의를 가지고 있으며 신들이 일으키는 초자연적 변화(change)를 말한다.

'메타모르포시스'는 신약에서 네 번 사용되었다. 그중 두 차례는 예수님의 변화산 사건을 묘사하는 데 사용되었다("그들 앞에서 변형되사", 마 17:2, 막 9:2). 예수님의 얼굴이 해처럼 빛나고 옷이 희어져 광채가 나더라(눅 9:29)는 표현을 감안하면 예수님에게 일어난 일이 이 '메타모르포시스'의 전형적 특징임을 알 수 있다. "옷이 희어져 광채가 나더라"는 마가의 표현은 인간적 수단으로는 예수님의 옷을 그처럼 하얗게 만들 순 없을 거라는 다소 유머러스한 관찰 기록이다(막 9:3). 물론 오늘날의 세제 판매 회사들은 동의할 수 없겠지만 말이다!

바울은 그리스도인 안에서 일어나는 철저한 탈바꿈, 즉 생각이나(롬 12:2) 존재 자체의(고후 3:18) 변화를(transformed) 언급할 때 이 단어를 사용한다. 이는 고대 헬라어에서 이 단어를 사용하던 전형적인 방식과 사뭇 다르다. 고대 헬라에서 이런 변화를 겪는 존재는 인간과 소통하기 위해 겉모습을 바꾸는 신들이다. 그런데 바울은 그리스도를 닮아가기 위해 죄인들이 이런 변화를 겪는다고 한다.

영어로 'transform'(변화하다)으로 번역되는 다른 헬라어들도 있다. 그중 '메타스케마티조'(Metaschēmatizō)가 있다. 이것은 '메타'(Meta)와 '스케마티조'(schēmatizō)의 합성어인데, 여기에서 영어 'scheme'(계획/계략)이 유래했다. '메타스케마티조'라는 헬라어 동사를 직역하면 '계획/계략을 바꾸다'가 된다. 아래 구절에서 강조한 세 부분이 '메타스케마티조'다.

> 그런 사람들은 거짓 사도요 속이는 일꾼이니 자기를 그리스도의 사도로 '가장하는'(transform) 자들이니라 이것은 이상한 일이 아니니라 사탄도 자기를 광명의 천사로 '가장하나니' 그러므로 사탄의 일꾼들도 자기를 의의 일꾼으로 '가장하는' 것이 또한 대단한 일이 아니니라(고후 11:13-15).

이 문맥에서 '메타스케마티조'는 사탄과 그 졸개들의 기만 행태를 가리킨다. 그들은 진정으로 겉과 속이 다 변하는 게 아니라(즉, '메타모르포시스'가 아니라) 단지 변화된 것처럼 보이는 것뿐이다. 그들은 계략을 바꾼다.[1]

ESV에서는 사탄과 그 대리자들이 하는 일을 'transform', 즉 '변화하다'로 옮기지만, 나는 'masquerade', 즉 '가장하다'로 옮긴 NIV가 더 마음에 든다.[2] 가장 무도회에서 어떤 일이 벌어지는지 다들 알 것이다. 당신은 단장을 하고 다른 누군가인 척한다. 거짓 선지자들이 "양의 옷을 입"은(마 7:15) 굶주린 이리라고 하신 예수님의 말씀은 이 개

---

1. "속이는 일꾼"에서 '속이는'에 해당하는 헬라어 원어는 '돌리오스'(dolios)로서 새를 잡을 때 덫이나 함정을 설치한다는 뜻이다.
2. 개정개역판을 비롯한 대부분의 한글 성경에서는 이 단어를 '가장하다'로 옮긴다. -편집자

념을 비유로 표현한 것이다. 겉보기에는 신자처럼 보이지만 속은 호시탐탐 집어삼킬 기회를 엿보는 짐승들이다.

그리스도인은 무가치한 죄인에서 영광스러운 하나님의 자녀로 변하는 과정인 '메타모르포시스' 가운데 있다. 변화는 극적이며 언젠가 영광스런 다른 면이 완성될 것이다. 이 과정에서 어떤 일이 일어나는지 이해하면 이 변화가 얼마나 대단한지 알게 될 것이다. 그러므로 우리는 본래 인류가 창조된 때로 돌아가 우리의 과거 상태가 어떠했는지, 거기서 무엇이 틀어졌는지, 그리고 어떻게 더 나은 곳으로 복귀할 수 있는지 단순 경로를 추적할 것이다.

이마고 데이: 하나님의 형상

구약에서 하나님의 삼위일체성을 암시하는 듯한 구절이 있는데, 바로 하나님이 인류를 창조하실 때 하신 창세기 말씀이다. "우리의 형상(image)을 따라 우리의 모양대로(likeness) 우리가 사람을 만들고"(창 1:26).[3] 이 하나님의 형상(라틴어 imago Dei)은 인류를, 즉 남녀 모두(27절)를 여타 피조물과 구별되게 하는 특징이다. 인간은 하나님의 모양대로 만들어진, 하나님의 창조적 에너지의 최고봉이다. 그러나

---

3. 기독교 역사 전반에 걸쳐 '형상'과 '모양'의 차이에 대한(혹은 차이가 있는지에 대한) 논쟁이 지속되었다. 그러나 두 용어가 유의어이며 상호 대체될 수 있음을 시사하는 성경의 증거는 충분하다(창 1:26-27을 창 5:1, 5:3과 비교해 보라).

이것이 정확히 무슨 의미이며 죄는 이 형상에 어떤 영향을 미칠까?

수세기에 걸쳐 학자들은 이 형상이 정확히 무엇을 의미하는지 논쟁을 벌여왔으며, 이것이 인간이 하나님과 공유하는 몇몇 특성과 관련된다는 점에 대한 광범위한 합의 수준에 이르렀다. 이 특성을 분별하기 위한 한 가지 방법은 인간을 하나님의 형상으로 만들어지지 않은 짐승과 비교하는 것이다. 하나님과 인간의 유사점은 다음과 같다.

- 영적 특성: 모든 인간에겐 영혼이 있으며 영이신 하나님과 영적으로 교통하고 관계를 맺을 수 있다.
- 도덕적 특성: 만일 들개 한 마리가 동네를 돌아다니며 다른 개들을 죽인다면 우리는 그 짐승이 골칫거리라고는 해도 그 살육 행위가 부도덕하다고 하진 않는다. 그러나 만일 사람이 비슷하게 악의를 품고 의도적으로 사람을 살육한다면 그는 사악한 자가 될 것이다. 하나님의 형상으로 지어진 인간이 이렇게 행동해선 안 되기 때문이다. 거룩하신 하나님이 도덕성을 갖고 계시기에 인간은 도덕적 선택을 가능케 하는 양심을 소유하고 있다. 짐승은 도덕적 판단을 내리지 못하지만 인간은 자신들이 하는 모든 선택에 대해 창조주 앞에서 책임져야 한다.
- 이성적 특성: 자신이 어떤 존재인지 말씀하신 하나님처럼 인간은 합리적 사고와 담론의 역량을 갖춘, 지각 있는 존재다. 우리는 창조적이다. 우리는 자의식이 있다. 짐승도 일정 정도의 지력

을 보이긴 하지만 그건 인간의 역량에 비하면 근처에도 오지 못하는 수준이다. 짐승은 우주 가운데 자신의 존재 목적을 인식하지 못한다. 짐승은 자기 인식이 없다.

- 관계적 특성: 하나님은 삼위일체 안에서 영원한 관계성 속에 존재하신다. 그렇기에 하나님은 인간을 관계적 존재로 만드셨다. 인간에게 가할 수 있는 최악의 형벌 가운데 하나가 독방 감금이다. 아담이 창조되었을 때 하나님과 직접 소통하며 낙원에 살았음에도 불구하고 혼자인 그를 위해 하나님은 그의 인간됨에 걸맞는 동반자인 여자를 만들어주셨다. 남성과 여성이라는 성별은 결혼을 가능케 하며, 더 넓은 시각에서 인간의 우애와 친교는 삼위일체이신 하나님에게 뿌리를 두고 있다. 우리는 하나님의 형상으로 지음받은 인간으로서 하나님과 하나님의 형상을 지니고 있는 타인과 관계를 맺을 수 있다.

- 감정적 특성: 짐승도 일정 수준에서 감정적 특성을 드러내지만 인간이 언어로 표현할 수 있는 정도는 아니다. 더욱이 앙심이나 진노와 같은 감정은 동물 내면에 존재하지 않는다. 인간의 육신은 하나님도 소유하고 계신 특성인 감정적, 소통적 특성을 표현하기에 꼭 맞는 그릇이다.

- 의지적 특성: 인간은 판단을 내릴 수 있는 의지를 부여받았고, 아담과 하와가 선악과와 관련된 선택을 했던 것도 자유 의지가 있었기 때문이다. 짐승도 선택을 하지만 본질적으로 영적이거

나 도덕적인 선택은 하지 못한다. 동산에서 아담은 창조주에게 순종하거나 불순종할, 진정한 의지의 자유를 가졌고 그 의지 행사에는 도덕적, 영적 결과가 따랐다.

- 통치적 특성: 하나님은 사람을 지으시고 동산에 두셨다. 인간에겐 주변 환경을 돌볼 책임과 함께 창조 세계에 대한 통치권이 부여되었다. 인간은 공중의 새와 바다의 생물과 지상의 동식물을 "다스리게" 되었다. '하나님의 형상'에 대한 근거 구절인 창세기 1:26-27에서 '다스림'은 가장 먼저 언급된 인간의 책임이었다. 하나님이 만유를 다스리는 주권자이시듯 하나님은 인간에게 창조 세계에 대한 '파생 권위'를 부여하셨다.

이 일곱 가지 방식으로 인간은 하나님의 본성을 드러낸다. 애석하게도 '이마고 데이'를 변형시키는 어떤 일이 일어났고 그 결과 인간은 원래의 창조 의도보다 못한 존재가 돼버렸다. 그 일은 물론 아담과 하와의 범죄 사건이었다.

비포/애프터

하나님은 인간을 지으신 후 "심히 좋았더라"(창 1:31)고 선포하셨다. 하나님은 자신이 손수 지으신 작품이 자신이 정확히 원하는 대로 만들어졌음을 보셨다. 그러나 얼마 못 가 창세기 3장은 인류의 타락을 기록하고 있다. 타락과 함께 그 '좋았더라'에 왜곡이 임했다.

신약에는 회심 전후의 그림을 보여주는 몇몇 구절이 있다. 그중 두 가지, 에베소서 2:1-10과 디도서 3:3-8을 살펴볼 것이다. 둘 다 유사한 흐름으로 전개되며 에덴에서 일어난 과거 사건을 전제로 한다.

바울은 타락한 인류가 죄와 허물로 죽었다고 말한다(엡 2:1). 이것은 분명 영적 서술이지만 이 죽음은 인간이 하는 모든 일에 영향을 미친다. 이와 비슷하게 디도서에서도 바울은 우리의 회심 전 상태가 어리석고 불순종하고 악의, 시기, 미움과 같은 파괴적 감정의 종이었다고 묘사한다(딛 3:3).

그러나 죄인의 상태에 탈바꿈(a change)이 일어난다. 하나님이 그들의 삶 가운데 뚫고 들어오셔서 선하심과 자비로우심으로 죄인의 마음에 사랑의 빛을 비추신다. 에베소서와 디도서 본문 둘 다 명백하게 은혜를 강조한다. 구원은 자격 없이 받는 선물이다. 그 선물은 하나님의 영의 새롭게 하심을 통해 예수님을 믿는 자들에게 임한다. "불순종의 아들들"(엡 2:2)이 "영생의 소망을 따라 상속자가 되게"(딛 3:7) 하시는 것이다.

철저한 영적 허무함 속에서 본질적으로 하나님의 진노의 대상이던 죄인이 하나님이 기뻐하실 만한 일을 성실하게 행하는 사람들로 바뀐다. 이는 실로 놀라운 일이다. 앞서 바울은 디도에게 불신자는 "모든 선한 일을 버리는 자"(1:16)라고 했다. 이제 바울은 신자가 "선한 일을 힘쓰"게 된다(3:8)고 쓴다. 유사한 구절이 에베소서에 나온다.

우리는 그가 만드신 바라 그리스도 예수 안에서 선한 일을 위하여 지으심을 받은 자니 이 일은 하나님이 전에 예비하사 우리로 그 가운데서 행하게 하려 하심이니라(엡 2:10).

바울은 신자를 가리켜 하나님이 '만드신 바'라고 부른다. 이는 예술품이란 뜻이며, NLT 성경은 이를 '걸작'(masterpiece)으로 번역했다. 신자 안의 모든 것이 변화되었다(transformed). 그들의 생각, 말, 꿈, 계획, 일, 삶의 방식, 심지어 죽음의 방식까지 모조리 바뀌었다. 그들이 헌신하는 대상과 가장 가치 있게 여기는 것과 소망하는 것이 이 메타모르포시스 안에 싸여 있다.

변화된 죄인은 하나님의 성령의 "인치심"을 받고 그분의 "소유"가 된다(엡 1:13-14, 새번역). 그래서 바울은 그리스도로 회심하기 전 자신의 삶을 "배설물"(빌 3:8)이라 여겼다. '배설물'에 대한 헬라어 원어는 사실 저속한 의미를 가지는데, 이는 아무 가치 없는 천박하고 상스러운 것을 가리킨다. 그렇기에 KJV 역은 이를 '똥'으로 번역했다. 이번 장의 제목을 '똥에서 영광으로'라고 해도 무방하겠다!

복음 증거, 그리고 변화의 언어

모든 이가 귀하게 여김을 받고 싶어하고 인생의 진짜 의미와 목적을 찾기 원한다. 우리의 전도는 사람들에게 예수님을 따르는 것의 영원한 가치를 제시하면서 그 외의 모든 것은 본질적으로 부패와 파멸에 종속되어 일시적이고 퇴색하는 것임을 지적해야 한다.

―――――――――――◇―――――――――――

주목할 점은 '모든' 그리스도인이 이 메타모르포시스에 참여한다는 것이다. 어떤 이들은 일부 그리스도인만 진정으로 변화된다고 주장한다. 열등한 신자와 초특급 신자가 있다는 것이다. 이 거짓된 이분법은 통상 성숙한 그리스도인과 미성숙한 그리스도인을 구분하는 기준으로서 특정한 영적 은사를 강조하도록 부추긴다. 가톨릭 교회의 사제 및 평신도 간의 선긋기와 흡사하게 일부 교회에서도 이런 '초특급 영적 은사'를 드러내지 않는 그리스도인을 평가절하한다.

그러나 성경이 말하는 이 변화에는 모든 신자가 참여한다. 우리는 모두 동일한 성령에 의해, 동일한 말씀을 통해, 그리스도의 형상과 모양대로 빚어지고 있다. 다른 신자들과 대비되어 더 많은 성령을 소유하거나 '특별한 기름부음'을 받은 그리스도인은 없다. 동일한 성령이 동일한 분량으로 우리 모두 안에 내주하신다.

어떤 신자도 자신이 다른 신자보다 하나님의 영에 더 많이 접근한다거나 더 큰 영향을 받는다고 주장할 수 없지만 다른 사람보다 성령에 더 순순히 인도되거나 성령과 더 친밀하게 동행하는 그리스도인은 있다. 일부 그리스도인은 성령을 소멸하거나 근심케 하는 반면 어

떤 이는 성령으로 충만해 있다.[4]

마찬가지로 모든 신자가 하나님의 말씀에 동등하게 접근할 수 있다고 해서 모두가 똑같이 성경을 활용하는 건 아니다. 날마다 성경을 읽는 그리스도인이 있는 반면 거의 읽지 않는 그리스도인도 있다. 그러므로 하나님의 말씀을 꾸준히 먹는 신자가 그렇지 않은 신자보다 더 강하고 성숙한 그리스도인으로 성장하리라 기대할 수 있다.

성령의 역사를 통해 임하는 변화에도 같은 원리가 적용된다. 가령 여전히 죄에서 헤어나지 못하는 그리스도인은 성령의 인도하심에 순복하는 그리스도인만큼 활력 있는 신앙 생활을 하지 못할 것이다.[5]

골로새서에서 바울은 "옛사람"에서 "새사람"으로 옮겨가는 것에 대해 이야기한다(골 3:9-10). 옛사람은 "유혹의 욕심을 따라 썩어져" 간다(엡 4:22). '썩다'(corrupt)에 해당하는 헬라어에는 망가지거나 부식하거나 변질된다는 뜻이 있다. 무언가 변질된다는 것은 원래의 목표나 목적에서 어긋나는 것을 의미한다. 이야말로 죄를 통해 인류에게 일어난 일이 아닌가? 하나님의 형상을 따라 선하게 창조된 존재가 썩고 악한 목적을 향해 비틀리다 결국 기형적인 존재가 된 것이다.

---

4. 살전 5:19, 엡 4:30, 5:18.
5. 에베소서 5:18-21의 맥락에서 바울이 말하는 "성령으로 충만함을 받으라"는 의미는 서로에게 복종하라는 것이다. 아울러 바울은 성령 충만을 받는 또 다른 길은 감사와 찬양이 있는 삶이라고 한다. 어떤 교회는 성령 충만을 받으려면 예언이나 방언처럼 밖으로 드러나는 영적 은사가 있어야 한다고 주장한다. 그러나 바울이 이 구절에서 말하는 바는 그렇지 않다. 다시 말하지만, 성령 충만은 모든 그리스도인이 받을 수 있다.

철저한 변화

그러나 '이마고 데이'는 결함이 있는(deformed) 상태로나마 모든 인간 속에 여전히 존재한다. 가령 노아의 홍수 이후 하나님은 인간의 생명을 빼앗는 자에게 합당한 심판은 사형이라고 선포하셨다. 그 이유는 "하나님이 자기 형상대로 사람을 지으셨"기 때문이다. 야고보는 남을 저주하는 용도로 혀를 사용하는 것을 개탄하면서, 인간이 하나님의 형상대로 지음받았다는 사실을 강조한다. 바울은 우리가 하나님의 피조물이라는 의미에서 인간을 하나님의 "소생"(offspring)이라 부르는데, 이는 모양 및 형상의 용어와 흡사하다.[6]

그리스도께로 돌이킬 때 우리 안의 하나님의 형상은 복원된다. 신자는 "그 아들의 형상을 본받게" 되어 있다(롬 8:29). 새 사람은 "하나님의 모습대로" 그리고 "창조하신 이의 형상을 따라" 새롭게 지음받는다.[7] 그리스도 안에서 이마고 데이가 어떤 식으로 새롭게 되는지, 네 가지 구체적인 방식을 살펴볼 것이다.

1. 영혼의 변화

칭의를 다룬 장에서 배웠듯이 우리는 예수님을 어느 정도 닮게 되

---

6. 창 9:6, 약 3:9, 행 17:28-29.
7. 엡 4:23-24(현대인의성경), 골 3:10.

는 게 아니라 정확히 예수님처럼 된다. 예수님은 완전한 지상의 삶을 통해 스스로 획득하신 의를 자신을 믿는 모든 자에게 부여하신다. 예수님은 자신의 완전한 의를 부여하심으로써 우리를 예수님의 형상을 지닌 자로 만드신다.

> 우리가 다 수건을 벗은 얼굴로 거울을 보는 것같이 주의 영광을 보매 그와 같은 형상으로 변화하여 영광에서 영광에 이르니 곧 주의 영으로 말미암음이니라(고후 3:18).

여기서 두 가지를 주목하라. 첫째, 우리는 '변화되고'(being transformed) 있다. 원어에서 동사는 수동태로 사용되었다. 우리에게 무언가 일어나고 있는 것이다.[8] 우리가 스스로를 하나님의 아들의 형상으로 빚는 게 아니다. 그러므로 우리에겐 다른 사람보다 잘난 양 자랑할 거리가 하나도 없다. 다시금 깨닫는 사실이지만, 은혜의 복음은 모든 자랑을 배제한다.

둘째, 우리는 예수님과 "같은 형상으로"(same image) 만들어지고 있다. 이 형상은 우리가 주님을 만날 때 완전해지겠지만 지금도 도덕적으로 새롭게 되고 있다. 우리는 예수님의 행실을 본받고 예수님의 겸손을 본받으며 예수님이 우리를 용서하신 것처럼 용서하라는 부

---

8. 동사는 '메타모르포오'이고 로마서 12:2에서도 비슷하게 수동태로 사용되었다.

르심을 받았다. 남편은 그리스도가 교회를 사랑하시듯이 아내를 사랑해야 한다. 우리는 아가페 사랑으로 다른 사람을 사랑해야 한다. 이 사랑은 신자가 다른 사람을 위해 생명을 내려놓게 만든다.[9]

이 변화에는 부득불 고난이 수반된다. 죄인을 데려다가 고통스런 과정 없이 완전하신 아들의 형상으로 빚을 순 없는 노릇이다. 우리의 거룩의 모델이신 예수님도 고난을 통해 온전케 되셨으니 회개하는 죄인이 유사한 과정을 거쳐야 함은 이치에 맞는 이야기다.[10] 예수님은 그의 이름을 위해 고난받도록 우리를 부르셨다. 그런데 예수님은 우리를 위해 기꺼이 먼저 행할 생각이 없으셨던 일을 우리에게 요구하지 않으신다. 예수님이 고난을 속량하셨다. 그분은 고난에 가치와 목적을 부여하셨다. 불신자에게 고난은 그저 고난일 뿐이다. 불신자는 고난에서 결국 어떤 영원한 가치를 건지리라고 생각하지 못한다. 그러나 그리스도인의 고난에는 열매가 있다.[11]

이 대목에서 우리는 하나님의 형상으로 지음받은 것과 그리스도의 형상인 것의 차이를 본다. 하나님은 에덴으로 원상 복구하는 것보다 더 위대한 무언가를 우리를 위해 마련해 놓으셨다. 원래 아담에게 주어졌던 하나님의 형상과 모든 신자에게서 발견되는 그리스도의 형상 간에는 질적 차이가 있다. 우리의 영화(glorification)는 우리를 동산

---

9. 빌 2:5, 엡 5:2, 골 3:13, 엡 5:25, 요일 3:16.
10. 히 2:10, 5:8, 롬 8:17, 살전 1:6, 벧전 2:21.
11. 롬 5:3, 약 1:2-4, 벧전 3:14.

이 아닌 천국으로 데려간다.

　우리가 시민권에 관한 5장에서 보았듯이 신자는 현재 하늘 나라에 앉아 있다. 그러나 천국이 우리의 영원한 거처가 되고 우리가 아담이 에덴에서 경험한 것보다 더 위대한 무언가로 변화될 때가 다가오고 있다. 아담은 죄를 지을 수 있었지만 그리스도 안에 있는 신자들은 마침내 이 능력을 상실하게 될 것이다(계 21:4). 우리는 영원토록 하나님을 섬기도록 참 자유를 얻게 될 것이다.

2. 몸의 변화

　그리스도의 부활이 신자의 부활에 대한 보증인 것처럼(고전 15:20, 23) 그리스도인은 부활의 몸을 받게 될 것이다. 부활의 몸은 어떤 모습일까? 그것은 예수님이 승천하시기 전 40일간 지상에 계실 때의 그 부활한 몸과 흡사할 것이다.

　우리가 전적으로 새로운 몸을 받을 거라고 잘못 생각하는 그리스도인이 더러 있다. 만약 실제로 그렇게 된다면 '부활'이란 개념이 앞뒤가 맞지 않는다. 같은 몸이 되살아나는 것이 아니라 전혀 다른 몸이 되는 것이기 때문이다. 전자는 예수님에게 일어난 일인 반면, 후자는 환생에 가깝다. 예수님의 몸은 십자가 처형 때의 못 자국을 그대로 지니고 계셨다. 그렇기에 예수님은 의심하는 도마에게 로마 군병의 창이 관통했던 옆구리에 손을 넣어보라고 하실 수 있었다(요 20:27). 예수님이 부활 전에 가지셨던 몸과 부활 후의 몸, 이 둘 사이에는 연속

성이 있었다.[12]

아울러 예수님은 육신과 분리된 영이 아니었다. 예수님은 알아볼 수도, 만질 수도 있는 존재였다(마 28:9). 예수님을 보고 귀신이라고 생각한 제자들에게 예수님은 영은 살과 뼈가 없다고 하신 후 이 점을 입증하고자 구운 생선을 드셨다(눅 24:36-43).

그럼에도 그분의 부활한 몸은 초자연적 속성도 가지고 있었던 듯하다. 요한은 문이 잠겨 있는데도 예수님이 제자들이 있던 방에 홀연히 나타나셨다고 지적한다. 무덤가에서 마리아도, 엠마오로 가는 길에서 제자들도 처음에는 예수님을 알아보지 못하다가 나중에야 알아보았다. 그 다음 예수님은 그들이 보는 앞에서 홀연히 사라지셨다.[13]

예수님이 부활 후 가지신 몸은 현재 우리의 몸처럼 시공간에 구애받지 않는 듯하다. 이는 아주 놀라운 변화(transformation)를 뜻하며, 그래서 바울은 "생각하건대 현재의 고난은 장차 우리에게 나타날 영광과 비교할 수 없도다"(롬 8:18)라고 말했던 것이다. 바울은 부활 시점에 무언가 말할 수 없이 대단한 일이 신자에게 일어날 것을 알고 있었다.

바울은 이 변화를 다음과 같이 묘사한다. 그는 아마도 한 고린도

---

12. 여기선 못자국을 예외로 간주하는 게 좋을 듯하다. 즉 우리가 십자가 사건을 영원히 기억하도록 이 흔적을 보존하신 것이다. 달리 말하면 그리스도인은 지금 가진 모든 흉터가 부활의 몸에 그대로 남아 있지 않을까 우려하지 않아도 된다! 아래의 논의를 참조하라.
13. 요 20:15, 19, 26, 눅 24:31. 흥미롭게도 이 본문에서 헬라어 '모르페'는 예수님이 취하신 '또다른 형태'(다른 모양)을 묘사하는 데 사용되었다(막 16:12).

교인의 질문에 답하는 듯하다. "누가 묻기를 죽은 자들이 어떻게 다시 살아나며 어떠한 몸으로 오느냐 하리니"(고전 15:35). 이어서 신자의 자연 상태의 몸과 이후 받을 초자연적 몸을 상세히 대조한다.

> 썩을 것으로 심고 썩지 아니할 것으로 다시 살아나며 욕된 것으로 심고 영광스러운 것으로 다시 살아나며 약한 것으로 심고 강한 것으로 다시 살아나며 육의 몸으로 심고 신령한 몸으로 다시 살아나나니 육의 몸이 있은즉 또 영의 몸도 있느니라(고전 15:42-44).

오직 그리스도 안에서만 부활의 몸을 받기에, 바울이 첫 아담과 마지막 아담 사이의 차별점을 부각시키는 것은 적절하다.

> 첫 사람은 땅에서 났으니 흙에 속한 자이거니와 둘째 사람은 하늘에서 나셨느니라 무릇 흙에 속한 자들은 저 흙에 속한 자와 같고 무릇 하늘에 속한 자들은 저 하늘에 속한 이와 같으니 우리가 흙에 속한 자의 형상을 입은 것 같이 또한 하늘에 속한 이의 형상을 입으리라(고전 15:47-49).

우리 몸의 영화는 그리스도의 영을 통해 일어나며 오직 그리스도의 영만이 우리를 "하늘에 속한 이의 형상"으로 빚으실 수 있다. 예수님이 니고데모에게 말씀하셨듯이 육은 육을 낳을 뿐이다. 그러나 하나님의 영은 영을 낳고 더불어 우리의 유한한 몸에 생명을 부여하는 일도 하실 수 있다. "눈 깜박할 사이에" 메타모르포시스가 일어날 것이며 우리 부활의 몸은 썩지도 죽지도 않을 것이다. 이것은 오직 "부활이자 생명"이신 자이며 "우리의 낮은 몸을 자기의 영광의 몸의 형체와 같이 변하게" 하실 예수님을 통해서만 일어난다.[14]

여기에 기독교의 고유성이 드러난다. 기독교의 부활은 여러 종교가 가르치듯이 영혼이 육신이란 감옥에서 탈출하는 것이 아니다. 몸을 내버리는 것이 아니라 하나님의 영이 그 몸에 생명을 주시는 것이다. 부패와 부식에 종속된 물리적 껍데기를 팽개치는 것이 아니라 하나님의 영이 육을 살리며 썩지 않는 몸으로 변화시키는 것이다.

이 진리는 우리가 사는 방식에도 영향을 미쳐야 마땅하다. 우리의 죄와 그리스도의 부활 간에는 밀접한 관계가 있다(고전 15:17). 이 맥락에서 베드로는 신자들에게 거룩하라고 명령한다(벧전 1:15-21).

바울은 부활에 관한 논의를 실천적 권면으로 맺는다.

> 그러므로 내 사랑하는 형제들아 견실하며 흔들리지 말고 항상 주의 일에 더욱 힘쓰는 자들이 되라 이는 너희 수고가 주 안에서 헛되지 않은 줄 앎이라(고전 15:58).

---

14. 요 3:6, 롬 8:11, 고전 15:52-53(새번역), 요 11:25, 빌 3:21.

그리스도인은 우리가 받게 될 영화를 생각함으로 하나님을 섬기는 일에 오래 참아야 한다. 이는 우리가 이미 구속을 다룬 4장에서 살펴본 주제인데, 신자는 현재 하나님의 영의 권능을 힘입어 몸의 몹쓸 행실을 죽일 수 있다(롬 8:13).

3. 생각의 변화

바울은 로마 교인들에게 이렇게 썼다.

> 너희는 이 세대를 본받지(be conformed) 말고 오직 마음을 새롭게 함으로 변화를 받아(be transformed) 하나님의 선하시고 기뻐하시고 온전하신 뜻이 무엇인지 분별하도록 하라(롬 12:2).

바울은 우리가 이미 살펴본 두 헬라어 단어를 사용한다. 신자는 세상을 "본받지"(시스케마티조, syschēmatizō) 말고 그 대신 "변화를 받아"(메타모르포오)야 한다. 바울이 여기서 쓴 '본받다'란 단어는 "외적 순응을 가리키며…어떤 몸짓을 취하거나 모방하는 것을 나타낸다."[15] 이 헬라어 단어는 베드로가 "너희가 순종하는 자식처럼 전에 알지 못할 때에 따르던 너희 사욕을 본받지 말고"(벧전 1:14)라고 말할 때도

---

15. Rogers and Rogers, *New Linguistic and Exegetical Key to the Greek New Testament*, 339.

사용되었다. 두 구절 모두 그리스도인은 타락한 세상의 형태나 자세를 취해선 안 된다고 가르친다.

변화(transformation)와 정보(information) 간에는 차이가 있다. 기독교는 우리가 새로운 무언가를 습득해 그 지식에 의해 구원받는 양 정보로 움직이지 않는다. 기독교는 단지 우리의 생각(정보가 하는 일)만이 아니라 우리의 온 존재가 변하는 것이다. 이런 변화를 통해 우리는 온 마음과 뜻과 생각과 힘을 다해 하나님을 사랑하게 된다.[16]

이미 조명에 관한 8장에서 그리스도인이 하나님의 영으로 계몽된 사고와 양심을 가지고 있음을 상세히 다루었기에 여기선 반복하지 않겠다. 그러나 이런 의미에서 우리는 하나님의 형상 중 이성적 특성이 신자들 안에서 새롭게 된다는 것을 분명히 안다. 변화받은 죄인으로서 그리스도인은 하나님의 뜻을 분별할 수 있는 사고를 가졌으며, 이는 이전의 부패하고 뒤틀린 상태에선 할 수 없던 일이다.

다시금 말하지만 성경적 구원의 다양한 면은 서로 연관되어 있다. 전에는 하나님을 대적했고 영적으로 무가치하던 우리의 의지가 새롭게 되어 신실하게 하나님을 섬길 수 있게 된다(구속에 관한 4장). 우리가 하나님 및 이웃과 맺는 관계가 달라진다(화목에 관한 7장). 변화받았기에 우리는 주님이 기뻐하실 만한 도덕적 선택을 할 수 있고 경건한 열매를 맺을 수 있다. 우리의 감정조차 변화를 받아 타락한 본성의 열

---

16. 막 12:30, 눅 10:27.

매에 반하는 성령의 열매를 맺게 된다(열매 맺음에 관한 10장).

4. 창조 세계의 변화

바울은 창조 세계의 변화에 대해 설명하면서 창조 세계가 "간절히 기다리고" "허무한 데 굴복"하고 "신음하며 해산의 고통을 겪고" 있지만 "썩어짐의 종살이에서 해방"될 것이라고 한다(롬 8:19-22, 새번역). 화목을 다룬 7장에서 보았듯이 아담이 범죄했을 때 그와 환경의 관계는 어그러졌다. 창조 세계에 대한 통치권을 포함한 하나님의 형상이 훼손된 것이다. 아담과 그의 돌봄 아래 있던 만유가 다 부패와 부식의 과정에 돌입했다.

우리 그리스도인은 이 지구를 숭배하거나 지구가 우리의 영원한 거처인 것처럼 행동하진 않지만 하나님이 맡기신 창조 세계를 돌보라는 책임을 적극 수용해야 한다. 종종 자연 숭배에 대한 우리의 본능적 반응은 이곳을 쓰레기 취급하는 것이다. '결국 불살라질 텐데 지금 이 지구를 어떻게 다루든 알게 뭐람?' 이는 잘못이다. 창조 세계를 향한 하나님의 부르심을 진지하게 여기지 않는 것이다. 우리는 지구를 잘 돌봐야 한다. 돌보라. 유지 보수하라. 지키라.[17]

---

17. 지구가 재건 또는 개혁되어 만물의 완성 후 '새 하늘과 새 땅'의 일부가 되어 신자의 새 거처가 된다는 발상에 나는 반대하지 않는다(벧후 3:13, 계 21:1). 그러나 나는 현재의 땅이 불로 심판받고 멸망당한 후에야 새 땅이 도래할 것임을 강력하게 믿는다. "땅과 거기 있는 모든 것이 타서 없어질 것입니다"(벧후 3:10, 현대인의성경).

만일 당신이 나에게 살 집을 주면서 언젠가 그 집을 허물고 새 집을 지어주겠다 했다고 가정해 보자. 그런데 당신이 훗날 보니 집이 폐허가 되었는데 내가 유지 보수엔 아무 관심 없는 것을 알게 된다. 이걸 보고 당신은 내가 당신의 관대함을 어떻게 받아들인다고 생각하겠는가? 우리가 하나님의 창조 세계를 돌보는 방식은 우리가 하나님을 높이는 방식을 소리 없이 증거한다.

그럼에도 우리가 5장에서 주목했듯 이 지구는 우리의 영원한 거처가 아니다. 신자는 이곳에서 나그네이자 이방인이다. 그리스도를 통해 새 하늘과 새 땅이 임할 것이다. 이 성경적 진리의 함의는 분명하다. 현재의 창조 세계는 새롭게 되고 회복되어야 하며, 비록 우리가 지구를 보존하는 데 작게나마 기여할 순 있지만 새롭게 하기 위해서는 하나님의 새로운 창조력이 요구된다는 것이다.

> 하늘이 큰 소리로 떠나가고 물질이 뜨거운 불에 풀어지고…하늘이 불에 타서 풀어지고 물질이 뜨거운 불에 녹아지려니와(벧후 3:10, 12).

이렇듯 현 질서가 파괴되면 새 하늘과 새 땅이 필요해지며 궁극적으로 인류의 창조 세계 통치의 사명도 새롭게 대두될 것이다. 다윗은 하나님이 손수 지으신 작품에 대한 인간의 권위에 대해 다음과 같이 썼다.

주께서 만드신 하늘, 그 곳에 두신 달과 별,

내가 신기한 눈으로 바라봅니다.

사람이 무엇인데 주께서 그를 생각하시며

사람의 아들이 무엇인데 주께서 그를 돌보십니까?

주께서는 그를 천사보다 조금 못하게 하시고

영광과 존귀의 관을 그에게 씌우셨습니다

주의 손으로 만드신 모든 것을 주께서는 사람이 다스리게 하시고

모든 것을 그의 발 아래 복종하게 하셨습니다.

모든 가축과 들짐승, 공중의 새와 물고기,

모든 바다 생물이 바로 그것입니다(시 8:3-8, 현대인의성경).

시편 기자는 하나님이 그분의 비범한 창조 세계를 인간에게 종속시키셨다는 사실에 놀라움을 금치 못한다. 비록 우리가 천사보다 조금 낮게 만들어졌지만 우리의 책임은 비할 수 없이 높다.

타락 후 그 책임과 특권은 공중의 권세 잡은 세상 임금에게로 양도되었다(엡 2:2). 그러나 예수님은 이를 바로잡기 위해 오셨다. 우리는 인자가 마귀의 일을 멸하고자 오셨다는 말씀을 듣는다(요일 3:8). 멸하기 위한 한 가지 방식은 창조 세계에 대한 인류의 통치권과 관련된 하나님의 형상을 회복하는 것이다.

히브리서 기자가 예수님에 관해 언급하면서 시편 8편을 반복한 것도 이러한 이유에서다(히 2:5-8). 성육신에는 아주 실제적인 유익이 있

다. 예수님이 이땅에 오신 것은 아담이 상실한 것, 즉 창조 세계에 대한 인류의 통치권을 회복할 주인공이 되시기 위함이다. 이는 예수님이 "많은 아들들을 이끌어 영광에 들어가게"(히 2:10) 하실 때 마침내 성취될 것이다.[18]

이처럼 모든 방식에서, 죄로 어그러진 하나님의 형상이 복원될 것이다. 신자가 그리스도의 완전한 의를 부여받을 때 이 형상의 영적 특성은 변화될 것이다. 이성적, 의지적 특성이 회복된 그리스도인은 하나님의 온전한 뜻을 분별하며 죄에서 돌이켜 예수님을 따르려는 자유 의지를 행사할 수 있게 된다. 도덕적 특성이 회복된 그리스도인은 하나님이 기뻐하시는 선한 일을 한다. 과거의 경건치 못한 열매 대신 성령의 열매를 통해 감정적 특성이 발현될 것이다. 관계적으로 볼 때 신자들은 하나님 및 다른 사람들과 화목하게 된다. 마지막으로 이 형상의 통치적 특성이 신자 속에 회복되어 하나님의 창조 세계에 대한 통치권을 다시 얻게 될 것이다. 그럼으로써 그리스도인은 "썩지 않고 더럽지 않고 쇠하지 아니하는" 유업을 소유하게 된다(벧전 1:4).

하나님의 영광을 드러내기

영광에 관한 성경의 가르침은 이 '변화' 개념과 연결된다. 그리스도께

---

18. 고전 6:3, 딤후 2:12, 계 20:6.

서 하나님의 본성을 "그대로 나타내시는 분"(exact imprint, 히 1:3 현대인의성경)이라면 신자도 비슷하게 하나님의 영광을 드러내야 한다. 바울은 신자가 "세상에서… 빛들로 나타"난다고 썼다(빌 2:15).

성경에 기록된 많은 것이 하나님께 영광을 돌린다. 창조 세계, 이스라엘 백성, 죽음으로부터 나사로를 살리는 것 같은 여러 기적, 기도 응답, 선을 행하고 이웃을 섬기는 신자. 이 모든 것이 하나님을 영화롭게 하는 여러 방편이다.[19]

이와 관련해 바울은 옛 언약과 새 언약의 영광을 대조하며 놀라운 논증을 한다. 바울은 모세 율법의 영광은 이제 신자가 교회에서 경험하는 영광과 비할 바가 못 된다고 한다(고후 3:7-11). 나에게 이것이 놀랍게 다가오는 것은 구약에 기록된 모세가 경험한 영광이 너무도 경이로웠기 때문이다. 가령 시내산에 불과 번개와 연기와 함께 여호와의 영광이 가시적으로 임하자 백성은 두려움에 떨었다. 여호와의 영광이 성전을 가득 메웠을 때 제사장들은 직무를 수행할 수 없을 정도였다. 마찬가지로 모세는 회막에 들어가 하나님과 대화한 후에 얼굴의 광채 때문에 가리개를 써야 했다.[20]

만일 그 자리에 있었다면 나는 이 장엄한 사건들을 결코 잊지 못할 것이다. 당신도 그렇지 않겠는가? 바울이 새 언약의 영광이 더 중하

---

19. 시 19:1, 사 43:6-7, 요 11:4, 14:13, 요 15:8, 마 5:16, 벧전 4:11.
20. 출 19:19, 20:18, 40:35, 34:29-35, 왕상 8:11.

다고 했을 때 나는 머릿속이 하얘졌다. 신자는 그리스도의 몸인 교회에 속해 있으며 이 교회는 하나님의 영광으로 찬란하게 빛난다. 나는 분명 모세의 눈부신 얼굴을 보고 싶지만 오늘날 우리에게 있는 것이 그보다 훨씬 위대하고 찬란하다.

예배, 그리고 변화의 언어

하나님이 공예배를 허락하신 것은 자녀들이 그 아들을 닮아가도록 변화시키기 위함이었다. 우리는 예배를 불신자나 구도자들을 위한 무언가로 만들어선 안 된다. 예배는 무엇보다 하나님께 초점을 맞추어야 한다. 하나님 중심의 예배만이 죄인들을 변화시킨다.

'어떻게 그럴 수 있죠?'라고 당신은 반문할 것이다. 불기둥과 구름기둥을 보고 우레 같은 하나님의 음성을 듣고 해처럼 빛나는 모세의 얼굴을 보는 편이 더 영광스럽지 않을까? 그러나 그 가시적인 장관이 필요했던 것은 하나님이 이스라엘 백성을 끊임없이 애정을 요구하는 아기처럼 대하셨기 때문이다.

아기를 생각해 보자. 아기 곁엔 줄곧 엄마가 있다. 그러나 엄마가 방을 나가자마자 울기 시작한다. 이스라엘 백성이 그랬다. 믿음이 부족했기에 하나님으로부터 끊임없는 표적과 기사가 주어져야 했다. 우리는 그래선 안 된다. 우리에겐 내주하시는 성령과, 길잡이가 될 완전한 하나님의 말씀이 있다. 우리는 표적과 기사가 필요하지 않다. 하나님이 우리를 신생아처럼 다루지 않으셔도 된다. 우리는 보이는 것이 아닌 믿음으로 산다.

구약의 어떤 것보다 영광스런 것이 임했고 우리가 그 일부다. 바울은 "영광되었던 것이 더 큰 영광으로 말미암아 이에 영광될 것이 없으나"라고 썼다(고후 3:10). 교회는 "하나님의 각종 지혜"를 선포하고 하나님께 영광을 돌린다(엡 3:10, 21). 바울은 우리를 위해 그리스도인의 책임을 이렇게 정리해 주었다. "그런즉 너희가 먹든지 마시든지 무엇을 하든지 다 하나님의 영광을 위하여 하라"(고전 10:31).

교회에서 당신 옆자리에 앉은 그리스도인은 주일 오전에 교회 주차장에 출현하는 불기둥보다 영광스럽다. 신자도 광대한 우주만큼이나 하나님의 영광을 드러낸다. 그 사람 안에서 하나님이 부패한 죄인을 온전한 아들의 형상으로 변화시키며 걸작으로 빚어가시는 중이기 때문이다. 그래서 예수님은 아버지께 이렇게 기도하셨다. "내게 주신 영광을 내가 그들에게 주었사오니 이는 우리가 하나가 된 것 같이 그들도 하나가 되게 하려 함이니이다"(요 17:22).

너희 속에 있는 그리스도의 형상

바울은 갈라디아 교인들에게 보낸 편지에서 그들이 거짓 교사들의 헛된 가르침을 물리치고 바울의 사역을 통해 처음 받아들였던 복음으로 돌아가길 소망한다. 바울 사도는 "너희 속에 그리스도의 형상을 이[룰](모르포오)" 날을 고대한다(갈 4:19).

그때까지 갈라디아의 신생 교회는 갈등을 겪을 것이다. 거짓 교사들은 신자들이 율법으로 돌아가 다시금 율법주의자가 되길 바라지만 바울은 율법 안에는 죄를 극복할 능력이 없음을 안다. 율법은 결코 죄인을 변화시킬(transform) 수 없다. 율법은 결코 사람을 예수님의 모양대로 빚을 수 없다. 오직 성령만이 어린 신자들이 육신의 소욕에서 돌이켜 그리스도를 따르게 만들 수 있다. 그렇기에 바울은 갈라디아인들이 성령으로 행하길 바란다(갈 5:16-17). 오직 하나님의 성령을 통해서만 죄인이 그리스도의 형상으로 다시 지음받을 수 있다.

갈라디아서의 다음 구절은 우리에게 익숙하다. 이 구절은 우리가 다른 곳에서 본 것과 유사한 비포/애프터 그림을 그리고 있다. 바울은 죄 된 육신의 소욕에 넘어간 삶과 성령의 인도를 받는 삶을 대조한다.

> 육체의 일은 분명하니 곧 음행과 더러운 것과 호색과 우상 숭배와 주술과 원수 맺는 것과 분쟁과 시기와 분냄과 당 짓는 것과 분열함과 이단과 투기와 술 취함과 방탕함과 또 그와 같은 것들이라 전에 너희에게 경계한 것 같이 경계하노니 이런 일을 하는 자들은 하나님의 나라를 유업으로 받지 못할 것이요 오직 성령의 열매는 사랑과 희락과 화평과 오래 참음과 자비와 양선과 충성과 온유와 절제니 이같은 것을

금지할 법이 없느니라(갈 5:19-23).

'구원받는다는 것'은 무슨 의미일까? 그것은 썩어짐과 부패를 특징으로 하는 삶에서 성령을 통해 목적과 의미를 부여하시는 살아 계신 하나님께로 돌이키는 것을 의미한다. 그것은 하나님과 그 나라에 아무 쓸모도 없던 사람에서 하나님을 섬기고 영화롭게 할 줄 아는 사람이 되는 것을 의미한다. 그것은 신자가 그리스도의 모양대로 다시 빚어짐에 따라 이마고 데이가 새로워지는 것을 의미한다. 그것은 결함 있는 상태에서 영화로운 상태로 이동하는 것을 의미한다.

그러나 우리의 시민권은 하늘에 있는지라 거기로부터 구원하는 자 곧 주 예수 그리스도를 기다리노니 그는 만물을 자기에게 복종하게 하실 수 있는 자의 역사로 우리의 낮은 몸을 자기 영광의 몸의 형체와 같이 변하게 하시리라(빌 3:20-21).

과학의 언어로 표현된 구원의 핵심 용어

#변화 #순응 #인치심 #부패 #부식 #결함 #하나님의 형상(이마고 데이) #그리스도의 형상(이마고 크리스티) #모양 #영광 #승천 #영화 #부활

그룹 토의 질문

1. 예수님께로 돌이킨 후 자신의 삶이 어떻게 달라졌는지를 중심으로 비포/애프터 상태에 대해 나누는 시간을 가져보자.
2. 그리스도인이 지구의 환경을 제대로 돌보는 책임에 대해 강조하면서도 지구 숭배자가 되지 않을 방법은 무엇이 있는가?
3. 그리스도를 섬기기 위해 우리의 몸과 마음의 변화 과정에 참여할 구체적인 방법은 무엇이 있는가?
4. 이번 주에 삶의 어떤 모습으로 하나님께 영광을 돌렸는가?

12
공동체의 언어
분리에서 연합으로

이로써 그 보배롭고 지극히 큰 약속을 우리에게 주사
이 약속으로 말미암아 너희가 정욕 때문에
세상에서 썩어질 것을 피하여
신성한 성품에 **참여하는 자**가 되게 하려 하셨느니라.
베드로후서 1:4

참여
Participation

기독교의 세 분파 중 규모로는 가장 작은 동방 정교회가 있다. 그중 러시아 정교회, 그리스 정교회, 에티오피아 정교회는 역사적으로도 다채로운 기독교 형태의 사례들이다. 동방 정교회는 1054년 로마제국이 동서로 나뉘는 대 분열을 계기로 보편 교회 역시 둘로 쪼개지는 과정에서 시작되었는데, 세월이 흘러 서방교회는 로마 가톨릭이 되었고 동방교회는 (터키 이스탄불의 옛 이름인 콘스탄티노플에 중심지를 둔) 정교회로서 하나의 분파로 자리잡았다.

복음주의자들이 정교회를 딱 잘라 거부하는 것은 무책임한 처사다. 정교회의 역사는 개신교보다 거의 천오백 년이나 더 장구하다. 중요한 교리 논쟁에서 개신교 학자들이 자주 인용하는 이레나이우스,

아타나시우스, 대 바실리우스, 크리소스토무스 등 초기 교회 교부들의 신학은 분명 정교회 입장을 대변한다. 개신교도들이 삼위일체와 그리스도의 위격과 본성에 관해 믿는 바 역시 상당 부분 정교회 학자들의 묵직한 영향 아래 있다. 우리는 기독교 초기의 이 주요한 증인들에게 큰 빚을 지고 있다.

이번 장에서 우리는 (애석하게도 개신교 신앙 교리에서 외면받아온) 구원에 관한 정교회 개념 중 한 요소에 집중하려 한다. 그것은 (일부 학자들이 '연합'[union]이라 부르는) '참여'(participation)의 개념이다.

친교(fellowship), 동료(companion), 성찬(communion), 참여자(partaker), 동반자(partner), 동반자 관계(partnership) 등 다양한 영어 단어들이 헬라어, '코이노니아'(koinōnia)에서 유래했다. 세속 헬라어에서 코이노니아와 그 파생어는 동업, 동업자나 동료, 법적 동반자 관계, 재물 공동 소유 등을 묘사하는 데 사용되었다. 코이노니아는 또한 우정, 결혼, 시민의 지체의식 등을 언급할 때도 사용되었다. 공동체의 본질적 의미는 코이노니아에 담겨 있다. 그러나 이 단어가 종교 용어로 두루 사용된 것은 성경 기자들에 의해서였다.[1]

이 헬라어는 이번 장 서두에서 인용한 베드로후서에 나온다. "신성한 성품에 참여하는 자"(partakers of the divine nature)란 구절은 실로 흥미진진하다. 동방 정교회는 이 대목을 구원에 관한 이해의 초석으

---

1. Kittel, *Theological Dictionary of the New Testament*, 3:797-99.

로 삼았다. 이 구원관은 개신교에서 전통적으로 발견되는 구원관과는 강조점이 다르지만 그럼에도 성경적이다.

성육신에 대한 강조

하나님은 우리의 죄를 사하시는 것 그 이상을 행하셨다. 하나님은 사람이 되셨다. 하나님은 아들의 성육신을 통해 우리 인간의 본성에 참여하셨다. 이 구원 모델은 '인류의 무죄 선언'보다 '인류가 신성한 성품에 참여하는 것'에 강조점이 있다.

4세기 이집트 알렉산드리아의 교부였던 아타나시우스는 성육신에 대한 이러한 이해를 주요 논거로 삼아 아리우스의 이설에 대항했다. 아리우스는 선재하는 하나님의 아들, 로고스가 피조물이라고 가르쳤다. 로고스가 하나님의 첫 번째 피조물이었으며 그를 통해 나머지 만물이 만들어졌다는 것이다. 아타나시우스는 로고스에 대한 이런 이해가 기독교의 구원을 완전히 훼손한다고 판단했다.

아리우스의 견해를 논하기 위해 소집된 리비아와 이집트 교부들의 종교 회의에서 아리우스와 다른 몇몇이 이단으로 선포되었다. 아리우스는 이에 굴하지 않고 팔레스타인으로 가서 자신의 견해를 널리 전파하기 시작했고 상당한 추종 세력을 모았다. 로마제국의 첫 그리스도인 황제, 콘스탄티누스는 이런 논쟁이 자기 제국의 연합을 깨트린다고 보고 이 문제를 해결하기 위해 공회를 소집했다. 이 최초의

에큐메니칼(헬라어로 '전 세계'를 뜻한다) 공회는 325년 니케아란 도시에서 개최되었다.

이전의 종교 회의에서 아타나시우스의 반대 논증은 아리우스주의의 문제점을 드러내고 단죄에 합당한 근거를 제공하는 데 주효했다. 아타나시우스의 주된 주장은 대단히 구원론적이었다. "우리에게 하나님과 '본질상 하나'이신 구세주가 없다면, 우리에겐 구세주이신 하나님도 없는 것이다."

하나님에 관한 교리 강의에서 나는 칠판에 단어 열다섯 개를 쓰고 학생들에게 이 단어들을 분류하라고 주문한다. 사자, 하나님, 사람, 책, 사과, 천사, 강, 여자, 나무, 사탄 등이다. 나는 학생들에게 그들이 합당하다고 생각하는 대로 항목들을 묶으라고 한다. 간혹 무생물과 생물을 묶는 학생이 있다. 또 하나님과 천사를 영적 연관성이 있다고 보고 한 범주로 묶지만 (또 다른 영적 존재인) 사탄은 동일한 범주에 놓기를 주저하는 학생도 있다. 또 어떤 학생은 너무 혼돈스러워 거의 단어 수만큼 많은 범주를 만들기도 한다!

그런데 드물게 하나님을 홀로 존재하는 범주에 놓는 학생이 있다. 근본적인 의미에서 모든 낱낱의 항목은 하나님을 제외하곤 다 유한한 존재다. 하나님은 창조되지 않은 유일하게 무한한 존재시다.

아타나시우스는 로고스를 유한한 범주에 둔 것이 아리우스주의의 문제라고 보았다. 아타나시우스의 논증은 이번 장의 논의와 관련된 또 다른 기독교 교리와 연결되어 있다. 그 교리는 창조 세계를 '무에서 나오다'(out of nothing)를 뜻하는 라틴어, 엑스 니힐로(ex nihilo)로 이해하는 것이다.

무에서 나오다

그리스도인으로서 우리는 만물이 하나님이라고 믿지 않는다. 범신론(pantheism)으로 알려진 이 신앙은 힌두교와 불교, 그리고 동양의 신비주의 영향을 받은 다양한 종교에서 발견된다. 아울러 우리는 창조 세계가 하나님의 일부(범재신론, panentheism)라고 믿지 않으며 창조 세계가 하나님과 나란히 공존한다(이원론, dualism)고도 믿지 않는다. 우리는 창조 세계가 본질적으로 하나님으로부터 분리되어 존재하지만 그 존속이 하나님께 달려 있다고 믿는다.

무에서 나온 창조 세계는 스스로 존재할 수 없다. 창조 세계는 매 순간 그것을 지탱하는 하나님의 섭리적 말씀이 있기에 존재할 수 있다(히 1:3). 만일 단 한 순간이라도 하나님이 창조 세계를 지탱하시는 손을 거두신다면 당장에 무(nothing)로 돌아갈 것이다. 엑스 니힐로는 우주에 대한 기초적 이해이며 기독교 신앙과 거의 모든 다른 종교들과의 차별점이다.

만일 로고스가 엑스 니힐로의 창조 세계의 일부라면 로고스는 스스로 생명을 가지지 못하며 여타 타락한 창조 세계에 생명을 부여할 수 없을 것이다. 오직 하나님과 본질상 하나인 로고스만이(헬라어로 호모우시오스[homoousios]는 이를 가리키는 전통적 신학 용어다) 엑스 니힐로의 창조 세계에 생명을 부여할 수 있다. 아타나시우스의 강력한 논증처럼 로고스는 하나님과 본성상 하나여야 하며 그렇지 않으면 인류를 구원할 수 없었을 것이다.

혹자는 이렇게 물을 것이다. "하나님이 그냥 타락한 인류가 죄사함 받았다고 선언하시면 되지 않나요?" 하지만 이 관점은 구원에 관한 다른 유효한 설명들을 간과한 채, 오직 칭의 모델이 우리 복음주의를 지배하도록 허락한 결과일 뿐이다. 구원을 대하는 복음주의의 지배적인 시선은 하나님이 재판석에 앉아 유죄인 죄인을 무죄라고 선언하시는 그림이다. 칭의 모델에서 인류의 유일한 문제는 죄다.

참여적 모델에서 인류의 문제는 필멸성(mortality), 즉 엑스 니힐로의 상태로 돌아간다는, 불변하는 위협이다. 이 문제에 대한 유일한 해결책은 하나님이 인간이 되시는 것이다. 바로 그래서 동방 정교회가 '성육신적'이라는 꼬리표를 달게 되었지만 복음주의도 똑같이 그런 꼬리표가 달리지 않은 것은 안타까운 일이다. 분명 성육신은 여느 그리스도인 못지 않게 복음주의자에게 중요한 개념이다.

죄인들이 수혈 장치에 연결되어 있고 타락한 인류의 피가 완전한 사람이신 예수님의 피로 대체되는 그림을 상상해 보자. 우리는 단지 죄사함을 받았기에 구원받는 게 아니다. 우리는 성육신하신 신인(神人) 안에 실제로 참여하기에 구원받는 것이다. 그분의 피가 우리의 혈관을 타고 흐르고 있다. 학자 P. D. 스티브스는 이를 명료하게 표현했다.

동방 정교회 신학에서는 인간이 하나님을 알고 그의 생명을 공유하도록 부르심 받았다고 본다. 그럼으로써 하나님의 외적 활동에 의하거나 명제적 진리에 대한 깨달음에 의해서가 아니라, 인간 자신이 신화(神化, deified) 됨으로써 구원받는다고 본다.[2]

이 관점에서 하나님은 '죄사함'보다는 '생명'을 주시는 자이며, 구원은 '죄'보다는 '사망'에 대한 승리라고 볼 수 있다.

"이는 내 몸이니"

그러나 복음주의자도 성령의 내주하심(indwelling)에 관해 말할 때는 이 참여 개념을 가진다. 우리는 성령을 통해 하나님의 신성한 권능에 참여한다(partake). 그럼에도 구원을 이런 방식으로 설명하는 경우는 들어보기 어렵다.

첫 번째 장에서 고찰했듯, 이 내주하심은 그리스도에 대한 믿음을 고백한 후에야 시작되는 게 아니다. 오히려 그 반대로 우리는 성령의 내주 없이는 예수님에 대한 믿음을 고백할 수 없다. 그렇다면 중생은 구원의 참여적 모델과 밀접하게 연결되어 있다고 할 수 있다. 우리가

---

2. P. D. Steeves, "The Orthodox Tradition," *Evangelical Dictionary of Theology*, 874. 정교회 신학자들이 말하는 '신화'(神化)는 인간이 실제로 신이 되는 게 아니라 하나님을 닮아간다는 것이다. 이를 전문용어로 인간의 신화(theosis)라고 한다.

살아나게 된 이유는 하나님의 성령이 우리 안에 거하심으로 우리에게 생명을 주어 아담의 타락으로 말미암은 부패로부터 자유함을 부여하시기 때문이다. 만일 우리가 신성한 성품에 참여하지 않는다면 우리에겐 구원의 소망이 없을 것이다.

왜 복음주의자들은 구원의 이 성육신적 측면을 강조하는 데 종종 실패하는 걸까? 어쩌면 우리가 남용을 두려워하기 때문일지 모른다. 가령 동방 정교회에는 성례 중심주의(sacramentalism)의 흐름이 강하다. 신적 활력(divine energy)에 참여하는 것을 강조하다 보면 성찬에 대한 견해가 극단적으로 바뀔 수 있다. 몇 발짝만 더 가면 떡이 말 그대로 예수님의 살이 되고 포도주가 예수님의 피가 된다고 이해한다. 성찬은 예수님을 먹는 것이 되며 신적인 활력에 참여하는 또 다른 기회가 된다.

그러나 우리는 이 참여적 구원 모델을 이렇게까지 확장해선 안 된다. 개신교도로서 나는 이런 성찬관에 극도의 반감을 가지고 있다. 이는 예수님이 제자들과 함께하신 최후의 만찬에 대한 합당치 않은 이해다. 그것은 그저 하나의 떡 조각에 불과했다. 만일 본래의 성찬에서 떡이 실제로 예수님의 살이 되는 게 아니었다면 왜 그 후의 모든 성찬이 그러리라 믿는 걸까?

이는 가톨릭의 성찬관이기도 하다. 개신교도들은 이 성찬관을 배척하려다가 반대 방향으로 너무 멀리 가버렸다.[3] 성찬을 통해 우리는 그리스도에 참여한다. 단지 물리적 방식으로 이뤄지는 게 아닐 뿐이다. 성찬에서 신자는 그리스도에 대한 참여자(코이노노스, koinōnos)가 되고 성령을 통해 그리스도와 교제(코이노니아)를 나눈다.

어떤 개신교도들은 성찬을 기념 예배에 가까운 것으로 만들어버렸다. 분명 "너희가 이를 행하여 나를 기념하라"가 예식의 여러 의미 중 하나인 건 맞지만 유일한 의미는 아니다. 성찬에선 단지 기억을 일깨우는 것 이상이 일어난다. 하나님의 영의 활동과 성찬을 결별시키면 자기도 모르게 성찬에서 진정한 권능을 앗아가고 만다.

마귀에 참여하다

바울은 성찬에서 단순히 예수님이 우리를 위해 행하신 바를 기억하는 것 이상의 일이 일어난다고 주지한다. 복음주의자들은 주의 만찬을 기념할 때 보통 성만찬 예식을 다루는 고린도전서 11장의 익숙한 구절을 낭독한다. 그러나 그 앞장에서 바울은 성례 중 일어나는 일의 이해를 도모하고자 아주 중요한 이야기를 꺼낸다.

---

3. 로마 가톨릭과 동방 정교회 둘 다 성찬 식사 중 떡과 포도주가 예수님의 살과 피가 된다고 믿지만 성찬 중 이 일이 일어나는 정확한 시점에 대해선 의견을 달리한다.

우리가 축복하는 바 축복의 잔은 그리스도의 피에 참여함이 아니며 우리가 떼는 떡은 그리스도의 몸에 참여함(participation)이 아니냐 떡이 하나요 많은 우리가 한 몸이니 이는 우리가 다 한 떡에 참여함이라 육신을 따라 난 이스라엘을 보라 제물을 먹는 자들이 제단에 참여하는 자들이 아니냐 그런즉 내가 무엇을 말하느냐 우상의 제물은 무엇이며 우상은 무엇이냐 무릇 이방인이 제사하는 것은 귀신(demons)에게 하는 것이요 하나님께 제사하는 것이 아니니 나는 너희가 귀신과 교제하는 자가 되기를 원하지 아니하노라 너희가 주의 잔과 귀신의 잔을 겸하여 마시지 못하고 주의 식탁과 귀신의 식탁에 겸하여 참여하지(partake) 못하리라(고전 10:16-21).

충격적이게도 바울은 우상 숭배를 귀신들의 식탁에 참여하는 것과 연결짓는다. 물론 우상이란 단지 나무 조각이나 금속을 빚은 것에 불과하다. 그러나 참여자들이 이 우상에 제물을 바칠 때 귀신들이 그 기회를 틈타 그들과 교통하고 교제한다. 바울이 고린도 신자들에게 "귀신과 교제하는 자"(participants with demons)가 되지 말라 경고한 것은, 귀신들에게 제사 드리는 것이 그저 귀신들이 행한 바를 기억하는 행위란 뜻이 아니다. 오히려 그들이 귀신들에 '참여한다'는 뜻이며, 그것은 단순히 기억하는 사고 행위 그 이상의 뭔가 엄청난 일이라는 것이다.

그리스도인이 성찬에 참여할 때 그들은 그리스도에 참여한다. 비록 이 참여의 정확한 속성이 낱낱이 밝혀진 건 아니지만 우리는 성찬의 재료가 물리적으로 예수님의 살과 피가 된다고 넘겨짚어선 안 된다. 그러나 우리는 다른 성경적 원리에 비추어 이 참여가 본질상 신령한 것이라 주장할 수 있다. 성찬에 참여하는 신자들은 신비한 방식으로 성령을 통해 그리스도에 참여한다.

예배, 그리고 참여의 언어

역사적으로 성찬이 정신적인 기억 작용 그 이상도 이하도 아니라고 믿는 쪽은 그리스도인 중 소수에 불과했다. 교회사 내내 대다수의 신자들이 성찬을 그리스도에 실제적으로 참여하는 일로 보았다. 성찬을 지키고 난 후 믿음이 견고해지는 것을 느낀 적이 있는가? 하나님은 우리의 사고뿐 아니라 영을 견고하게 하려고 성찬을 허락하셨다.

바로 그래서 바울은 그리스도인이 귀신과 그리스도에 둘 다 참여하는 것이 가증하다고 본 것이다. 만일 성찬에서 나누는 식사나 우상에게 바친 제물이 별다른 영적 의미가 없는 고기와 음료였다면 둘 다 먹는다고 문제될 일은 없을 것이다. 그러나 이교도의 제사에는 귀신과의 영적 참여가 있고 성찬에는 그리스도와의 영적 참여가 있다. 그렇기에 둘을 동시에 고수하는 것은 가능하지 않다.

사실 우리가 이 영적 참여를 진지하게 받아들인다면, 일부 고린도 교인 중에 성찬에 함부로 참여했다가 병에 걸리거나 죽은 자들이 있었다는 게 이해가 된다(고전 11:30). 만일 성찬 예배의 떡과 포도주에 물리적 특성 외에 더 큰 의미가 없다면 왜 그것을 잘못 섭취하는 사람들에게 이런 끔찍한 결과가 초래된 걸까?

이렇게 영적으로 성찬을 이해하면 최후의 만찬도 더 잘 이해될 것이다. 예수님이 떡을 든 채 "이는 내 몸이니라" 하시고 잔을 든 채 "이것은…나의 피"라고 하셨을 때 단지 물리적인 의미로 말씀하신 게 아니라 영적 실체를 계시하셨던 것이다. 신자들은 그리스도의 십자가 죽음에 영적으로 참여한다. 그렇지 않다면 우리에겐 구원의 소망이 없을 것이다.

바울은 세례에 관해서도 비슷한 논증을 한다. 세례는 단지 물과 몸이 맞닿는 일이 아니다. 세례는 그리스도에 영적으로 참여하는 것이다. 그러므로 바울은 이렇게 말했던 것이다.

> 무릇 그리스도 예수와 합하여 세례를 받은 우리는 그의 죽으심과 합하여 세례를 받은 줄을 알지 못하느냐 그러므로 우리가 그의 죽으심과 합하여 세례를 받음으로 그와 함께 장사되었나니 이는 아버지의 영광으로 말미암아 그리스도를 죽은 자 가운데서 살리심과 같이 우리로 또한 새 생명 가운데서 행하게 하려 함이라(롬 6:3-4).

여기서 바울이 뜻하는 바가 신자의 물리적 죽음이 아님은 자명하다. 신자들은 세례라는 성례를 통해 그리스도의 죽음에 영적으로 참여한다. 개신교 개혁주의자 장 칼뱅은 성찬을 가리켜 "영적 만찬"으로 언급하면서 성찬을 거행할 때 "그리스도는 자신이 생명을 주는 떡임을 입증하시며, 거기서 우리 영혼은 참되고 복된 불멸을 먹는다"[4]고 정의했다. 성찬을 "우리 영혼의 양식"이라고도 부른 칼뱅은, 성찬을 통해 그리스도와 신자 간에 영적 참여가 일어난다고 보았다. 칼뱅은 "내가 진실로 진실로 너희에게 이르노니 인자의 살을 먹지 아니하고 인자의 피를 마시지 아니하면 너희 속에 생명이 없느니라"(요 6:53)는 예수님 말씀을 언급하며 성례를 통해 그리스도의 영적 생명으로의 참여가 일어난다고 보았다.

> 몸에 양식을 공급하려면 떡을 보는 게 아니라 먹어야 하는 것처럼, 그리스도의 권능으로 영적 생명이 일깨워지려면 우리 영혼이 참되고 깊게 그리스도에 참여해야 한다.[5]

주의 만찬의 의미를 다룬 칼뱅의 주석에서 인용한 다음 내용은 이 책에서 지금까지 살펴본 기독교 구원의 다양한 측면들을 종합할 뿐 아니라 신성한 성품에 참여하는 것에 관해 말한다.

---

4. Calvin, *Institutes*, 4.17.1.
5. 같은 책, 4.17.5.

이는 그분이 측량할 수 없는 너그러우심으로 우리에게 허락하신 대단히 '놀라운 거래'다. 즉 그분은 우리와 같이 사람의 아들이 되심으로 우리가 그분과 같이 하나님의 아들들이 되게 하셨다. 그분은 지상으로 강림하여 우리의 승천을 예비하셨다. 그분은 우리의 필멸성을 떠맡으심으로 그분의 불멸성을 우리에게 주셨다. 그분은 우리의 연약함을 받아들이심으로 우리를 그분의 능력으로 강건케 하셨다. 그분은 우리의 빈곤을 스스로 덧입으심으로 자신의 부요를 우리에게로 이전하셨다. 그분은 (우리를 억압하던) 우리 불의의 무게를 친히 짊어지심으로 자신의 의를 우리에게 덧입히셨다.[6]

특별히 주목할 점은 예수님이 우리가 불멸을 얻도록 우리의 필멸성을 떠맡으셨다는 칼뱅의 주장이다. 이야말로 신적 활력에의 참여에 대한 정교회적 이해와 정확히 맞아떨어진다.

그리스도와의 연합

어떤 기독교 학자들은 '참여'보다는 그리스도와의 '연합'(union)을 말한다. 내가 이번 장에서 '참여'라는 단어를 선호한 이유는 이 개념을

---

[6] 같은 책, 4.17.2. 칼빈은 이 책 다른 대목에서 그리스도에 대한 참여의 의미를 상세하게 밝힌다(3.1.1.과 그 뒷부분 참조).

표현하는 헬라어에 대한 더 직접적인 번역이기 때문이다. 그러나 그리스도와의 연합이란 개념을 표현하는 성경 본문도 있다.

1. "그리스도 안에"

바울 서신 전반에 걸쳐 수십 차례 등장하는 이 표현은 신자들이 예수님을 믿음으로 말미암아 경험하는 풍성한 유익의 결정체다. "그리스도 안에"(in Christ) 있다는 것은 그리스도가 우리를 위해 행하신 모든 일의 유익을 누린다는 의미다.

탈옥을 생각해 보자. 예수님이 감옥 창살을 부수시고 당신은 예수님과 함께 탈옥한다. 예수님의 자유는 당신의 자유다. 예수님의 성공은 당신의 성공이다. 이것이 그리스도와의 연합이 의미하는 바다. 예수님이 무엇을 성취하시든 그건 마치 당신이 성취한 것과 다름 없다.

신약의 이 개념은 여기서 상세하게 다루기에는 너무 광범위하다. 그렇기에 우리의 논의를 바울의 에베소서 서두의 한 대목으로 국한하고자 한다. 바울은 첫 열네 절에 걸쳐 "그리스도 안"과 "그 안"이라는 표현을 열 차례나 사용한다. 우리는 신자들이 세상의 기초가 놓이기 전에 그리스도 안에서 택정받았음을 알게 된다. 그리스도인은 그리스도 안에서 모든 영적 축복을 소유한다. 그리스도인은 그리스도 안에서 구속 곧 죄사함을 받는다. 그리스도인은 그리스도 안에서 성령의 인치심을 받고 유업을 받는다.

끝까지 견고히 잡고 있으면 그리스도와 함께(in Christ) 참여한 자가 되리라(히 3:14).

2. "그리스도와 함께"

그리스도인이 "그리스도와 함께"(with Christ) 경험하는 것이 몇 가지 있다. 그리스도인은 그리스도와 함께 죽었고 그리스도와 함께 장사되었고 그리스도와 함께 살며 그리스도와 함께 부활하고 그리스도와 함께 십자가에 못 박혔고 이 세상을 떠날 때 그리스도와 함께하며 그리스도와 함께 통치할 것이다.[7]

이는 너희가 죽었고 너희 생명이 그리스도와 함께 하나님 안에 감추어졌음이라(골 3:3).

3. "그리스도를 덧입다"

바울은 신자와 그리스도의 연합을 이야기하고자 의복의 언어를 사용한다. 아래 구절에는 "그리스도를 덧입다"(put on Christ)는 것의 문자적 의미가 잘 담겨 있다.

누구든지 그리스도와 합하기 위하여 세례를 받은 자는 그리스도로 옷

---

7. 롬 6:4, 8, 골 3:1, 갈 2:20, 빌 1:23, 계 20:4.

입었느니라(have clothed yourselves with Christ, 갈 3:27).

에베소서 6장에서 바울이 신자들에게 하나님의 전신갑주를 입으라고 할 때 동일한 헬라어 단어가 쓰였고, 베드로가 신자들에게 서로 겸손으로 허리를 동이라고 말할 때(벧전 5:5)도 이와 유사한 단어가 사용되었다. 마찬가지로 그리스도인은 긍휼, 친절, 온유, 오래참음으로 옷 입어야 한다.[8]

> 오직 주 예수 그리스도로 옷 입고 정욕을 위하여 육신의 일을 도모하지 말라(롬 13:14).

그리스도인은 예수님이 이 땅에 계실 때 행하신 모든 일에 참여한다. 그들은 예수님의 무죄하신 삶, 속죄의 십자가 죽음, 죽음을 이긴 부활, 영화, 그리고 그리스도인을 "그리스도 예수 안에서 함께 하늘에 앉히시"는 승천에 참여한다(엡 2:6). 우리의 죄가 예수님께로 전가된 것처럼 그분의 의는 그분과의 이 영적 연합을 근거로 우리에게 전가되었다. 그런데 이 연합은 단지 예수님이 과거에 행하신 일에만 국

---

8. 엡 6:11, 벧전 5:5, 골 3:12. 하나님 앞에서 자신의 행위로 스스로 의롭다 여기는 자들은 더러운 옷을 입은 자들과 같다(사 64:6). 히브리어로 이 '더러운 옷'은 문자적으로 (유대인들이 지극히 부정하다고 여긴) 여성의 생리대로 사용하던 해진 천을 가리킨다. 신자로서 우리는 더러운 누더기에서 그리스도의 흰 옷으로 옮겨간다(계 3:18, 6:11).

한되지 않는다. 지금도 그리스도인은 믿음의 행보 가운데 그리스도로 옷 입는다. 이런 의미에서 그리스도인은 세상의 기초가 놓이기 전에 그리스도와 연합했으며 영원까지 그분과 함께 연합한 채 남아 있을 것이다. 신약학자 에드먼드 클라우니가 고찰했듯 "그리스도인의 신분은 그리스도의 신분에 전적으로 의존한다. 그리스도인은 그리스도와 연합되었기 때문이다."[9]

이번 장 서두에서 언급한 베드로후서에 보면 이 참여는 신자로 하여금 "정욕 때문에 세상에서 썩어질 것"(1:4)을 피하게 한다. 이 썩어짐은 하나님의 형상을 상실한 것에 관한 앞장 내용과 맥을 같이한다. 타락한 인류는 더 이상 창조 때의 본래 생명을 가지지 못한다. 필멸성에 억눌린 인류가 본래의 순수한 상태로 복귀하려면 오직 하나님의 생명에 참여하는 길밖에 없다. 이는 성육신을 통해 일어난다.

이것이 중생과 어떤 관련이 있을까?

관찰력이 뛰어난 사람이라면 신자가 중생과 참여, 이 두 가지를 통해 사망에서 생명으로 옮겨진다는 사실을 알아차렸을 것이다. 정말 그렇다면 우리는 이 두 가지 용어를 사용하면서 동일한 내용을 이야기하는 게 아닐까?

---

9. Clowney, *The Message of 1 Peter*, 83.

그렇기도 하고, 그렇지 않기도 하다. 참여와 중생의 개념 간에는 분명히 유사성이 있다. 위로부터 거듭나 성령의 전인 몸을 가진다는 것은 "신성한 성품에 참여하는 자"의 정서를 반영한다. 죽었던 것에 생명이 부여된다. 놀랍게도 창조 때 함께 계셨으며 예수님을 죽음에서 일으키신 그 영이 이제 우리 안에 살아 계신다.[10]

그러나 정교회가 이해하는 '참여'에는 다른 강조점이 있다. 내가 정교회의 견해에 전적으로 갈채를 보내기가 망설여지는 이유이기도 하다. 중생은 하나님의 말씀이신 분을 통해 중재된 성령의 역사다(약 1:18, 벧전 1:23). 그런데 정교회는 '성육신'이 타락한 인류가 새 생명에 참여하는 유일한 방편이라고 강조한다. 사소한 것을 지나치게 따지는 것처럼 보일 수 있지만, 이 강조는 호들갑스러울 정도이며, 중차대한 죄의 문제에서 확연한 견해 차이를 초래한다.

정교회는 성육신 안에서 인류가 '이미' 새 생명에 참여했다고 가르친다.

> 정교회는 원죄를 배척한다. 인간은 필멸의 존재로 태어나고, 그러므로 죄를 짓는다는 것이다. 서구에서 보통 이 문제에 접근하는 방식과 역방향인 것이다.[11]

---

10. 창 1:2, 롬 8:11.
11. Steeves, "The Orthodox Tradition," *Evangelical Dictionary of Theology*, 875.

정교회에서 죄는 뒤늦게 덧붙이는 첨언 같아 보인다. 정교회가 성육신을 강조하는 이유는 필멸성(mortality)이 관건이기 때문이며, 유한하고 필멸하는 인간이 무한하고 불멸하는 그리스도의 생명에 참여할 때 이 문제가 해소되기 때문이다. 정교회에선 그리스도와의 연합이 모든 것의 열쇠다.

참여에 대한 정교회식 이해에 관해 이번 장 내내 얘기해 놓고, 이제 와서 정교회의 주된 강조점에 이의를 제기하다니? 다소 의아하다는 생각이 들겠지만, 이는 성찬 문제와 더불어, 참여에 대해서도 정교회가 주장하는 식으로 극단적일 필요는 없기 때문이다. 성례 중심주의에 빠지지 않으면서도, 또는 죄와 그 죄가 인류에 미친 영향에 관한 잘못된 견해에 빠지지 않으면서도 우리는 기본 논점을 고수할 수 있다. 기실 타락한 인류는 그리스도 안에서 신성한 성품에 참여하지만 그 참여가 성례를 통해서만 임하거나, 오직 성육신을 통해서만 온 인류에게 이미 영향을 미친 게 아니다. 오히려 참여는 믿음을 통해 임하며 하나님의 영의 내주하심을 통해 경험된다. 정교회에선 성육신으로 말미암아 인류의 구원이 이미 성취되었다는 느낌이 있는데, 이는 암묵적 보편주의로서, 모든 이가 구원받는 건 아니라는 성경의 가르침에 따르면 용납할 수 없는 문제다.

그러나 이 문제 때문에 기독교 구원에 관한 정교회의 모든 이해를 통째로 내다버려야 하는 건 아니다. 바울은 성육신의 효과에 관해 이런 말을 했다.

1. 죄의 권세를 깨트리기 위해 성육신이 필요했다. "율법이 육신으로 말미암아 연약하여 할 수 없는 그것을 하나님은 하시나니 곧 죄로 말미암아 자기 아들을 죄 있는 육신의 모양으로 보내어 육신에 죄를 정하사"(롬 8:3).

2. 율법의 요구를 충족시키기 위해 성육신이 필요했다. "육신을 따르지 않고 그 영을 따라 행하는 우리에게 율법의 요구가 이루어지게 하려 하심이니라"(롬 8:4).

3. 사망을 정복하기 위해 성육신이 필요했다. "사망이 한 사람으로 말미암았으니 죽은 자의 부활도 한 사람으로 말미암는도다"(고전 15:21).

성경적으로 말하면 죄와 사망, '둘 다' 반드시 극복해야 할 문제이며 성령의 내주하심과 성육신, 둘 다 인류가 부패로부터 속량받는 수단이다. 복음주의자로서 우리는 구원의 참여적 모델을 복원시키되, 정교회의 오류에 빠지지 않아야 한다.

복음 증거, 그리고 참여의 언어

누구나 사망을 두려워한다. 사망의 최종성, 사망이 미치는 범위의 보편성, 누구도 탈출

할 수 없는 불가피성이 우리 모두에게 강한 공포심을 야기한다. 우리의 전도 방법론이 '겁주어 천국으로 내모는' 식은 아니지만 불신자에게 증거할 때 사망의 불가피성과 하나님의 다가오는 심판을 다루지 않는다면 예수님의 메시지의 중요한 한 축을 잘라낸 것이다. 오직 그리스도 안에서만 사망을 이길 수 있다.

서방과 동방의 기독교가 어떻게 구별되는지 이제 자명해졌을 것이다. 서방의 기독교는 죄를 주된 문제로 보고 개인을 강조한다. 가톨릭과 개신교의 핵심 질문은 '어떻게 해야 내가 구원을 받으리이까?'이다. 개인에 강한 방점이 찍힌 것이다. 복음주의자로서 그 답은 거듭남(born again)으로써 성령에 참여하는 것이다. 그 열쇠는 현재의 신앙 고백이다.

동방 정교회의 화두는 '어떻게 해야 인류가 생명을 얻으리이까?'로 표현될 것이다. 여기서 강조점은 개인보다는 집단이다. 해법은 온 인류가 생명을 주시는 그리스도 안에 참여하는 것이다. 그리스도와의 연합이 목표인데 이는 성육신 안에서 일어났다. 그 열쇠는 과거 사건인 성육신이다.

죄와 개인 구원에 관한 서방의 관점과 적절한 균형을 이룬다면 정교회의 견해에도 존중할 것이 꽤 많다. 우리는 양자를 상충 관계에 놓아선 안 된다. 이 책의 독자 대부분은 복음주의자일 것이다. 우리는 왜 성육신이 우리의 구원론에 중요한지 이해하기 위해 정교회의 구원론으로부터 배워야 한다.

동방과 서방의 강조점 모두 기독교의 구원을 설명하는 타당한 표현이며 동전의 다른 면을 표현할 따름이다. 바울의 아래 구절을 보자.

> 이 썩을 것이 썩지 아니함을 입고 이 죽을 것이 죽지 아니함을 입을 때에는 사망을 삼키고 이기리라고 기록된 말씀이 이루어지리라 사망아 너의 승리가 어디 있느냐 사망아 네가 쏘는 것이 어디 있느냐 사망이 쏘는 것은 죄요 죄의 권능은 율법이라 우리 주 예수 그리스도로 말미암아 우리에게 승리를 주시는 하나님께 감사하노니(고전 15:54-57).

죄와 사망, 둘 다 그리스도에 의해 극복되어야 할 문제다. 이런 이유로 바울은 젊은 목회자 디모데에게 예수님이 "사망을 폐하시고 복음으로써 생명과 썩지 아니할 것을 드러내신지라"고 상기시켰다(딤후 1:10). 우리는 기독교의 구원에 관해 설명할 때 개인과 공동체, 성령의 내주하심과 성육신에 관해 이야기할 수 있다. 그러나 어느 한 가지를 강조하기 위해 다른 한 가지를 완전히 배척하는 것은 구원에 대한 성경적 이해에 장애를 초래한다.

참여의 다른 유익들

신자는 구원의 참여적 모델을 통해 몇 가지 유익을 누릴 수 있다. 우리는 그리스도의 영광에 참여한다. 그러나 그분의 고난에 참여하지 않고 영광에 참여할 수는 없으며, 이는 11장에서 이미 살펴본 대로다. 그리스도의 고난에 동참하는 것의 유익을 인지하지 못하는 그리스도인들이 많지만, 신약 기자들은 한 목소리로 신자들이 예수님과 함께 고난 받는 특권을 가졌다고 담대하게 선포한다. 고난이야말로 그리스도의 제자들에게 필수 요소라고 주장하는 신자라면, 그는 성숙한 신자임에 틀림없다. 하나님은 우리를 사랑하시기에 고난을 주신다. 하나님은 자녀를 변화시켜 그분의 거룩하심에 온전히 동참하도록 징계 가운데서도 우리의 유익을 구하신다.[12]

그러나 그리스도와 그분의 고난에 함께 참여하는 일은 혼자서 고립되어 일어나지 않는다. 신자인 우리는 다른 신자들과 함께 참여하기 때문이다. 이 참여는 영원의 차원에서만 국한되지 않는다. 참여는 지금 여기서 복을 나누는 것이기도 하다.[13] 신자는 그리스도인으로 살아가는 모든 국면에서 (이생에서든 장차 올 세상에서든) 그리스도의 몸 된 지체들과 교통한다. 사도 요한은 다른 신자들에게 편지하면서 이 '참여'의 문제를 중시했기에 자신을 "너희 형제요 예수의 환난과 나라와 참음에 동참하는 자"(계 1:9)라고 소개한 것이다.

마지막으로 그리스도인은 '기도'를 통해 하나님의 계획과 목적에

---

12. 벧전 5:1, 4:13, 빌 3:10, 롬 8:17, 히 12:10.
13. 골 1:12, 롬 15:27, 고후 1:7, 요일 1:6-7.

참여할 수 있다. 예수님은 제자들에게 두세 사람이 그분의 이름으로 모인 곳에 함께하겠다고 약속하신다. 아울러 예수님의 이름으로 드린 기도에 응답하겠다고 약속하신다.[14]

이러한 축복은 예수님이 우리 인류에 참여하지 않으셨다면 불가능했을 것이다. 그리스도는 성육신을 통해 우리의 필멸성, 즉 사망의 권세를 극복하셨다.

> 자녀들은 혈과 육에 속하였으매 그도 또한 같은 모양으로 혈과 육을 함께 지니심은 죽음을 통하여 죽음의 세력을 잡은 자 곧 마귀를 멸하시며 또 죽기를 무서워하므로 한평생 매여 종노릇하는 모든 자들을 놓아 주려 하심이니(히 2:14-15).

공동체의 언어

복음주의자들은 성육신과 공동체를 강조하는 정교회의 구원론에서 배울 점이 있다. 베드로후서 1:4은 구원의 전체 이야기는 아니지만 구원론의 여러 축 중 하나를 이루고 있다. 서구인들이 구원에 접근하는 방식이 때론 일차원적이었음을 겸허히 인정하면 정교회가 우리에게 필요한 균형과 참신한 관점을 제공할 수 있음을 받아들일 수 있을

---

14. 마 18:20, 요 14:13-14, 15:16, 16:23, 또한 요일 5:14.

것이다. 모든 신자는 "그의 아들 예수 그리스도 우리 주와 더불어 교제"(고전 1:9)하는 삶으로 부름받았다.

'구원받는다는 것'은 무엇을 의미할까? 그것은 고립된 존재로서 자아를 중심으로 하던 삶에서 벗어나 영원하신 하나님과의 교제로 이동하는 것을 의미한다. 그것은 하나님의 영의 생명에 참여함으로 중생한 자들의 공동체 속에서 살아가는 것을 의미한다. 그것은 신성한 성품에 참여하는 자가 되어 필멸에서 불멸로 이동하는 것을 의미한다. 그것은 분리에서 연합으로 나아가는 것을 의미한다.

우리가 보고 들은 바를 너희에게도 전함은 너희로 우리와 사귐이 있게 하려 함이니 우리의 사귐은 아버지와 그의 아들 예수 그리스도와 더불어 누림이라(요일 1:3).

공동체의 언어에 표현된 구원의 핵심 용어

#참여 #연합 #교제 #친교 #동반자 #공동체 #성례 #성찬 #신적 활력 #내주하심 #성육신 #엑스 니힐로 #필멸성 #불멸성

그룹 토의 질문

1. 하나님은 우리의 죄사함을 선포하실 뿐 아니라 친히 인간이 되심으로 죄의 결과를 극복하셨다. 이 사실이 갖는 의미는 무엇인가?
2. 개인주의적 구원관과 대비되는 공동체 지향적 구원관은 우리가 바른 관점을 가지고 지역 교회에 참여하는 데 어떤 도움이 되는가?
3. 성육신적 구원관이 세례와 성찬과 같은 성례에 관한 당신의 견해에 어떤 영향을 미치는가? 설명해 보라.

13
군대의 언어
패배에서 승리로

구원
Salvation

구원하심이 보좌에 앉으신
우리 하나님과 어린 양께 있도다.
요한계시록 7:10

성경적 구원의 마지막 모델을 살펴보기에 앞서 이 책 앞에서 했던 말을 되새겨보고자 한다. 기독교의 구원을 설명하는 다양한 방식은 서로 상충되지 않는다. 아울러 하나의 방식이 다른 방식보다 더 중요한 것도 아니다. 오히려 다양한 방식은 동일한 하나의 실체를 구성하는 면면들이며 예수 그리스도가 성취하신 구원을 다양한 각도에서 바라보게 한다. 각각의 관점은 타락한 인류의 비참한 형편 및 그리스도가 그로부터 우리를 건져내기 위해 오신 것에 관한 진리를 입체적으로 한 단면씩 강조한다.

'구원'(salvation)이란 용어는 이전 장들에서 논의한 모든 내용을 포괄하면서도, 1세기의 일상 언어에서 온 자체적 의미를 가지고 있기도

하다. 그런 이유로 이번 장 전체를 할애할 만하다.

치유하고 구조하고 구원하기 위하여

헬라어 동사 소조(sōzō)와 명사 소테리아(sōtēria)[1]의 일차적 의미는 '심각한 곤경에 빠진 상대를 힘으로 와락 붙잡아 끄집어내는 것(snatch)'이다. 이는 특히 전투나 항해시 위험에 처한 누군가를 신들이 구원하는 맥락에서 사용되었지만, 질병이나 일반적 위협에서 구원받거나 왕이 사면을 선포할 때에도 사용된 바 있다.[2]

'소조'에는 다중적 의미가 있지만 복음주의자들은 '구원받는 것'(saved)을 영적이고 영원하며 종말론적 차원으로 생각하는 데 익숙하다. "하나님이 당신을 구원하실 겁니다"는 "하나님이 당신에게 천국의 영생을 주실 겁니다"와 비슷한 뜻이다. 그러나 헬라어 '소조'가 늘 이런 의미로만 쓰인 것은 아니다.

가령 '소조'란 단어는 예수님이 누군가의 병을 고치시는 본문에도 등장한다. "네 믿음이 너를 낫게 하였다(has made you well)."[3] 그러나

---

1. 여기서 구원 교리 연구를 뜻하는 공식 용어, soteriology(구원론)가 유래했다. 'savior'(구세주)의 어원도 같은 소테르다.
2. Kittel, *Theological Dictionary of the New Testament*, 7:965-69.
3. 막 5:34, 10:52, 눅 17:19(현대인의성경). 이 세 구절에 등장하는 '소조'를 개정개역판에서는 '구원하다'로 번역한 반면 현대인의성경에서는 '낫게 하다'로 번역했다. 이 책에서 인용하는 ESV의 의도에는 현대인의성경의 번역이 더 부합하는 것으로 보인다. -편집자

예수님은 자신의 발에 향유를 부은 여인에게 그녀의 죄가 사함받았다고 하시면서 "네 믿음이 너를 구원하였으니 평안히 가라"(눅 7:50)고 하신다. 여기서도 똑같이 헬라어 '소조'가 사용되었지만 ESV 성경은 '낫게 하다' 대신 '구원하다'로 번역했다. 왜 그랬을까?

번역자들이 전후맥락상 재량껏 판단한 것이다. '구원하다'를 의미하는 영어 단어, 'save'를 사용한다 하더라도 매주 돈을 'save'했다고 말하면 이건 영원한 정죄로부터 돈을 건져냈다는 의미가 아니다. 비록 영원히 구원받는다고 할 때와 같은 'save'를 사용하지만 우리는 맥락을 헤아린다. 마찬가지로 '소조'라는 헬라어 단어에도 광범위한 뜻이 함축되어 있다.

다른 예들을 들어보자. 제자들이 예수님께 풍랑에서 구원해 달라고 요청한 일이나 베드로가 물 위를 걷던 중 가라앉자 예수님께 구해 달라고 부르짖은 경우가 있다. 여기에 해당하는 헬라어 동사는 멜리데 섬에 난파되기 전 바울과 한 배에 탄 뱃사람들이 구원받겠다는 말씀에 사용되었다.[4]

---

4. 마 8:25, 14:30, 행 27:20. 복음주의자들은 "여자들이…해산함으로 구원을 얻으리라"(딤전 2:15)는 바울의 수수께끼 같은 발언에 당혹감을 느낀다. 마치 여자는 아이를 낳아야만 영생을 얻는다는 말처럼 들리기 때문이다. 그러나 바울이 이런 의미로 말했을 리 만무하기에 이 헬라어에 다른 뜻이 있는지 고려해 보아야 한다. 모이어 허바드는 아래 학술지에 발표한 아티클에서 이 사안을 다룬다. "Kept Safe Through Childbearing: Maternal Mortality, Justification by Faith, and the Social Setting of 1 Timothy 2:15," *Journal of the Evangelical Theological Society* 55, no.4, 743-62. 허바드는 '소조'가 신약에서 비구원적 의미로 사용된 37개의 용례를 열거한다(744쪽, n. 7 참조).

그러나 신약에 나오는 구원의 명사형, '소테리아'는 "오직 인간과 하나님의 관계를 언급할 때만 한정해 사용된다."[5] 신약에서 '구원하다'(to save)란 동사는 영원한 구원을 의미하지 않을 수 있지만 '구원'(salvation)이란 명사는 정확히 영원한 구원을 의미한다. 이 구원은 한결같이 전쟁과 군대의 언어로 표현되었다.

영적 전쟁의 3대 전선

모든 그리스도인은 세상(world), 육신(flesh), 마귀(devil), 이 세 곳의 전선에서 격렬한 충돌을 마주한다. 야고보는 자신의 서신서 4장에서 이 삼중의 대치에 관해 이야기한다. 본문에서 그는 신자 내면에서 싸움을 일으키는 여러 정욕(1절), 하나님을 대적하는 세상(4절), 그리고 신자들이 마귀를 대적하는 방법(7절)에 대해 고찰한다. 바울은 에베소서 2:1-3에서 이에 대해 더 간결한 요약본을 제시한다

> 그는 허물과 죄로 죽었던 너희를 살리셨도다 그때에 너희는 그 가운데서 행하여 이 세상 풍조를 따르고 공중의 권세 잡은 자를 따랐으니 곧 지금 불순종의 아들들 가운데서 역사하는 영이라 전에는 우리도 다 그 가운데서 우리 육체의 욕심을 따라 지내며 육체와 마음의 원하

---

5. Kittel, *Theological Dictionary of the New Testament*, 7:1002.

는 것을 하여 다른 이들과 같이 본질상 진노의 자녀이었더니.

그러나 이 세 곳의 전선에서 벌어지는 영적 싸움을 고찰하다보면 뜻하지 않은 문제가 생길 수 있다. 어느 하나를 지나치게 강조한 나머지 나머지 다른 전선들을 배척하게 되는 것이다.

일례로 기독교 역사에서 맹위를 떨쳤던 수도원 운동의 근저에는 세상으로부터 단절되면 더 나은 그리스도인이 될 수 있다는 생각이 있었다. 수도사들이 이 책 4장에 언급된 로렌스 테일러의 마약 중독 문제를 상담했다면 세상의 유혹과 함정으로부터 벗어나 광야로, 일종의 고대 치료센터로 들어가라고 조언했을지 모른다. 문제는 수도사들이 자신의 가장 큰 걸림돌인 죄악 된 마음을 가지고 갔다는 것이다. 광야 깊은 곳에 들어간다 해도 사탄을 따돌릴 순 없는 법이다.

거꾸로 이른바 축사 사역 단체들은 우리의 모든 영적 허물을 귀신 탓으로 돌리는 듯하다. 이런 단체들이 테일러를 상담할 경우, 중독을 일으키는 귀신을 쫓아내면 테일러가 놓임받게 될 거라 주장할 것이다. 이는 영적 전쟁의 다른 두 전선을 외면한 처사다.[6]

근본주의 그리스도인들은 육신을 지나치게 강조하는 경향이 있

---

6. 이와 관련된 땅밟기 기도와 (신사도운동의) 영적 도해 역시 그릇된 관념에 의한 것이다. 마치 우리가 도시를 걸어다니며 술집, 도박장, 여관 등 죄의 견고한 진에 맞서는 기도를 하면 도시의 문제가 사라진다고 여기는 것이다. 이는 우리 마음의 부패함을 외면한 채 우리 죄가 우리 자신이 아닌 순전히 마귀 탓이라고 주장하는 것이다.

다. 바리새인과 마찬가지로 그들은 율법적으로 몸의 소욕을 억제할 규례와 규정을 만든다. 그러나 마귀와 싸우는 전선은 외면하기 일쑤다. 종종 근본주의자들은 죄악 된 정욕에만 집중하거나 정욕을 세상 유혹과 혼동해 사탄의 역할을 깡그리 외면한다. 어쩌면 그들이 두려워하는 것은 개인의 책임을 회피하는 듯한 '마귀가 시켜서 그랬어요' 식의 정서일지 모른다. 혹은 그들은 애시당초 사탄이라고 알려진 인격적이고 영적인 존재를 믿지 않는지도 모른다.

> 우리가 육신으로 행하나 육신에 따라 싸우지 아니하노니 우리의 싸우는 무기는 육신에 속한 것이 아니요 오직 어떤 견고한 진도 무너뜨리는 하나님의 능력이라(고후 10:3-4).

그리스도인은 엄청난 후폭풍이 따르는 영적 전쟁터에 있다. 안타깝게도 우리의 교회에선 종종 이 싸움을 과소평가한다. 그러나 우리는 결코 눈에 드러나지 않게 벌어지는 이 영적 전투를 간과해선 안 된다.

> 우리의 씨름은 혈과 육을 상대하는 것이 아니요 통치자들과 권세들과 이 어둠의 세상 주관자들과 하늘에 있는 악의 영들을 상대함이라(엡 6:12).

그런데 이 우주적 권세에 대항하는 전투는 혈과 육의 씨름이란 형태로 표현된다. 우리는 사탄의 지배 하에 있는 세상에 살고 있다. 우리는 우리 자신의 죄악 된 욕망과 씨름한다. 우리는 사방에서 공격을 받고 있다.

전쟁의 언어

성경에는 상당량의 전쟁 언어가 있지만 여기서는 그리스도인과 관련해 신약에 나오는 네 가지 범주의 단어에 국한시켜 논의하고자 한다.

1. 싸움

그리스도인이 아닌 사람들은 영적 전쟁에 참여하지 않는다. 물론 그들도 우리처럼 삶의 애환이 있다. 그러나 그들은 사탄 왕국의 시민이다. 그들은 사탄 통치 지역인 세상에서 편안함을 느낀다. 그들은 죄와 사망의 노예다.

한편 모든 신자는 교전 중이다. 이 싸움(fight)은 선택 사항이 아니다. 만일 이 영적 전투를 감지하지 못한다면 그건 당신이 그리스도인답게 살지 못해서일 수 있다. 과거에 우리가 불신자였을 땐 사탄에게 꽤나 흡족한 존재였다. 우리는 그의 진영에 있었고 그가 세상에 대해 갖고 있는 이상은 곧 우리의 이상이었다. 그러나 우리 삶에 성령이 임하심으로 충돌이 시작되었다. 우리는 사탄과 그 왕국과 우리 자신의 모든 불경건함에 맞서 싸우겠노라고 하늘을 향해 공개 선언을 했다. 신자는 날마다 죄와 싸운다(struggle, 히 12:4). 그렇기에 바울이 디모데에게 "믿음의 선한 싸움을 싸우라"(딤전 6:12)고 명한 것이다.

우리는 믿음 있는 그리스도인이 어쩌다 죄에 빠지면 놀라워하는 경향이 있다. 그런데 그게 왜 충격으로 다가올까? 오해 탓이다. 신자라 해도 그 안엔 "영혼을 거슬러 싸우는" 육체의 정욕이 있다(벧전 2:11). 사람들은 일단 구원받으면 삶이 평탄해지리라는 잘못된 기대를 한다. 그러나 신자의 싸움은 이제 막 시작되었을 뿐이다. 모든 신자의 소망은 바울이 인생 끝자락에서 했던 말을 하는 것이다. "나는 선한 싸움을 싸우고… 믿음을 지켰으니"(딤후 4:7).

2. 군사

성경은 그리스도인의 삶을 이야기할 때 군사(soldier) 비유를 사용하지만 오늘날 여러 교회는 이런 식으로 말하는 걸 좋아하지 않는다. 군사 비유를 쓰면 마치 그리스도인이 폭력을 좋아하는 것처럼 비치기 때문이다. '믿는 사람들은 군병 같으니'가 회중 사이에서 애창되던 시대는 지나갔다.

그러나 하나님의 말씀은 신자에 대해 이런 식으로 말하기를 주저하지 않는다. 바울은 에바브로디도와 아킵보를 "함께 군사된 자"(빌 2:25, 몬 1:2)라고 부른다. 이 비유는 바울이 디모데에게 쓴 편지에서 멋지게 등장한다.

너는 그리스도 예수의 좋은 병사로 나와 함께 고난을 받으라 병사로 복무하는 자는 자기 생활에 얽매이는 자가 하나도 없나니 이는 병사로 모집한 자를 기쁘게 하려 함이라(딤후 2:3-4).

너무나 풍성한 비유 아닌가? 전투를 위해 무장했지만 눈빛이 산만한 군사를 상상해 보라. 사령관이 호령하지만 군사는 주목하지 않는다. 그는 딴 데 정신이 팔려 있다. 이런 군사는 전투에 부적합하다. 안타깝게도 '자기 생활'에 얽매여 당면한 영적 전투를 망각한 많은 그리스도인이 이에 해당한다. 진짜 시험이 임하면 그들은 실패한다. 그러므로 우리는 "선한 싸움을 싸"울(딤전 1:18) 준비가 되어 있어야 한다.

3. 무기

군사는 자신에게 주어진 무기(weapons)의 성능만큼 역할을 할 수 있다. 앞서 우리는 바울이 "견고한 진도 무너뜨리는" "우리의 싸우는 무기"(고후 10:4)를 언급한 것을 보았다. 동일한 서신에서 바울은 "의의 무기"(고후 6:7)에 관해 언급한다. 이 무기의 정체는 무엇일까?

바울은 3차 선교 여행 중 3년을 에베소에 머물며 사역했다. 에베소는 이교도 숭배의 본거지였다. 이곳에는 고대 7대 불가사의 중 하나로 손꼽히는 아르테미스 여신을 숭배하는 신전이 있었다. 동전 주화에는 '위대한 여신의 종'이란 문구가 새겨져 있었고, 숭배자들이 집에 가져가거나 여행 중 소지할 은^{銀} 신전 모형을 제조하는 사업이 경제의 중심을 차지했다.

우리는 사도행전 19장에서 바울의 전도 활동으로 상당수가 그리스도께로 회심하고 그 결과 신전 모형 산업이 크게 위축되어 도시에 폭동이 일어난 것을 확인할 수 있다. 폭동은 회심자들이 공개적으로 축귀, 마녀 마술, 마법과 관련된 용구를 불사른 사건 직후 일어났다. 에베소는 소아시아 전체를 통틀어 죽은 자와 소통하는 강령술의 본거지였다. 새신자들이 불사른 이교 의식 용구의 값어치는 137년치 품삯과 맞먹었고, 이는 결국 폭동의 도화선이 되었다(19절).

바울은 이 이교적 맥락에서 에베소 신자들에게 하나님의 전신갑주를 덧입으라고 당부한 것이다(엡 6:11). 우리는 소풍 갈 때 갑옷을 입지 않는다. 영적 전투에는 영적 무기가 요구된다.

에베소서는 바울이 수년 뒤 옥중에서 쓴 서신이다. 지명도가 있는 죄수는 탈옥을 막기 위해 군사들과 쇠사슬로 같이 묶어놓는 일이 종종 있었다. 어쩌면 에베소 신자들이 맞닥트린 영적 전투를 생각했을 때 바울의 눈에 자신과 쇠사슬로 같이 묶여 있는 군사와 그의 갑옷이 들어왔는지 모른다. 이 에베소의 갓 신자가 된 그리스도인들에게 얼마나 완벽한 예화인가? 로마 군사와 그 군복을 모르는 이는 아무도 없었다. 바울은 이 갑옷의 여섯 부분을 나열하고 각각의 부분이 상징하는 바를 단순하게 설명한다(엡 6:14-17).

- 진리의 허리띠: 진실함, 일편단심의 헌신

- 의의 호심경: 거룩하고 의로운 삶 살기
- 준비된 발: 복음을 나누려는 자발성
- 믿음의 방패: 사탄의 불화살을 물리치기
- 구원의 투구: 하나님의 자녀로서 우리 신분에 대한 확신
- 성령의 검: 하나님의 말씀을 알고 효과적으로 사용하기

이 전신갑주는 이 책 12장의 그리스도로 옷 입는 논의와 흡사하지만 모든 구원 모델에 관한 이야기가 여기에 상당히 녹아들어 있다.

예배, 그리고 구원의 언어

아들을 높이지 않는 예배는 아버지를 높이지 않는 예배다. 오직 예수님만이 생명의 말씀을 가지셨다면 우리의 예배는 성경에 푹 젖어 있어야 한다. 하나님의 말씀에서 비롯되지 않은 것을 설교하는 것은 하나님을 높이는 일이 아니다.

전신갑주의 각 부분을 열거한 후 바울은 다음 세 구절을 기도란 주제에 할애한다. 이건 우연한 선택이 아니다. 보이지 않는 영적 세력에 맞서는 전투에서 기도보다 좋은 무기는 없다. 그리고 이보다 사람들이 방치하는 무기도 또 없을 것이다. "전투를 위해 무장하라!"고 외친 바울은 이렇게 덧붙인다. "그러나 전신갑주의 다른 모든 부분들을 굳

게 붙들어주는 '보이지 않는' 갑옷 또한 잊지 말라."

기도는 전투에서 승리하기 위해 전적으로 하나님께 의지하고 있음을 선포하는 것이다. 그래서 바울은 신자의 목표는 지옥 문을 습격하거나 육탄전으로 악의 세력에 항거하는 게 아니라고 한다. 오히려 신자의 목표는 굳게 서는 것이고, 그것은 오직 예수 그리스도만이 이기실 것임을 믿는 것이다(엡 6:13).

그러므로 우리가 어둠의 일을 벗고 빛의 갑옷을 입자(롬 13:12).

4. 정복

계시록은 그리스도와 악의 세력 간의 전쟁을 그리고 있다. 계시록을 한마디로 요약하자면 "예수님이 이기신다"라고 해야 할 것이다. 계시록에는 '정복하다'(conquer)란 동사가 열일곱 번 등장한다. 그러나 대다수는 정복하는 신자들을 묘사할 때 사용된다. 첫 세 장에 기록된 소아시아 일곱 교회에 보낸 편지들에선 매번 신자들을 향해 "이기는 자"(to the one who conquers)라고 한다.

물론 신자들이 누리는 승리는 오직 그리스도의 정복으로 가능케 된 것이다. 그리스도는 뱀의 머리를 부수기 위해 오셨다. 예수님은 세상을 이기시고 죄와 사망의 권세를 멸하신다.[7] 신자는 그리스도가 통

---

7. 창 3:15, 요 16:33, 고전 15:54-57.

치자들과 권세에 대해 거두신 승리에 참여한다. 불신자는 악한 세력에 패배한 상태에 계속 머무른다.

분명한 것은 구원이라는 군사 언어와 구출(rescue) 및 구조(deliverance)에 관련한 용어들 간에 중첩되는 부분이 있다는 것이다. 가령 바울이 이사야 선지자를 인용한 구절을 보자.

> 구원자(deliverer)가 시온에서 오사
> 야곱에게서 경건하지 않은 것을 돌이키시겠고
> 내가 그들의 죄를 없이 할 때에
> 그들에게 이루어질 내 언약이 이것이라 함과 같으니라(롬 11:26-27).

여기에는 세 가지 구원 모델, 구원자(구속), 경건하지 않은 것을 돌이키심(성화), 죄 사함(칭의)의 개념이 있다. 그런데 이것들은 모두 구원(salvation)이란 광의의 개념과 연결된다. 당신 스스로 속박에서 자유를 얻을 수 있다면 '구세주'(savior)가 필요하지 않을 것이다. 마찬가지로 당신이 스스로를 구원할 수 있다면 당신은 '구원자'(deliverer)가 필요하지 않을 것이다. 죄인이 경건하지 않은 것에서 스스로 돌이키는 것은 불가능하다. 오직 죄 없는 자만이 그 일을 할 수 있다. 성경에서 구원 개념이 표현되는 모든 장면에서 타락한 인간이 스스로 그 일을 할 수 있다는 것은 생각조차 할 수 없다. 구원은 다른 곳으로부터 임해야만 한다.

하나님은 수동적이지 않다

우리는 간혹 하나님을 행여 죄인들이 그분의 구원 계획을 구매해 주진 않을까 기대하며 하늘에서 초조한 듯 손을 비벼대는 모습으로 그린다. 이것은 전혀 성경적인 그림이 아니다. 예수님은 "잃어버린 자를 찾아 구원하려"(눅 19:10) 오셨다. 이는 찾아서 구원을 제안한 뒤 사람들이 반응하기만을 수동적으로 기다리는 게 아니다. 예수님은 그분이 구원하고자 하는 모든 이를 구원하신다. 예수님은 아버지가 자기에게 허락하신 사람들을 하나도 잃어버리지 않으신다(요 6:39).

성경적 구원에 관한 모든 것은 하나님이 주도하신다. 하나님은 세상의 기초가 놓이기 전에 택정하셨다.[8] 하나님은 죄를 사하기로 작정하신 후 아들을 속죄 제물로 보내셨다. 입양은 양자가 아닌 양친의 결정에 달려 있다. 그리스도는 (인간이 자발적으로 복종하는) 죄와 사망과 마귀의 권세를 멸하기 위해 오셨다. 하나님은 자신의 진노를 돌이키시고 죄인들을 향한 화를 누그러트릴 방편을 스스로 마련하셨다. 우리가 아직 하나님과 원수 되었을 때 하나님이 화목을 제공하셨다. 구원의 전 과정에서 하나님이 수동적으로 그려지는 대목은 하나도 없다. 구원은 처음부터 끝까지 유일한 구원자 되신 하나님의 적극적인 뜻

---

8. 엡 1:4, 살후 2:13, 딤후 1:9, 벧전 1:20.

으로 움직이는 역동적인 과정이다.[9]

열두 제자를 부르시는 장면도 이러한 적극적 사례에 포함된다. 예수님 당시의 관습은 제자들이 자기가 가르침 받기 원하는 랍비를 선택하는 방식이었다. 그러나 예수님의 경우는 정확히 그 반대였다. 예수님은 제자들에게 이르신다. "너희가 나를 택한 것이 아니요 내가 너희를 택하여 세웠나니"(요 15:16). 이는 예수님이 자기를 따르는 모든 사람을 택하시는 과정의 축소판이다.

이러한 이유로 예수님은 "아버지께서 내게 주시는 자는 다 내게로 올 것이요 내게 오는 자는 내가 결코 내쫓지 아니하리라"(요 6:37)고 하신다. 예수님께 제자를 허락하시는 분은 성부 하나님이시다. 만일 하나님이 허락하지 않으셨다면 거역을 일삼는 죄인은 결코 그리스도에게로 나오지 못했을 것이다. 바로 그래서 예수님은 아버지가 이끌지 않으시는 한 아무도 자기에게로 올 수 없다고 하신 것이다(요 6:44, 65).

창조 세계의 어떤 것도 신자를 하나님의 사랑에서 떼어낼 수 없다(롬 8:38-39). 왜인가? 하나님이 구원의 배후자로서 능동적 의지를 품고 계시기 때문이다. 이 사실로 인해 하나님이 택하신 자의 구원이 확실해지는 것이다. 하나님은 변개하지 않으신다. 세상의 기초를 놓기

---

9. Clowney의 고찰이다. "하나님의 선택에 관한 성경의 가르침에 의문을 제기하는 이유는 이해하지 못했기 때문이며 때로 질색하는 이유는 '이해했기' 때문이다"(*Message of 1 Peter*, 91).

전부터 자녀를 사랑하셨기에 하나님이 변심하신다는 것은 이치에 맞지 않는다. 예수님을 따르는 자, 곧 하나님의 영으로 보증의 인치심을 받은 모든 이의 구원은 확고하다.

어떤 영화에서 주인공이 "당신에게 어떤 나쁜 일도 일어나지 않게 할게요"라고 말하는 장면을 보면 나는 언제나 손발이 오그라든다. 물론 영화 속 주인공이 과장되게 표현하는 것은 낯설지 않은 장면이다. 그러나 현실 세계에서 비슷하게 공허한 약속을 하는 사람들이 있다. 세상에서 아무리 능력 있는 아버지라 한들 어떻게 자녀에게 이런 식의 보장을 하겠는가? 그에겐 이런 헌신을 담보할 능력이 없다.

반면 예수님은 하늘과 땅의 모든 권세를 가지셨음에도 한 번도 이런 약속을 하신 적이 없다. 예수님은 다만 결코 우리를 버리거나 떠나지 않겠다 약속하신다. 예수님은 하나님을 사랑하는 자에겐 범사에 합력하여 선을 이룬다는 확신의 말씀을 주신다. 이 세상에서 신자들은 고난과 핍박과 환난을 당할 테지만, 그리스도가 세상을 이기셨으므로 담대해야 한다고 선포하신다.[10] 신자는 이 승리에 참여한다.

> 무릇 하나님께로부터 난 자마다 세상을 이기느니라 세상을 이기는 승리는 이것이니 우리의 믿음이니라 예수께서 하나님의 아들이심을 믿는 자가 아니면 세상을 이기는 자가 누구냐(요일 5:4-5).

---

10. 히 13:5, 롬 8:28, 요 15:20, 16:33.

최종 승리는 확정되었다

내가 나미비아에 살 때 가끔 달라스 카우보이즈의 미식축구 주요 경기를 녹화한 비디오를 우편으로 보내주는 친구가 있었다. 게임이 끝난 지 몇 주가 지난 시점에 비디오를 받기에 나는 이미 결과를 알고 있었다. 하지만 최종 결과를 알고 있어도 경기는 여전히 흥미진진했다. 때로는 카우보이즈 팀이 이길 걸 알면서도 이렇게 지다가 어떻게 이길지 상상이 안 되었다. 패배에 대한 염려로 인한 초조함은 덜했지만 예상되는 승리로 인한 흥분감은 확실했다.

그리스도의 재림과 최종 승리 역시 마찬가지다. 현재 우리는 사탄 및 죄와 엎치락뒤치락 싸우는 중이며 우리가 성공하지 못할 것처럼 보일 때가 많다. 그러나 결과는 확실하고 승리는 이미 따놓은 상태다. 우리는 패배에 대한 두려움으로 초조해선 안 된다. 오히려 그 반대로 예견된 승리를 고대하며 소망을 품어야 한다.

그리스도의 재림이라는 교리는 과하게 강조되거나 망각되거나 하는 경향이 있다. 매주 누군가 예수님의 재림에 관한 예언을 하며 기발한 수학적 계산으로 재림 날짜를 '확정'한다. 수년 전 어느 라디오 유명 인사는 예수님이 2011년 5월 21일에 신자들을 휴거해 가신다고 예언했다. 숫자 5는 속죄를 상징하며 10은 온전함을, 17은 천국을 상징한다는 식으로 성경 수비학(numerology)을 써서 난해한 계산식을 통해 산출한 날짜였다. 숫자들을 곱하고 제곱해 그리스도가 재림하실 특정한 날짜를 결정한 것이다.

이 일이 비극으로 끝나지 않았다면 우스꽝스럽기도 했을 것이다. 이 라디오 선교회는 사람들에게 너무 늦기 전에 예수님께로 돌아오라고 호소하는 사역에 수천만 달러를 썼다. 이와 같은 거짓 예언은 모든 그리스도인이 도매급으로 어리석어 보이게 한다.[11]

이런 사기극을 보며 많은 그리스도인은 재림을 경시하기 시작했고 그리스도와의 일상적 동행에서 재림이 거의 아무 영향도 안 미칠 수준까지 다다랐다. 그러나 재림은 신약의 거의 모든 책이 언급하는 주제이며, 핍박 받고 고난당하는 사람들에게 소망을 주고, 신자가 의로운 삶으로 준비되도록 박차를 가하며, 미래에 심판이 있다는 주장에 코웃음치는 사람들에게 경고가 된다.[12] 분명 우리는 이 중요한 교리를 간과해선 안 된다.

그리스도의 재림 날짜를 구체적으로 밝히지 않기로 하신 하나님의 결정은 인간 본성을 완벽하게 이해하시는 분에 의한 현명한 누락이었다. 만일 하나님이 지금부터 15년 뒤 11월 11일에 말세가 임할 것이라고 공표하셨다면, 그리고 이것이 하나님으로부터 임한 참된

---

11. 이처럼 속기 쉬운 성향은 부당하게 이용당하기 일쑤다. 어떤 사람은 휴거 중 그리스도인이 '남기고 간' 반려동물을 돌보는 서비스를 개설했다. AftertheRapturePetCare.com(휴거 후 반려동물 보호 사이트)은 동물 한 마리당 10달러의 등록비를 부과하며 상당액의 돈을 벌었다. 당신이 휴거되면 누가 반려동물을 돌볼까? 선의를 가진 무신론자와 불가지론자들이 하면 될 것이다.

12. 살후 1:6-8, 벧후 3:3-4, 11-12.

말씀이며 절대적으로 맞다는 것을 당신이 눈치챘다면, 당신의 반응은 어떨까? 하루하루 긴박감을 느끼며 살까? 오히려 그 반대다. 인간의 본성을 고려할 때 우리의 경계심은 금방 느슨해질 것이다.

주님이 돌아오실 날짜를 확정하거나 알아내는 일에 집착하는 그리스도인들은 제자로서의 무능함을 드러내고 있다. 그들은 주님이 언제 다시 올지 정확히 모르기에, 늘 깨어 있는 가운데 그리스도인으로서 길고도 불확실하며 쳇바퀴처럼 반복되는 일상을 살기를 너무 힘겨워한다. 한마디로 알아야만 직성이 풀리는 것이다! 확실한 날짜가 필요한 본질적인 이유는 그래야 실제적 위험 없이 방심할 수 있기 때문이다.

예수님이 다시 오실 때를 정확히 알려주지 않으신 것은 우리가 끊임없이 깨어 경계를 늦추지 않게 하기 위해서였다. 여기에서 비롯된 압박은 일부 그리스도인에겐 버거운 것으로 다가온다. 그렇기에 그들은 더 쉬운 길을 모색한다. 날짜와 관련해 불확실성이 아닌 확실성을 원한다. 역설적이게도 주님의 재림에 관심이 많다며 늘어놓는 그들의 말은 사실 뒤로 미루는 습성과 게으름을 덮는 허울일 뿐이다.

그럼에도 성경은 주님의 재림에 관해 몇 가지를 이야기해 준다. 익숙한 본문에서 우리는 풍성한 전쟁 이미지를 본다.

주께서 호령과 천사장의 소리와 하나님의 나팔소리로 친히 하늘로부터 강림하시리니 그리스도 안에서 죽은 자들이 먼저 일어나고 그 후에 우리 살아 남은 자들도 그들과 함께 구름 속으로 끌어 올려 공중에서 주를 영접하게 하시리니 그리하여 우리가 항상 주와 함께 있으리라(살전 4:16-17).

"천사장의 소리"와 "하나님의 나팔소리"는 둘 다 전쟁을 가리키는 표현이다. 군사들에게 전투 대비를 경고하는 나팔이 울리고, 주님의 군대 사령관들도 전투를 준비시키며 호령한다. 누가 봐도 틀림없는 전투의 언어다. 그러나 이 본문에는 사람들이 흔히 놓치는 전투 이미지가 몇 가지 더 있다.

바울은 신자들이 예수님과 더불어 공중에 끌어 올려질 것이라고 말한다. 이는 아직 살아 있는 그리스도인이 하나님의 진노("환난")가 지상에 쏟아지기 전에 끌어 올려질 것이라는 휴거 교리를 뒷받침하는 전형적 구절이다. 이 신학 체계에서 휴거는 재림이 아니다. 예수님이 구름을 타고 오시면 신자들은 공중에서 예수님을 만나 함께 천국으로 이동한다. 예수님이 지상으로 재림하시는 것은 그 후의 일이다.

이 믿음의 문제점은 성경 본문을 잘못 해석했다는 데 있다. 이 본문의 언어는 정복자 왕의 승리의 귀환을 말하는 것이지 절반쯤 왔다가 도로 떠나는 것이 아니다. 고대 사회에서 전쟁에서 이기고 돌아오는 왕은 사로잡은 노예나 귀중한 전리품과 함께 말을 타고 입성했다. 왕이 전리품을 백성들 앞에 과시하며 입성하는 것을 이른바 '개선 행렬'(train) 또는 '개선 행진'(procession)이라고 한다. 이 언어는 바울이 쓴 다른 본문에도 사용되었다.

> 그러나 그리스도의 개선 행렬(procession)에 언제나 우리를 참가시키시고, 그리스도를 아는 지식의 향기를 어디에서나 우리를 통하여 풍기게 하시는 하나님께 감사를 드립니다(고후 2:14, 새번역).

이 '승리의 개선 행진'(triumphal procession)은 복귀하는 왕을 묘사하는 군사 언어다. 다른 곳에서 바울은 예수님에 관해 이렇게 썼다. "모든 통치자들과 권력자들의 무장을 해제시키시고, 그들을 그리스도의 개선 행진에 포로로 내세우셔서 뭇 사람의 구경거리로 삼으셨습니다"(골 2:15, 새번역, 또한 엡 4:8을 보라).

선명한 이미지가 떠오른다. 예수님이 악의 세력을 쳐부수고 개선 행렬(train)의 선두에 서서 복귀하시는 것이다. 예수님의 백성이 거리로 뛰쳐나와 예수님을 맞이하며 왕국으로 돌아가는 축하 행진(celebratory procession)에 동참한다. 바울은 예수님이 큰 권능과 영광으로 구름 가운데 다시 오실 때 아직 살아 있는 신자들에게 이런 일이 일어날 거라고 묘사한다.[13] 우리는 예수님을 공중에서 만날 것이며(헬라어의 문자적 의미는 '와락 붙잡히다' 또는 '끄집어냄을 받다') 그 다음 개선장군처럼 땅으로 내려와 예수님과 더불어 영원히 다스릴 것이다.

---

13. 마 24:30, 막 13:26, 눅 21:27.

예수님은 다니엘 선지자의 '인자'가 영광 중에 구름 타고 임하는 이미지(단 7:13)를 언급하시며 유사한 언어로 자신의 재림에 관해 말씀하신다. 십자가 죽음 직전에 예수님이 대제사장에게 하신 말씀이다. "그러나 내가 너희에게 이르노니 이 후에 인자가 권능의 우편에 앉아 있는 것과 하늘 구름을 타고 오는 것을 너희가 보리라 하시니"(마 26:64). 우리 정복자 주님의 재림은 모든 신자의 머릿속에서 맨 앞자리를 차지해야 할 것이다.

이와 같이 그리스도도 많은 사람의 죄를 담당하시려고 단번에 드리신 바 되셨고 구원에 이르게 하기 위하여 죄와 상관 없이 자기를 바라는 자들에게 두 번째 나타나시리라(히 9:28 NIV).

오직 한 길

지금까지 성경의 구원에 관해 이 책에서 다룬 모든 내용이 '오직 예수 그리스도에 대한 믿음을 통해 온다'는 사실을 강조하지 않는다면 무책임한 언설이 될 것이다.

예수께서 이르시되 내가 곧 길이요 진리요 생명이니 나로 말미암지 않고는 아버지께로 올 자가 없느니라(요 14:6).

두 길이 있다. 한 길은 멸망으로 통하고 한 길은 영생으로 통한다. 또 두 길로 통하는 두 문이 있다. 많은 이가 영원한 정죄로 이어지는 문으로 들어가고 소수만이 생명을 주는 문으로 들어간다(마 7:13-14).

예수님은 생명을 주는 문이다. 예수님은 제자들에게 세상엔 거짓 목자들이 많지만 자신은 "선한 목자"라고 하신다(요 10:7, 11, 14). 예수님은 양을 아시고 양들을 이름으로 부르시고 양은 예수님의 음성을 안다. 오늘날 세상에는 스스로를 생명의 길이라 주장하는 허다한 목소리가 있다. 당신은 우리 구세주이신 예수님의 음성을 듣고 있는가?

> 다른 이로써는 구원을 받을 수 없나니 천하 사람 중에 구원을 받을 만한 다른 이름을 우리에게 주신 일이 없음이라 하였더라(행 4:12).

당신이 예수 그리스도를 믿지 않는다면 당신의 목자는 사탄이다. 만일 예수님이 당신의 주님이 아니시라면 죄가 당신의 주인이다. 당신의 운명이 부활과 생명이 아니라면(요 11:25) 영원한 사망이다. 하나님은 한 분이시며 그러므로 중재자도 한 분이시다. 무함마드의 가르침은 당신을 구원하지 못할 것이다. 부처의 도를 받아들이거나 유교의 길을 따르면 그 길은 지옥으로 당신을 이끌 것이다. 다른 모든 중재자, 스승, 아바타, 심령술사, 메시아는 양을 그릇되게 인도하고 종국에는 양 무리를 멸망케 할 거짓 목자다.

복음 증거, 그리고 구원의 언어

우리는 잃어버린 바 된 세상에 유일한 구세주를 알리는 일에 결코 피곤해선 안 된다. 그리고 그 일을 하는 최고의 방법은 예수님을 인용하는 것이다. 우리의 복음 전도가 생명의 말씀을 가지신 유일한 분인 그리스도의 가르침에 푹 잠겨 있지 않다면 우리의 노력은 계속 엉뚱한 방향으로 갈 것이다. 우리는 복음을 전할 때 우리의 구세주가 실제로 하신 말씀보다는 도구와 '사람들이 느끼는 필요'와 맥락화에 더 신경을 쓰는 경우가 많다. 사람들을 예수님에게로 안내하라. 그분을 떠나선 구원은 없다.

이런 식으로 말하면 세상에서 악당 취급을 받을 것이며 아마도 적잖은 '자칭' 그리스도인도 비난에 가세할 것이다. 예수, 오직 예수 한 분 안에 있는 배타적 구원의 길은 종교적 다원주의라는 뷔페식을 즐기는 세상에선 판매가 저조하다. "모든 길이 하나님으로 통한다"는 공허한 명제는 아담과 하와에게 하나님의 길에서 돌이키면 '구원'을 얻을 거라고 약속했던 뱀의 거짓말만큼이나 헛되다. 하나님의 약속에 대한 불신앙이 인류의 타락을 초래했다. 하나님의 아들의 약속에 대한 지속적 불신앙은 우리의 영적 사망을 초래할 것이다.

'구원받는다는 것'은 무슨 의미일까? 그것은 하나님에 의해 위험에서 끄집어냄을 받고, 해악으로부터 구조받는 것을 의미한다. 그것은 승리하신 우리 주님의 재림을 오래참음으로 기다릴 때 모든 경건하지 않은 세력에 맞서는 전쟁에 필요한 의의 무기를 받는 것이다. 그것은 패배에서 승리로 옮겨가는 것이다.

> 보라 내가 택한 종
>
> 곧 내 마음에 기뻐하는 바 내가 사랑하는 자로다
>
> 내가 내 영을 그에게 줄 터이니
>
> 그가 심판을 이방에 알게 하리라
>
> 그는 다투지도 아니하며 들레지도 아니하리니
>
> 아무도 길에서 그 소리를 듣지 못하리라
>
> 상한 갈대를 꺾지 아니하며
>
> 꺼져가는 심지를 끄지 아니하기를
>
> 심판하여 이길 때까지 하리니
>
> 또한 이방들이 그의 이름을 바라리라 함을 이루려 하심이니라
>
> (마 12:18-21).

군대의 언어로 표현된 구원의 핵심 용어

#구원 #구원받다 #구세주 #인자 #구출 #승리 #재림 #정복 #물리치다 #전쟁 #전투 #씨름 #싸움 #전신갑주 #군사 #개선 행진

그룹 토의 질문

1. 세상, 육신, 마귀 중 영적 전쟁의 어떤 전선에서 당신은 가장 악전고투 하는가? 반대로 당신 삶에서 그다지 심각하지 않다고 여기는 전선이 있는가? 설명해 보라.
2. 에베소서 6장에 열거된 전신갑주의 여섯 부분을 훑어보고 당신과 주님의 동행을 돌아보라. 당신이 날마다 착용하기를 소홀히 하는 부분은 무엇인가? 당신은 성령의 검을 휘두르는 데 능숙한가? 사탄은 어떤 종류의 불화살을 당신에게 쏘는가? 당신의 삶은 예수님께 일편단심으로 헌신되어 있다고 규정할 만한가?
3. 예수 재림의 소망이 당신 삶에서 작동하고 있는가? 재림의 날짜를 확정하거나 완전히 외면하는 오류에 빠져 있진 않은가?
4. 오직 예수님 안에만 구원이 있다면, 멸망해 가는 세상에 진리를 선포하기 위해 당신은 지금 무슨 일을 하고 있는가? 당신의 믿음을 나누는 일을 때론 부끄러워하거나 두려워하는가? 당신의 발은 평강의 복음을 나누기 위해 이곳저곳으로 출동할 준비가 되어 있는가?

14
타협할 수 없는 항목들

또 증거는 이것이니 하나님이 우리에게 영생을 주신 것과
이 생명이 그의 아들 안에 있는 그것이니라
아들이 있는 자에게는 생명이 있고
하나님의 아들이 없는 자에게는 생명이 없느니라.
요한일서 5:11-12

기독교의 구원은 다면적이다. 한 사람이 구원받을 때 일어나는 일은 여러 방식으로 표현할 수 있으며, 어떤 단일한 설명도 성경의 개념을 제대로 담아내지 못한다. 이는 모든 모델을 입체적으로 종합해야만 가능하다. 모자이크처럼 한 발짝 물러나 큰 그림을 보아야만 다양한 조각들이 제대로 맞아떨어지게 된다.

종종 우리는 너무 가까이 서서 한두 부분만 보며 그게 전체 그림인 척한다. 우리에겐 특정한 한 면을 강조하느라 다른 면들을 배제하는 경향성이 있다. 그러나 성경의 구원은 얼핏 드러나는 것보다 훨씬 방대하다.

> 너희는… 그리스도 예수 안에 있고 예수는 하나님으로부터 나와서 우리에게 지혜와 의로움과 거룩함과 구원함이 되셨으니(고전 1:30).

각 문화는 나름의 이유로 구원의 한 가지 특징에 집중한다. 아프리카인에겐 혼령들로부터 안전을 얻는 것이 기독교 구원의 전부인 것처럼 보인다. 남미의 식민지 시절에는 해방이 지배적 구원관이었다. 중세 시대에는 봉건 군주의 명예를 충족시키는 것이 구원의 초점이었다. 교부 시대에는 사탄에게 몸값을 지불하는 것이 구원의 핵심적 표현이었다. 복음주의자에겐 죄 사함이 지배적 패러다임이다. 각각 이 진리지만 그 어느 것도 방대한 성경의 이미지를 온전히 담진 못한다. 하나를 추려내 구원의 전체 이야기로 만들면 인류에 대한 하나님의 구원 계획을 빈약하게 담는 데 그친다.

그럼에도 모든 모델을 일관되게 관통하는 특정 주제들이 있음을 당신이 알아차렸을지 모르겠다. 나는 이를 기독교 구원 교리의 '타협할 수 없는 항목'이라 부른다. 아우구스티누스의 유명한 말처럼 "본질에 관해선 일치를, 비본질에 관해선 자유를, 모든 일에선 사랑을" 가져야 한다. 기독교 신앙에는 제거했다간 복음을 심각하게 훼손하고 자칫 구원에 관한 거짓 또는 이단적 관념으로 빠질 수 있는 본질들이 있다. 이 본질들을 가지고 복음주의자들은 하나가 되어야 한다. 우리는 책을 맺으며 이런 네 가지 주제를 간략하게 논하고자 한다.

1. 성경이 우리의 유일무이한 권위다

우리는 먼저 하나님이 친히 자신에 관해 계시하지 않으신 바를 하나님에 관한 진리라고 말할 수 없다. 믿음의 문제에 관한 한 우리의 유일한 권위자는 성경이다. 하나님이 누구시고 우리가 하나님과 어떻게 관계를 맺어야 할지는 오직 성경에만 계시되어 있다. 우리는 하나님이 어떤 분인지에 대해, 또는 하나님이 하시거나 하시지 않을 일에 대해 추리하거나 억측하지 않아도 된다. 하나님은 우리가 알아야 할 모든 것을 '말씀'에서 알려주셨다.

학자들은 이것을 '성경의 충분성'(sufficiency of Scripture)이라고 한다. 성경에는 구원에 필요한 어떤 정보도 결여된 것이 없다. 그래서 사도 바울은 이렇게 말할 수 있었다.

> 모든 성경은 하나님의 감동으로 된 것으로 교훈과 책망과 바르게 함과 의로 교육하기에 유익하니 이는 하나님의 사람으로 온전하게 하며 모든 선한 일을 행할 능력을 갖추게 하려 함이라(딤후 3:16-17).

어떤 기독교 교파들은 끊임없이 성경으로부터 멀어져 보다 직접적 형태의 계시로 나아가려고 한다. 하나님으로부터 직통 계시를 받았다고 주장하는 기독교 연사들과 TV 전도자들이 지천에 널려 있다. 그들은 우리가 하나님이 그들에게 허락하신 특별한 소통에서 얻은 통찰에 귀 기울이지 않는다면 성공하는 그리스도인으로 살 수 없다고 주장한다. 여기에는 늘 비디오 시리즈가 따라나오고, 물론 그 비디오에는 가격표가 붙어 있다.

최근 내 강의를 들은 한 학생이 자신의 교회에 초빙된 강사가 '영 안에서 쓰러지는' 경험을 나누었다고 했다. 그 강사는 "만일 당신에게 하나님과의 초자연적 만남이 없다면 당신은 구원받지 못합니다"라고 말했다고 한다. 학생은 내 생각을 궁금해 했다.

물론 그 강사 말이 맞다. 우리에게 하나님과의 '초자연적 만남'이 없다면 우리는 구원받을 수 없다. 그러나 왠지 그 강사의 의도는 내 생각과 다르다는 느낌이 들었다. 나는 성경책을 집어들고 학생에게 말했다. "이것이 하나님과의 초자연적 만남입니다. 성경 안에서 하나님은 우리 각자에게 직접적으로 말씀하십니다." 이것이 하나님의 말씀 안에서 이루어지는 하나님의 계시의 오묘함이다. 그분은 우리 모두에게 똑같이 성경을 통해 말씀하신다. 그래서 베드로는 "탐욕에 빠져 그럴 듯한 말로 여러분의 호주머니를 털어 갈" 자들에 관해 경고고 했던 것이다(벧후 2:3, 새번역).

최근에 영화 〈천국에 다녀온 소년〉(Heaven is for real)이 극장가에 개봉되었다. 이 영화는 수술 중 천국을 경험했다고 주장하는, 한 네브라스카 목사의 네 살짜리 아들에 관한 이야기다. 영화는 의외로 큰 성공을 거두어 첫 3개월간 미국과 해외에서 1억 불이 넘는 매표 실적을 거두었다.

나는 하나님이 원하시면 무슨 일이든 하실 수 있다고 믿는다. 하지만 굳이 네 살배기 남자아이를 통해 천국에 관해 들어야 할 필요가 있을까? 유일하게 천국에서 살다 오신 예수 그리스도께서 우리가 알아야 할 모든 것을 이미 우리에게 알려주셨다(요 6:33, 38, 46, 벧후 1:3). 예수님이 말씀하셨듯이 "하늘에서 내려온 자 곧 인자 외에는 하늘에 올라간 자가 없"다(요 3:13).

무수한 그리스도인이 정작 성경책은 먼지가 쌓이도록 책장에 꽂아둔 채 주님의 말씀을 듣고자 여기저기 쫓아다닌다. 도처에 파리하게 영양실조 걸린 그리스도인이 너무 많은 이유는 하나님의 '말씀'을 제대로 먹지 않기 때문이다. 나는 검증 불가한 사적 계시를 말하는 기독교 강사 일천 명의 중언부언하는 말보다 공개적으로 정확하게 성경을 강해하는 한 사람을 택하겠다. 하나님의 말씀이야말로 항상 하나님이 백성을 먹이시고 인도하시고 지탱하시는 수단이었다.

2. 문제는 죄다

'인류의 죄'에 대한 성경의 선언에서 벗어나고 싶은 강력한 충동이 우리에게 존재한다. 이 충동은 사람들을 복음에서 멀어지게 만든다. 오히려 인류의 '곤경'과 '구원'을 나름대로 규정하는 모든 종교적 시도는 인간이 자체적으로 만들어낸 종교의 거짓 용어로 도배되어 있다. 그러나 오직 예수 그리스도 안에서 발견되는 복음 메시지만이 올바른 이야기를 전한다. 복음은 죄야말로 우리가 처한 곤경이라고 제대로 규정하고 있기 때문이다. 세계의 종교들을 아무리 뒤져보아도 유대-기독교적 종교 밖에선 이 강조점을 찾지 못한다.

이슬람에는 죄에 대한 이야기가 거의 없다. 신이교주의(neopaganism)에서 규정하는 궁극의 악은 지구 환경 파괴다. 불교에서 고통은 번뇌이며, 죄라는 범주는 존재하지 않는다. 뉴에이지 운동이 우리 내면의 신과의 교감을 위해 수정 구슬과 부적을 쓰는 것처럼, 인간이 만든 세상 종교는 미신과 용구들과 장치들로 넘쳐난다. 앞에서 번영복음과 교회 내 신생 운동들에 관해 고찰했듯 기독교 교파 내에서도 죄의 문제를 축소하려는 흐름이 나타나고 있다.

창세기 도입부 두 장에서 창조에 대한 기술 바로 다음에 나오는 것이 아담과 하와가 죄로 타락하는 장면이다. 즉 성경 전체가 창조와 재창조 또는 타락과 구속으로 요약될 수 있다. 성경은 처음부터 끝까지 죄가 문제라고 한다. 그럼에도 우리에게 무수한 거짓 종교가 있는 이유는 인류가 늘 거울을 들여다보고 진심으로 자신의 문제, 즉 자기애와 그 열매인 죄를 인정하기를 싫어했기 때문이다.

구약을 보면 죄 또는 죄에 사로잡힌 자들이 다양한 방식으로 묘사된다. 문에 엎드려 있는 짐승(창 4:7), 방탕한 음녀 또는 창녀(잠 6:20-29, 겔 16:15, 23:3, 5, 14), 뼈를 쇠하게 하는 질병(시 32:3-5), 무익한 포도나무(겔 15장), 잉태하지 못하는 여인(사 54:1), 거역하는 집(겔 2:5, 3:9, 17:12, 24:3), 겨(시 1:4, 35:5), 홍수 심판 전후 인간 마음의 끝없는 악(창

6:5, 8:21, 렘 17:9), 하나님이 선포하신 율법에 대한 완고하고도 적극적인 거역(슥 7:12), 버려진 자녀(겔 16:1-5), 하나님이 심판을 단행하시는 구체적 이유(예: 홍수, 다윗과 밧세바의 혼외자식의 죽음, 유배).

다른 종교의 경전과 비교할 때 성경은 죄의 저주 아래 있는 인류에 대한 정직하고도 노골적인 묘사에서 독보적이다. 소위 '성도'(saints)에 관해 이야기할 때도 다르지 않다. 구약에서 언급되는 무수한 죄를 열람하는 것은 경건한 자와 불경건한 자 모두가 해당되는 '인명백과사전'을 읽는 것 같다. 교만(느부갓네살), 반역(고라), 주제넘음(사울), 혈기(모세), 불륜(다윗), 욕심(발람), 잔꾀(야곱), 살인(가인), 질투(레아), 음란(삼손), 폭력(라멕), 불평(다단), 반항(요나), 욕정(솔로몬), 교만(이세벨과 아합), 탐심(아간), 조롱(욥의 아내), 비방(욥의 친구들), 속임(리브가), 불경건한 예배(아론의 아들들, 나답과 아비후), 믿음 없음(사라), 두려움(아브라함), 무심함(에서), 고집(롯의 아내), 신성모독(산헤드립), 자기중심성(엘리야), 조급함(입다), 술취함(노아), 무례함(함), 잘 속아넘어감(하와), 족벌주의(엘리), 어리석음(요시야), 강퍅함(바로), 사기(하만), 음행(다말). 죄(죄의 문제)가 구약 전체에 스며들어 있지만, 죄에 대한 하나님의 오래 참음과 엄중한 대응 역시 구약 전체에 편만해 있다.

우리가 영적으로 죽은 것은 죄 때문이다. 죄 때문에 우리에게 하나님의 진노가 임했다. 죄 때문에 우리는 거룩하신 하나님 앞에서 유죄다. 죄 때문에 우리는 세상을 사랑하고 세상 임금의 영향력 아래 있다. 죄 때문에 우리의 의지와 감정은 영적으로 가치 있는 것을 생산하지 못한다. 죄 때문에 우리 눈은 멀고 양심은 화인 맞게 되었다. 우리의 불순함과 하나님으로부터의 소외와 어떤 가치 있는 열매도 맺지 못함은 다 죄 때문이다. 모든 구원 모델에서 죄야말로 바로잡아야 할 근본적인 문제다.

3. 구원은 백 퍼센트 은혜로 된 것이다

구원은 협업이 아니다. 죄인은 결코 완전하신 하나님의 아들의 완전한 속죄 사역을 개선하거나 추가하거나 거들거나 완전케 하거나 완료할 수 없다. 예수님이야말로 우리 믿음의 "창시자요 완성자"이시다(히 12:2, 새번역). 복음을 믿는 행위조차 하나님으로부터 비롯되어야 하며, 그렇지 않으면 우리는 '우리' 믿음의 공로로 구원을 획득했다고 말하게 될 것이다.

> 너희는 그 은혜에 의하여 믿음으로 말미암아 구원을 받았으니 이것은 너희에게서 난 것이 아니요 하나님의 선물이라 행위에서 난 것이 아니니 이는 누구든지 자랑하지 못하게 함이라(엡 2:8-9).

"은혜에 의하여 믿음으로 말미암아" 얻는 구원은 하나님으로부터 온 선물이다. 구원이 마치 우리의 믿음과 하나님의 은혜가 2인 1조로 이루는 공동 작업인 척해선 안 된다. 하나님으로부터 99퍼센트, 우리로부터 1퍼센트 비롯된 구원은 성경적 구원이 아니다. 그랬다면 우리는 다른 이들은 하지 않은 1퍼센트의 기여도에 대해 자랑할 수 있을 것이다.

4. 예수님 안에서 하나님이 인간이 되셨다

우리가 성경적 구원에 관해 말하는 모든 내용의 정수에는 예수 그리스도의 위격 안에 하나님과 사람이 둘 다 있다는 성육신이 존재한다. 성육신이 없다면 우리의 구원은 불가능할 것이다. 어찌 보면 거의 모든 사이비와 기독교 이외의 종교가 예수님의 신성을 부인하는 것은 당연한 이치 아닐까?

그리스도의 신성은 기독교의 주축이다. 삼위일체 교리야말로 우리의 신앙과 여타 모든 유일신교와의 차별점이다. 성경에 개념화된 죄와 죄의 문제에 대해 치유책을 제시하실 분은 유일하신 신인神人밖에 없다. 만일 예수님이 온전한 하나님이 아니라면 그분은 그저 '선한 사람'이나 '존경할 만한 스승'일 것이고 우리의 기독교 신앙은 그저 진부하고 듣기 좋은 상투적 표현의 집합이 될 것이다. 기독교는 난해한 추상적 명제에 대한 정신적 동의가 아니다. 기독교는 그 아들을 통해 하나님을 믿는 믿음이자 그 아들을 통해 하나님에게 참여하는 것이다.

나미비아에 살 때 우리 큰 딸의 단짝친구는 인도에서 수년 전 이사

온 힌두 가정 출신이었다. 딸은 친구 집에 그 집에 깃든 신들을 위한 신당이 있고 매일 아침 아버지가 이 신들을 깨우기 위해 종을 울린다고 했다. 잠에서 깨워야 일어나는 신보다 더 한심한 것이 있을까? 그런 불신자들에게 신인(神人)이신 그리스도가 없다면 무슨 소망이 있겠는가? 이렇듯 잃어버린 바 된 이들을 그리스도인들이 찾아가야 함에도 불구하고 그리스도인이라는 우리는 다른 신앙을 조롱하는 데 그치는 경우가 너무 많다.

우리가 신뢰하는 구세주는 이런 분이다.

> 그는 보이지 아니하는 하나님의 형상이시요 모든 피조물보다 먼저 나신 이시니 만물이 그에게서 창조되되 하늘과 땅에서 보이는 것들과 보이지 않는 것들과 혹은 왕권들이나 주권들이나 통치자들이나 권세들이나 만물이 다 그로 말미암고 그를 위하여 창조되었고 또한 그가 만물보다 먼저 계시고 만물이 그 안에 함께 섰느니라 그는 몸인 교회의 머리시라 그가 근본이시요 죽은 자들 가운데서 먼저 나신 이시니 이는 친히 만물의 으뜸이 되려 하심이요 아버지께서는 모든 충만으로 예수 안에 거하게 하시고 그의 십자가의 피로 화평을 이루사 만물 곧 땅에 있는 것들이나 하늘에 있는 것들이 그로 말미암아 자기와 화목하게 되기를 기뻐하심이라(골 1:15-20).

우리의 복음 전도에서 앞에서 다룬 네 가지 명제는 결코 타협의 대상이 아니다. 불신자의 구미에 맞추기 위해 죄와 그 치명적 여파를 축소하는 것이 매력적으로 다가올진 몰라도 복음의 불쾌한 부분과 함께 복음에 담긴 구원의 능력까지 없애고 말 것이다. 죄인이 어떤 식으로든 스스로 구원한다는 내용이 들어간 복음 제시는 은혜의 복음에 관한 성경적 기술이 아니다. 우리는 반드시 사람들에게 하나님의 말씀과 그 안에 계시된 신인(神人)이신 분을 알려야 한다. 그외의 모든 것은 그저 성령이 빠진 매끄러운 마케팅과 영리한 장치에 불과하다.

우리는 성경적 구원을 표현하는 열세 가지 뚜렷한 방식을 살펴보았다.

1. 사망에서 생명으로: 중생

    죄는 우리를 영적으로 죽인다. 우리는 예수님을 믿음으로 성령에 의해 거듭나야만 한다.

2. 유죄에서 무죄로: 칭의

    우리는 우리의 죄로 말미암아 하나님 앞에서 유죄다. 우리는 오직 예수님 안에서만 죄사함을 얻는다.

3. 거절에서 용납으로: 입양

    우리의 죄로 말미암아 우리는 하나님의 가족 밖에 있다. 우리는 오직 예수님 안에서 하나님의 아들이 되는 권리를 부여받는다.

4. 속박에서 해방으로: 구속

    우리는 오직 예수님 안에서 몸값이 지불되어 죄와 사망과 마귀의 권세에서 풀려난다.

5. 사탄 왕국에서 하나님 왕국으로: 시민권

죄인은 그 충성의 대상이 그리스도로 바뀔 때까지는 사탄 왕국의 시민이다.

6. 보복에서 화해로: 속죄

죄로 인해 거룩하신 하나님의 진노가 죄인에게 임한다. 그 진노는 예수님의 대속적 죽음 안에서만 제거된다.

7. 적대적 관계에서 우호적 관계로: 화목

죄인은 예수님을 믿음으로 하나님과 화목하기 전까진 하나님의 대적이다.

8. 어둠에서 빛으로: 조명

죄는 죄인의 마음과 생각을 어둡게 하며 오직 그리스도의 영을 통해서만 죄인을 영적으로 계몽할 수 있다.

9. 불순함에서 순전함으로: 성화

죄인은 하나님 앞에 거룩하고 기뻐하시는 존재가 되기 위해 그리스도의 영으로 연단되고 정결케 되어야 한다.

10. 열매 없는 삶에서 열매 맺는 삶으로: 열매 맺음

거듭나지 못한 죄인은 하나님을 기쁘시게 할 만한 어떤 일도 할 수 없다. 죄인은 오직 참 포도나무이신 예수님과 연결될 때만 영적으로 하나님이 기뻐하실 열매를 맺을 소망이 생긴다.

11. 결함에서 영화로: 변화

죄는 인류 안에 있는 하나님의 형상을 망가트린다. 오직 신자만이 그리스도의 형상으로 변화될 수 있다.

12. 분리에서 연합으로: 참여

죄는 사망을 가져온다. 성육신한 그리스도를 통해 신성한 성품에 참여함으로써 신자들은 필멸을 넘어설 수 있다.

13. 패배에서 승리로: 구원

예수 그리스도에 대한 구원에 이르는 믿음을 가지지 않은 모든 이에겐 영원한 정죄가 기다리고 있다.

오직 성경 안에 계시된 신인(神人)이신 예수 그리스도만이 은혜의 복음에 의하여 죄의 권세와 여파를 극복할 수 있다. 예수 그리스도와 떨어져선 우리에겐 어떤 소망도 없다.

능히 너희를 보호하사 거침이 없게 하시고 너희로 그 영광 앞에 흠이 없이 기쁨으로 서게 하실 이 곧 우리 구주 홀로 하나이신 하나님께 우리 주 예수 그리스도로 말미암아 영광과 위엄과 권력과 권세가 영원 전부터 이제와 영원토록 있을지어다 아멘(유 24-25절).

참고 문헌

아래 세 문헌은 헬라어 원어의 배경 정보를 수집하기 위해 사용한 주된 출처다.

Kittel, Gerhard, ed., and Geoffrey W. Bromiley, trans. *Theological Dictionary of the New Testament*. Vol. 5 edited by Gerhard Friedrich. 10 vols. Grand Rapids: Eerdmans, 1964–1976. 원래 1920년대에 독일어로 출판되었던 이 책은 신약 헬라어의 본뜻에 관한 대표적인 학문적 연구서다. 그렇기에 『구원의 언어』를 집필하는 내내 이 책을 자유롭게 참조했다. 이 열 권에 달하는 전집은 핵심 성경 단어, 방대한 고대 헬라어 문학 용례, 구약 용어와 구약 개념의 관계, 어떻게 신약 각 책들에서 사용되었는지를 상당히 자세하게 다룬다.

Danker, Frederick William, rev. and ed., *A Greek-English Lexicon of the New Testament and Other Early Christian Literature*. 3rd ed. Based on Walter Bauer's Griechisch-deutsches Wörterbuch zu den Schriften des Neuen Testaments und der frühchristlichen Literatur, 6th ed., ed. Kurt Aland and Barbara Aland, with Viktor Reichmann and on previous English editions by William F. Arndt, F. Wilbur Gingrich, and F. W. Danker. Chicago: University of Chicago Press, 2000. 이 책 역시 20세기 중반 독일어로 처음 출간되었다. 이 빽빽한 한 권짜리 어휘 사전은 Kittel의 저술과 비슷한 연구지만 미국인 독자층을 위해 개정판을 내며 수천 권의 인용 저서를 추가했다.

Logos Bible Software 5 Standard: Starter. Version 5. Bellingham, WA: Logos Research Systems, 2014. DVD-ROM or CD-ROM or download. https://www.logos.com/. 디지털 성경공부를 위해 고안된 디지털 도서관 애플리케이션이다. 다양한 기능을 갖추고 있는데, 그중 원어와 번역어 둘 다로 성경을 공부하기 위한 언어학적 분석 기능이 『구원의 언어』를 위한 연구에 특별히 도움이 되었다. 성경 헬라어에 문외한인 사람도 로고스는 유익한 연구 도구임을 발견하게 될 것이다.

성경 색인

구약

창세기
1:2 353 각주 10
1:26-27 308, 311
1:28 210
1:31 311
2:15 210
2:19-20 210
2:23 209
3:5 176, 239
3:8-10 209
3:12 209
3:14 210
3:15 374 각주 7
3:16 210
3:17-19 210
3:21 188, 192 각주 20
3:23 210
4:6 192 각주 20
4:7 394
5:1-3 308 각주 3
6:5 230 각주 4, 395
8:21 230 각주 4, 395
9:5 194 각주 22
9:6 316 각주 6
11:31 202
15:6 57

출애굽기
3:5 247 각주 1
4:22 94
16:23 247 각주 1
19:19 329 각주 20
20:2 133
20:18 329 각주 20
24:8 194
25:21-22 172 각주 3
26:33-34 247 각주 1
34:6 184
34:29-35 329 각주 20
40:9 247 각주 1
40:35 329 각주 20

레위기
11:44 263
16:14 172 각주 3
17:11 192 각주 20, 194
19:19 280 각주 3
19:24 247 각주 1
27:30 247 각주 1

민수기
7:89 172 각주 3
14:18 184 각주 13
23:19 180 각주 10

신명기
1:31 93
22:11 280 각주 3
32:6, 18 93 각주 7
32:17 158 각주 7

여호수아
24:2-3 202

사사기
7:4-8 267 각주 12

사무엘상
15:29 180 각주 10

사무엘하
7:14 95 각주 13
7:16 159 각주 8

열왕기상
8:11 329 각주 20

역대상
9:29 247 각주 1
29:3 247 각주 1

역대하
20:7 218 각주 9
34:3 248 각주 2

느헤미야
9:17 184 각주 13
11:1 247 각주 1

욥기
41:11 40

시편
1:4 394
1:4-6 278
2:7 95 각주 13
7:1 174 각주 7
8:3-8 327
12:6 263
14:1 232
19:1 227, 329 각주 19
32:3-5 394
35:5 394
51:1-2 269
51:10 231
86:15 184 각주 13
103:8 184 각주 13
105:19 266
106:36-37 158 각주 7
119:18 239
119:105 239 각주 6
119:119 266 각주 11
119:130 239 각주 6
145:8 184 각주 13
145:9 241 각주 7

잠언
4:32 230
5:22 116
6:20-29 394
8:18 15
20:27 239 각주 6

이사야
1:25 266 각주 11

2:3 216, 217 각주 8
5:1-7 298
6:5 268
9:6 213
41:8 218 각주 9
43:6-7 108 각주 22, 329 각주 19
48:10 266
52:1 247 각주 1
53:11 72
53:12 76, 193 각주 21
54:1 394
62:9 247 각주 1
63:3 194 각주 22
64:6 351 각주 8

예레미야
2:34 194 각주 22
3:4, 19 93 각주 7
5:5 101
7:4, 11, 20 191 각주 18
17:9 230 각주 4, 395
31:9 94
31:31-34 207
31:33 231

에스겔
2:5 394
3:9 394
15장 394
16:1-5 395
16:15 394
16:20 94 각주 9
17:12 394
20:38 248 각주 2
22:18 265
23:3, 5, 14 394
24:3 394
36:26 231
42:13 247 각주 1

다니엘
4:30 182

7:13 384

호세아
1:10 95 각주 12
2:4 94 각주 9
2:23 95 각주 12
13:14 122

요엘
2:13 184 각주 13

요나
4:2 184 각주 13

스가랴
4:6 288
7:12 395
13:9 267

말라기
1:2-3 202
3:3 248
3:6 180 각주 10

신약

마태복음
2:2 159 각주 9
3:2 281 각주 5
3:12 248
4:17 281 각주 5
5:4-5 202
5:5 99 각주 19
5:9 213
5:11 100 각주 20
5:14 241 각주 8
5:16 329 각주 19
5:17 71
5:23-24 214
5:24 214 각주 7
5:25 74 각주 6
5:39-44 213
5:45 127, 241 각주 7
6:9 269
6:19-20 160

6:22-23 238
6:32-33 97 각주 17
6:33 295 각주 12
7:11 97 각주 17
7:13-14 279 각주 2, 385
7:15 307
7:16-20 279
7:21-23 286 각주 7
8:2-3 248 각주 3
8:25 365 각주 4
10:34-36 280
10:35-36 103 각주 21
11:25-26 201
11:27 202
12:18-21 387
12:46-50 102
13:15 230
13:25, 28 204 각주 2
13:37-43 279 각주 2
13:39 204 각주 2
13:47-50 279 각주 2
14:30 365 각주 4
15:13 281
15:18-19 231
16:19 217, 217 각주 8
17:2 305, 306
18:20 359 각주 14
19:28 30
20:1-16 64 각주 3
21:18-22 298 각주 14
21:33-46 298
23:16 191 각주 18
23:25-26 248 각주 3
24:30 383 각주 13
24:37-39 183
25:32-33 279 각주 2
25:41 163 각주 13, 186 각주 14
26:26 174 각주 6
26:39 192 각주 19
26:64 384

27:11 159 각주 9
27:46 186
28:9 320
28:18-20 145, 159, 297
28:20 284

마가복음
4:3-8 292
4:11 235
5:34 364 각주 3
7:21 125
8:38 94 각주 9
9:2 305, 306
9:3 306
9:48 163 각주 13
10:45 135
10:52 364 각주 3
12:28-31 286
12:30 324 각주 16
13:26 383 각주 13
14:22 174 각주 6
15:34 94
16:36 97 각주 16

누가복음
1:33 159 각주 8
2:14 201
4:13 154
4:17-21 131
5:23-24 132
6:35 241 각주 7
7:50 365
9:29 306
9:62 295
10:18 154
10:27 324 각주 16
11:34 238
12:58 74 각주 6
13:28 163 각주 13, 186 각주 14
14:26 103 각주 21
17:19 364 각주 3
18:3 74 각주 6
18:14 201

19:10 376
21:27 383 각주 13
22:20 207
24:27 71
24:31 320 각주 13
24:36-43 320

요한복음
1:12-13 88
1:29, 36 174
1:49 159 각주 9
3:3-7 31
3:6 118, 322 각주 14
3:8 45
3:13 393
3:19-20 35
3:36 173
4:34 192 각주 19
4:35-36 299
6:29 282
6:33, 38, 46 393
6:37 377
6:38 192 각주 19
6:39 376
6:44, 65 377
6:53 347
6:63 46, 289
8:12 243
8:23 156
8:31-32 131
8:34 36, 117, 132
8:44 90 각주 4, 153 각주 5
9:48 186 각주 14
10:7, 11, 14 385
11:4 329 각주 19
11:25 322 각주 14, 385
12:31 152
13:35 286
14:2-3 99 각주 19
14:6 384
14:13 96, 329 각주 19
14:13-14 359 각

주 14
14:15, 21, 23-24 286
14:16 76 각주 9
14:18 101
15:1-10 284
15:2 248 각주 3, 294
15:8 329 각주 19
15:13 287
15:14 218
15:16 359 각주 14, 377
15:20 378 각주 10
16:23 359 각주 14
16:33 134, 162 각주 10, 374 각주 7, 378 각주 10
17:14 156
17:16-19 262
17:22 331
18:36 159
20:17 319
20:23 202

사도행전
1:8 297
3:19 281 각주 5
4:12 16, 385
8:23 117 각주 3
12:22 181
13:10 204 각주 2
14:17 241 각주 7
15:10-11 76 각주 8
17:28-29 88, 316 각주 6
17:30 281 각주 5
17:31 133 각주 12
19:19 372
20:15, 19, 26 320 각주 13
20:28 135 각주 16
22:19 174 각주 6
22:25 141
26:18 149, 239
26:20 282

27:20 365 각주 4

로마서
1:7 249
1:17 69
1:18-20 37, 62, 175, 227
1:20 227
1:21 230 각주 4
2:14-15 226
3:9 60
3:10-18 34
3:18 178, 238
3:20 68 각주 4
3:21 69
3:23-25 20, 61
3:25-26 61, 171, 174 각주 5, 205
3:27 79
3:28 53
3:30 70
4:2 79
4:3 57
4:5 61
4:22-25 57, 57 각주 1
5:3 318 각주 11
5:6-10 202
5:6 117 각주 3
5:9 187 각주 15, 195
5:10 197
5:10-11 211
5:12, 18-19 117
5:12-21 44
5:17 211
5:20 68 각주 4
6:3-4 346
6:4, 8 350 각주 7
6:12-14 129, 137 각주 18
6:14 68 각주 4
6:18 120, 276
6:20 117 각주 2
6:23 64, 261
7:4 273

7:6 73
8:1 81, 193
8:3-4 355
8:7 204, 229
8:7-8 42, 115, 127
8:3-9 42
8:11 51, 100, 322 각주 14, 353 각주 10
8:12-13 42
8:13 130, 136, 323
8:15 97 각주 16
8:16 101
8:17 99 각주 19, 100, 318 각주 10, 358 각주 12
8:18 320
8:23 100, 136
8:26-27 76 각주 8
8:28 378 각주 10
8:29 95, 95 각주 14, 316
8:31 174 각주 7
8:34 75, 195 각주 24
8:38-39 377
9:4 88
9:13 202
9:14-21 120 각주 5
10:1 94 각주 10
10:9 283
11:8-10 238
11:17-24 294 각주 11
11:26 117
11:26-27 376
11:35 40
12:2 234, 306, 317 각주 8, 323
12:3-8 290 각주 9
12:18 213
12:19 178
12:19-21 213
13:14 351
13:12 374
15:4 133 각주 13

15:16 262 각주 8
15:19 43
15:27 358 각주 13

고린도전서
1:9 360
1:30 390
2:1 235 각주 5
2:7 235
2:11, 14 233
2:16 236
3:6-9 299
3:14-15 268
3:16-17 264
4:1 235
4:4 236
5:7 248
5:13 255
6:2 162 각주 11
6:3 328 각주 18
6:11 262
6:12-20 264 각주 10
6:19-20 136
9:27 136
7:11 199
8:7-12 237
10:5 133 각주 14
10:13 125, 126
10:16-21 344
10:20 158 각주 7
10:31 331
11:30 346
12:8-10 290 각주 9
12:28-30 290 각주 9
13:4-8 287
15:17 322
15:19 260
15:20 133 각주 12
15:20, 23 319
15:21 355
15:24-25 162
15:26 204 각주 2
15:35 321
15:42-44 321
15:47-49 321

15:51 235 각주 5
15:52-53 322 각주 14
15:54-57 357, 374 각주 7
15:58 322

고린도후서
1:7 358 각주 13
1:22 101
2:14 383
3:6 216
3:6-11 208 각주 5
3:7-11 329
3:10 331
3:14, 16 234
3:17 139
3:18 303, 306, 317
4:4 138, 152
4:6 48, 232
4:18 239
5:17 48
5:18 29, 216
5:19 14
5:20 214, 216
5:21 174, 186
6:7 371
6:14-16 264 각주 10
6:18 108 각주 22
7:1 263, 270
9:6 289
9:10 300
10:3-4 368
10:4 371
11:13-15 307
11:14 152
12:7 134 각주 15
15:55 122

갈라디아서
1:6-9 137
1:9 191 각주 18
2:16 68
2:20 350 각주 7
2:21 68

3:10-13 68
3:13 137 각주 19
3:21-22 68
3:24 69
3:25-29 107
3:27 351
4:3-5, 7 113, 157
4:4 71
4:5 94 각주 10
4:6 97 각주 16
4:8 158
4:19 332
5:1 137 각주 19
5:12 191 각주 18
5:13 137 각주 18
5:16, 18, 25 291 각주 10
5:16-17 127, 332
5:19-21 160
5:19-23 333
5:22-23 288
5:23 130 각주 9
6:8 289

에베소서
1:1 249
1:3 103
1:4 262, 376 각주 8
1:4-5 83, 101
1:7 135 각주 16
1:9 235 각주 5
1:13-14 313
1:14 101
1:18-19 221
2:1 41, 312
2:1-3 117 각주 2, 366
2:1-10 312
2:2 312, 327
2:3 90 각주 4
2:6 351
2:8-9 396
2:8-10 78
2:10 296, 312
2:12 88, 150

2:14-16 103, 212
2:15 145
2:19 96 각주 15, 141
3:3-6 235 각주 5
3:10, 21 331
3:12 97 각주 17
3:15 96 각주 15
4:8 383
4:11 290 각주 9
4:17-18 232
4:18 230 각주 4
4:22 315
4:23-24 316 각주 7
4:30 315 각주 4
5:1 98 각주 18
5:2 318 각주 9
5:8 241 각주 8
5:9-11 281 각주 4
5:11 240
5:18 291 각주 10, 315 각주 4
5:18-21 315 각주 5
5:25 318 각주 9
5:25-27 249
6:7 295 각주 12
6:13 374
6:14-17 372
6:11 351 각주 8, 372
6:12 368
6:17 262 각주 7

빌립보서
1:9-11 287
1:11 281 각주 4
1:23 350 각주 7
1:29 100 각주 20
2:5 318 각주 9
2:6 305
2:10 159 각주 9
2:12-13 265
2:15 241 각주 8, 329
2:25 370
3:8 313
3:10 358 각주 12
3:20 162 각주 11

3:20-21 333
3:21 322 각주 14
4:9 98 각주 18

골로새서
1:12 358 각주 13
1:13 164
1:15 95, 95 각주 14
1:15-20 398
1:18 95
1:21-22 204
1:26 235
2:8 158
2:13-14 72, 193 각주 21, 251
2:15 154, 383
3:1 350 각주 7
3:1-2 158
3:3 350
3:9-10 315
3:10 316 각주 7
3:12 351 각주 8
3:13 318 각주 9
4:14 156

데살로니가전서
1:6 98 각주 18, 318 각주 10
1:10 187 각주 15
2:18 152
3:5 153 각주 5
4:1-8 264
4:11 295 각주 12
4:13 99
4:16-17 382
5:9 187
5:19 315 각주 4
5:23 245

데살로니가후서
1:4 295 각주 12
1:6-8 380 각주 12
1:6-9 183
1:9 163 각주 13, 186 각주 14

2:9 152
2:13 262 각주 8, 376 각주 8
3:6-10 295 각주 12
3:7 98 각주 18

디모데전서
1:18 371
1:20 152
2:1 76 각주 8
2:5 219
3:7 152
3:15 96 각주 15
3:16 235 각주 5
4:1 151 각주 3
4:2 237
4:16 296
6:12 370
6:15 159

디모데후서
1:9 376 각주 8
1:10 122, 357
1:15 156 각주 6
2:3-4 371
2:6 295
2:12 328 각주 18
2:17 156 각주 6
2:26 117 각주 3, 152
3:12 162 각주 10
3:16-17 242, 391
4:7 370
4:10 156
4:16 156 각주 6
4:18 162 각주 11

디도서
1:15 237
1:16 42, 117 각주 2, 312
2:12 130
2:14 136, 249
3:3 116, 312
3:3-8 312
3:5 30, 49

3:7 312
3:8 312

빌레몬서
1:2 370

히브리서
1:3 329, 339
1:6 95, 95 각주 14
2:5-8 327
2:10 318 각주 10, 328
2:12, 14 94 각주 10
2:14 205
2:14-15 121, 152, 359
2:17 167, 172 각주 4, 194 각주 23
3:14 350
3:16-19 133 각주 14
4:14-15 195 각주 24
4:16 96, 97 각주 17
5:8 318 각주 10
7:16, 25, 27 195 각주 24
7:19 69, 194
7:23-25 75
7:27 194 각주 23
8:10 231
9:5 172 각주 3
9:9 237
9:12 135 각주 16
9:14 194 각주 23
9:15 138, 174, 208 각주 5
9:22 194
9:26 122
9:28 195, 384
10:1 207
10:4 205
10:16 231
10:19 194 각주 23
10:19-22 237
11:13-16 143
12:2 396

12:4 370
12:5-10 97 각주 17
12:7 266
12:10 358 각주 12
12:11 281 각주 4, 294
12:14 213, 269
12:22 163 각주 12
12:23 95 각주 14
12:29 178
13:5 378 각주 10
13:8 180 각주 10

야고보서
1:2 100 각주 20
1:2-4 318 각주 11
1:13-15 119
1:14 124
1:17 180 각주 10
1:18 46 각주 6, 353
2:15-16 260 각주 6
2:23 218 각주 9
2:26 260
3:9 316 각주 6
3:15-16 151 각주 3
3:18 293
4:4 94 각주 9, 157, 204 각주 2, 218
4:7 128 각주 8
4:8 248
5:7 295

베드로전서
1:2 262 각주 8
1:3 46 각주 6
1:4 99 각주 19, 328
1:7 267
1:14 323
1:15-16 263
1:15-21 322
1:18-19 109
1:20 376 각주 8
1:23 46 각주 6, 353
2:5, 9 249 각주 4
2:9 144, 298

2:11 144 각주 1, 370
2:16 137 각주 18
2:21 318 각주 10
2:24 193 각주 21
3:14 318 각주 11
3:15 234
3:22 99 각주 19
4:11 329 각주 19
4:13 358 각주 12
4:17 96 각주 15, 284
5:1 358 각주 12
5:5 351
5:8 73, 153, 153 각
  주 5
5:9 128

베드로후서
1:3 393
1:4 335, 352, 359
1:19 239 각주 6, 242
2:3 392
2:19 114, 117
3:3-4, 11-12 380

각주 12
3:10 325 각주 17
3:10-12 326
3:13 325 각주 17
3:18 294

요한일서
1:3 360
1:6-7 358 각주 13
1:7 263 각주 9
1:9 282
2:1 76 각주 9
2:2 173
2:5-6 285
2:15 161
2:17 160
3:1 104
3:8 154, 327
3:10 98 각주 18
3:11 263
3:16 318 각주 9
3:17 260 각주 6
4:1 154

4:10 173
4:18 123
4:19 200
5:4-5 378
5:11-12 389
5:14 359 각주 14
5:19 155

요한이서
1:6 285

유다서
1:4 255
1:24-25 401

요한계시록
1:5 95, 95 각주 14
1:9 358
1:14-16 184 각주 12
2:15-16 184 각주 12
3:18 351 각주 8
3:21 162 각주 11
5:9 135 각주 17

6:11 351 각주 8
6:15 184 각주 12
7:10 363
9:11 153 각주 5
11:15 162 각주 10
12:9-10 153 각주 5
12:10 74
12:10-11 194 각
  주 23
14:3-4 135 각주 17
17:14 159 각주 9
18:1 221
19:8 277
19:16 159 각주 9
20:4 350 각주 7
20:6 328 각주 18
21:1 325 각주 17
21:4 163 각주 12,
  319
21:23 163 각주 12